U0783368

讓每一個生命都綻放精彩

我的教育理想与办学追求

吴颖民 著

SPM 南方传媒
全国优秀出版社
全国百佳图书出版单位
广东教育出版社
·广州·

图书在版编目（CIP）数据

让每一个生命都绽放精彩 ：我的教育理想与办学追求 / 吴颖民著. — 广州 ：广东教育出版社，2023.11（2024.8重印）
ISBN 978-7-5548-5572-0

Ⅰ. ①让… Ⅱ. ①吴… Ⅲ. ①中学—校长—学校管理—研究 Ⅳ. ①G637.1

中国国家版本馆CIP数据核字（2023）第207123号

让每一个生命都绽放精彩——我的教育理想与办学追求
RANG MEIYIGE SHENGMING DOU ZHANFANG JINGCAI —— WO DE JIAOYULIXIANG YU BANXUEZHUIQIU

出 版 人：朱文清
责任编辑：靳淑敏
责任技编：杨启承
装帧设计：陈桃子
出版发行：广东教育出版社
（广州市环市东路472号12-15楼 邮政编码：510075）
销售热线：020-87615809
网 址：http://www.gjs.cn
E-mail：gjs-quality@nfcb.com.cn
经 销：广东新华发行集团股份有限公司
印 刷：广州市岭美文化科技有限公司
（广州市荔湾区花地大道南海南工商贸易区A幢）
规 格：787 mm × 1092 mm 1/16
印 张：23.5
字 数：470 000
版 次：2023年11月第1版
2024年8月第2次印刷
定 价：68.00元

如发现因印装质量问题影响阅读，请与本社联系调换（电话：020-87613102）

自　序

今年，2023年，是我的母校华南师范大学（以下简称“华南师大”）建校90周年大庆。时间如白驹过隙，转眼间，我与母校结缘也整整50年了。我一直在想，在母校90周年华诞之际，我能为她做点什么呢？

在我上一本书《行思悟道　立己达人——我的教育人生》的写作过程中，由于要查找资料，回忆、核实过往发生的事情，无心插柳，查找、收集了过去撰写的不少文章和讲话稿。这些文字涉及的话题还比较广泛，有对什么是好教育、好学校的思考，有对华南师范大学附属中学（以下简称“华南师大附中”）办学主张的阐述，有关于校长素质与能力修炼的认识，有对师德师风建设的观点，有关于学校规划与文化建设的建议，有教师队伍建设和教师专业发展方面的言论，有学校德育创新方面的思考。

特别是参与了“国培计划”校长教师培训工作之后，我尤其关注校长个人素养与教育领导力培养问题，也形成了不少这方面的认识，当然少不了就社会热点话题发表的言论以及与记者的对话……我期待着，如果赶在母校90周年校庆之前，把我对中小学乃至基础教育改革发展的思考及认识整理出版，也算是献给母校的一份生日礼物。

1984年，我任华南师大附中副校长。1996年，我任华南师大附中校长。2001—2011年，我任华南师大副校长，在此期间一直兼任华南师大附中校长。我认为，校长的主要职责就是把握办学方向，坚守育人初心，把党和国家对未来人才发展需要与学生个体发展需要结合起来，不断深化、细化对培养目标（人才素质）的理解，不断优化、落实达成培养目标的课程体系，不断优化与创新育人模式和培养过程，不断提升学校领导班子的领导力与执行力，不断提升教师队伍的师德水平和专业能力，不断更新教育观念，不断推动新教育技术的运用，以实现教育质量和办学水平的持续提升。

正是基于以上认识，我的思考和言论也大多与这些关键领域有关。希望我这些年来在追求教育理想、提高办学育人水平过程中的思考与体会，能够给予年轻校长们一点启发和帮助，这也算是一种荣幸吧。

目录

壹 办学育人要有高站位、宽视野

校长是学校的旗手，更要成为学校的灵魂

办学校要围绕培养目标做好顶层设计

 教师专业发展是学校发展的“第一工程”

伍 人才成长要解决好三个根本问题

陆 校长、教师培训是一门大学问

成就他人就是成就自己

办学育人要有高站位、宽视野

壹

教育是面向未来的千秋伟业，是国之大计，党之大计，是国家富强、民族振兴的重要基石，为每一个孩子的未来生命成长奠基。教育容不得草率从事，草率从事不啻草菅人命；教育工作不能掉以轻心，掉以轻心就会错失良机。要以高度的责任感和敬畏心去看教育、做教育。

所谓高站位，一是要站在时代的高度去理解当今中国和世界需要什么样的人才；二是要有理论的高度，用先进理念、科学理论去指导教育实践；三是要从为孩子终身发展的高度去思考今天的教育要为孩子的人生发展奠定什么基础。

所谓宽视野，一是要有历史的眼光，从先哲的经典中汲取营养；二是要向国内的同行学习，借鉴国内教育发达地区学校的新经验、新做法；三是要了解国际教育的发展趋势，学习借鉴发达国家的先进理念和做法，洋为中用，取其精华，因地制宜地加以借鉴。站得高，看得远，想得深，谋得正，才能办好教育。

哲学家卢梭有一句名言：误用光阴比虚掷光阴损失更大，教育错了的孩子比未受教育的孩子离智慧更远。每每读到这句话，我都会对教育产生深深的敬畏心和责任感，认识到不能辜负党和人民的期待和重托！

胸中有国，眼中有人，心中有爱①

——一位中学校长对办学育人的若干思考

我是一名土生土长的广东人，一辈子学习、工作、生活在广东这片土地上；我1950年出生，几乎经历了共和国成立以来的所有风风雨雨，见证了国家波澜壮阔的奋斗历程，有欢笑也有泪水，有落魄经历也有高光时刻。从师范大学毕业后，我一直当教师、做教育，后来又当了13年的副校长和20年的校长，涉足基础教育、高等教育和校长教师培训，历练中有成就也有遗憾，奋斗中有激情也有伤感。现在，卸下一线的重担，回顾往事，品味遇见的人和经历的事，反思教育人生的顺逆得失，尝试着对人才培养进行一些带规律性的概括，我以为是一件力所能及又有益于社会的事情。

一、社会本位与个人本位的统一是人才培养必须始终坚持的根本原则

教育的功能是什么？人才培养的价值取向是什么？是社会本位还是个人本位？从1949年一直到20世纪末，教育的出发点基本上都是社

① 原文刊载于《中国基础教育》2022年第10期。

会本位，即学校教育应该以社会需要为导向，培养社会需要的各种层次的人才，很少关注学生个体个性特长发展的需要，也很少着眼于学生差异化的需要而采取差异化的培养策略。所以，直至改革开放前，教育的功能就是“为无产阶级政治服务”，培养目标就是“螺丝钉”，进入社会就是“组织叫干啥就干啥”。

到了20世纪末，党中央提出了“以人为本”的科学发展观，我国的中小学教育才开始真正关注学生的个体发展，“让学生成为最好的自己”越来越多地被中小学确立为办学目标。我以为，这是一个历史性的进步。但这样的表述，需要细化“什么样才是最好的自己”，防止走上个人利益至上的歧途。学校要清晰明确地告诉孩子们，最好的自己是要把个人的发展意愿、发展目标与国家、社会、时代的需要紧密地结合起来，是“大我”和“小我”的统一，而且以才华和智慧贡献国家为最高荣誉。如果不把握好这个统一，我们的教育就可能会培养出一批才华出众、缺乏担当的精致的利己主义者。这样的教训，我们不是还记忆犹新吗？

20世纪90年代，我在华南师大附中当校长，提出了“以人为本、持续发展”的办学理念和“以完整的现代教育塑造高素质的现代人”的办学宗旨，并以“持续”为关键词描绘了办学育人的发展愿景——“培养可持续发展的学生，造就可持续胜任的教师，创办可持续攀高的学校，实施可持续提升的教育”。这一思想的根本着眼点和出发点是基于中小学教育是人的素养“奠基”阶段，而适应时代发展和社会需要的后续发展能力才是最重要、最有价值的。完善自我既是个体发展目标，又是奉献国家与社会的必要前提条件，奉献国家与社会才是成才的根本目的。所以我认为，德才兼备、敢于担当是人才培养的完整目标，德才兼备是从完善自我的角度去理解的“最好的自己”，而敢于担当才是具有社会价值的“最好的自己”。

20世纪末和21世纪的第一个十年，奥林匹克学科竞赛（以下简称“奥赛”）很热，奥赛尖子深受名牌大学青睐，奥赛尖子生数量也是学校知名度、美誉度的重要标志。华南师大附中一直重视拔尖创新人才的培养，从20世纪80年代就参与了国家数学、物理学、化学、生物学这几门学科的学科竞赛，并取得了不俗的成绩。学科竞赛的培训，既培养了学科领域的拔尖人才，也增强了学校师生的研究氛围。华南师大附中科技创新活动热火朝天，高考成绩也一直高居广东榜首。学校每年都有几十名高三学生取得保送资格，这批保送生多数是品学兼优、各学科全面优秀的尖子，参加高考也可能拿高分，能为学校高考榜单增添光彩，但大学希望保送生能提前进入大学课程学习，加快成长。对此，学校班子成员和高三教师对保送生提前到大学参加预备课程持不同意见。我没有力排众议、一锤定音地支持保送生提前上大学，而是先组织班子成员开展讨论：保送生提前进入大学课程学习的利弊得失是什么？学校的决定应当基于什么立场？讨论后，大家终于达成了如下共识：这些保送生都是品学兼优、全面发展且学有所长的优秀高中生，提前进入大学课程学习，能加快拔尖创新人才培养，对国家有利，对学生个人发展也有利。尽管全程参加备考与高考，能加深保送生对中学基础知识的理解，强化应试心理与能力，但与提前进入大学课程学习相比，价值不可同日而语。虽然从学校角度看，似乎少了一些（可能的）高考状元的名声，但教育工作者不能将所谓的学校利益放在国家利益和学生发展利益之上，这应当是教育工作者要守住的底线和初心。从此之后，在这类问题上，华南师大附中都坚守了这样的原则，深得考生和家长的赞誉。

二、“三个面向”是办学育人的根本指导方针

20世纪80年代初期，我国改革开放的浪潮正在兴起，百废待兴，价值多元，困惑迷茫。教育改革的方向在哪里？否定了十年“文革”是否又肯定了“文革”前十七年？在教育界困惑迷茫之际，邓小平同志提出了“教育要面向现代化、面向世界、面向未来”的光辉思想，指明了中国教育改革开放的方向。“三个面向”可以形象地理解为教育的三维目标：“面向现代化”就是当代中国现实发展的需要，而当代中国现实发展是随着时间变化而变化的，是与时俱进的，这是一维（一轴）；“面向世界”就是将空间拓展到世界，以地球村、人类命运共同体的观念去思考人才培养的需要，这是一维（一轴）；“面向未来”就是以时间为轴去思考科技发展、时代变迁对教育提出的挑战，教育培养的是未来的人才，需要有前瞻性、预见性、提前量，否则人才的适应性就会出问题。光阴似箭，日月如梭，“三个面向”提出至今四十余年，今天重温仍备感亲切和鼓舞。我以为，“三个面向”仍然是新时代基础教育改革创新的指导方针。“面向现代化”就是要落实“立德树人”的根本任务，培养能够担当实现中华民族伟大复兴光荣使命的时代新人，也就是教育要担当“为党育人、为国育才”的光荣使命，教育的社会本位和人本位相统一的价值取向清晰明了。“面向世界”就是要适应全球化发展趋势，适应建设人类命运共同体的需要，培养展现大国国民风范、具备国内国际交流、合作、竞争能力的时代新人。“面向未来”就是要把握时代发展的脉搏和走向，适应科技进步的需要，用前瞻性的眼光和把握规律的远见去夯实学生的发展基础，去培育学

生适应变化、能持续提升的能力素养。面对中国新时代实现民族复兴伟大征程，面对当今世界局势发展的不稳定性和不确定性，面对日新月异的科技进步带来的新挑战，深入领会“三个面向”光辉思想，不是备感亲切吗?

在华南师大附中任校长期间以及后来我受聘担任新创办的广州中学校长期间，我都非常重视发展学科兴趣、拓展知识视野的选修课、研究性学习活动以及制度化的前沿科技大讲堂活动等。虽然选修课、研究性学习活动和学术讲座与高考没什么关系，但学科兴趣的培养，尤其是对学科前沿探索欲望的增长，对学生未来发展意义重大！基础教育不能只盯着鼻尖上的发展，还要为未来发展、终身发展奠定基础，这也是我一直坚守的信念。

三、学校、社会、家庭教育的和谐统一是新时代好教育的重要特征

学校是人才培养的专门机构，专门从事不同发展阶段的人才培养。学校教育是一个专业化程度很高的活动，需要把握学生的年龄和身心特征，选择适当的学习内容、学习方式和管理方式，是一个“小社会”。然而“小社会”与“大社会”（真实的社会生活）密切相通、紧密关联，学校教育不仅要让学生掌握放之四海而皆准的科学知识，而且要让学生正确认识、理解、适应真实社会生活，否则，当学生走进社会时，会出现种种不适应。所以，“适应社会生活需要”是基础教育的重要目标。好的学校教育，不仅要善用丰富的社会资源，紧密地联系社会生活，还要让学生了解真实的而非虚假的社会生活，做好走进现实生活、适应现实生活的必要准备。要积极主动地走进社会大课

堂，让“小社会”与“大社会”相互补充，让学生的社会化进程更和谐、更顺畅。在新中国学校教育的发展历史上，我们曾经在学校教育与社会教育关系问题上出现过走极端的现象，或“关门办学”、拒绝社会参与，或“开门办学”、否定系统的学校教育的必要性，削弱了学校教育功能，降低了培养质量，历史的经验值得记取。

为了让高中学生更好地了解中国是一个发展不平衡的国家，农村、农业、农民是基本国情的现实，也让孩子们把自己的学习与未来国家发展更好地联系起来，坚定以自己的智慧和力量报效祖国的理想，从1990年开始，我们每年组织高中二年级师生到广东省贫困山区参加为期两周的农村社会实践教育活动，与当地农户同吃、同住、同劳动，既参加农业劳动，又结合研究性学习的课题开展社会调查和课题研究，还开展访贫问苦、慰问五保户、科普宣传、支教辅导等志愿服务活动。三十多年来，我校一直坚持开设这门社会实践必修课，从未间断。凡是华南师大附中的高中毕业生，不论走到哪里，都会对这段刻骨铭心的历练念念不忘，这也成为毕业生们日后人生道路上勇攀高峰、担当使命的动力源泉。

学生家长既是孩子成长的第一任教师，也是孩子教育不可缺少的重要力量，家长应当成为学校教师的同盟军。家校教育的一致性决定人格发展的健康程度。家校协同合力是决定办学效能的关键因素。2021年，国家颁布了《中华人民共和国家庭教育促进法》，进一步明确了家庭教育的内涵及其重要性，以及家庭教育必须与学校教育、社会教育紧密结合、协调一致的原则，明确了家长对子女教育的责任义务、方法策略，也对学校如何开展家庭教育的指导服务、与家庭教育互动互促提出了清晰的指引，必将对家校共育的推动产生重要影响。

随着时代的不断进步，家长的受教育程度在不断提高，对子女教育愈发重视，对子女的期望值也不断提高，同时家长对掌控子女教育话语权的欲望日益高涨，家长的教育观、成才观也常常与学校教育观念产生冲突，家校合作、和谐共育显得日益重要。我在华南师大附中工作期间，从20世纪90年代开始，就开设了系列化的家教讲座，开发了系统的家长课程，组建了家长委员会、家长义工团、家庭教育兼职讲师，设立了每学期的家长开放日和全校（分年级）家长大会。家长与学校之间有了更多的沟通渠道，有了经常性的、全方位的、深入的相互了解，实现了学校教育与家庭教育的高度和谐统一。其实，这既是华南师大附中长期高位稳定发展的秘诀，也是实现学校高质量发展的好制度、好办法。

四、促进教师专业发展是学校育人的题中之义，必须把教师队伍建设作为学校发展的第一工程来抓

教师观是校长对学校功能观、育人观、质量观的集中体现，同时也是决定学校能否持续健康发展的关键因素。毫无疑问，学校育人功能首先体现在学生的成长进步上，没有学生的成长进步，也就失去了学校办学的意义。作为学校办学的重要资源和要素，教师是决定办学质量的关键要素。实现公平而有质量的教育，物质条件和经费是重要因素，而决定性的因素是教师。在过去很长一段时间里，教师只是被当作学校教育的必要条件之一，是正常办学和提高质量的保证。教师不是学校育人目标任务的一部分，只是作为保障条件加以强调。这种对学校育人功能的片面认识，不仅导致了教师队伍素质水平的退化（或者说停滞不前，或只是经验的积累），专业能力不能胜任不断

变化的科技进步、社会发展、生源特点变化所带来的挑战，而且导致了教师来源的弱化和队伍总体水平的下降。2000年以前，学校预算经费中，能用于教师发展的经费少之又少，如果学校在这方面多用了经费，还要受到批评和问责。高等师范院校对优秀高中毕业生的吸引力不高，生源堪忧。党中央“以人为本”的科学发展观提出之后，推动了教育界教师观的转变，这是一个历史性的巨大进步。党的十八大以来，以习近平同志为核心的党中央，在推动经济社会高质量发展、推动实现两个百年梦想的伟大征程中，把教育放到了优先发展的战略地位，把教师看作教育发展的第一资源，把教师素质看作提高教育质量的决定性因素，把教师队伍建设作为教育发展的基础性工程，极大地提升了教师的社会地位和经济地位，极大地调动了教师教书育人的积极性，也极大地推动了教师专业发展。今天，无论是教育行政部门、校长还是学生家长，都意识到教师的素质及持续成长是学校持续、健康、高质量发展的根本保证，学生与教师共同发展是学校育人的应有之义。教师是学校第一资源，是学校核心竞争力所在，是教育质量的主要保证；教师发展已然成为学校不可或缺的育人目标，也是办学质量的重要评价指标。重不重视教师发展，是校长办学思想、理念是否端正的重要表现。在我担任华南师大附中校长期间，学校向社会筹集的第一批慈善资金就是用于教师发展的，鼓励和支持教师参与课题研究、参加学术活动、进修培训、提升学历甚至到国外进修学习。后来，我发起成立了广东省中学首个规范化的教育基金会，根本目的也在于加大扶持教师发展的力度，更好地促进教师成长，让教师更安心也更优秀。2017年夏天，正式退休三年之后，我接受广州市天河区人民政府的邀请，担任了新创办的、以城市命名的广州中学校长。广州中学募集的第一笔社会慈善资金也是用于教师发展，鼓励教师践行高尚师德，积极参与教育教学改革创新的理论和实践研究，提升专业水平和育人成效，努力成为最受学生敬佩和爱戴的楷模。实践已经证明也正在继续证明，把教师发展作为学校发展的第一工程，必定是学校教育高质量发展的根本保证。

五、构建学校育人文化是校长的根本职责，学校育人本质就是文化育人

学校文化对于学校教育的重要意义和深远影响，校长或教师都是没有疑义的。但是对于什么是学校文化，学校文化建设的范畴、重点是什么，还是存在着不少不同认识。有些人把学校文化建设窄化为校园文化建设，关注的是环境文化和行为文化建设。教育部颁布的《校长专业标准》提出校长的主要职责之一是“营造育人文化”（不是建设育人文化），而“营造”一般落到了环境、氛围、风气上，自然就把学校文化建设局限在环境文化和行为文化上。尽管对学校文化的分类有多种表述，但我坚持认为，学校文化的核心是精神文化，是办学育人的价值取向，是办学理念与追求。学校精神文化决定学校办学方向、育人规格、培养方式、评价标准。它要解决、要回答的问题是“为谁培养人、培养什么人、怎样培养人”的根本问题，而体现精神文化导向的决定性要素是课程体系和规章制度。所以，学校文化另外两个重要组成部分就是课程文化和制度文化。课程决定培养规格，制度决定培养过程与结果的质量标准。行为文化（包括教师文化、学生文化、干部文化、管理文化等）决定学校人的行为方式和准则，而环境文化通过建筑物的布局、造型、色彩和功能，通过自然景观和人造景观的

熏陶，创造学校育人的物质条件和环境氛围。我以为，这才是学校文化的完整内涵。学校文化建设是学校持续健康发展的根本保证，是最重要的基本建设，是学校育人的本质要求。课程建构是实现育人目标的根本保证，课堂转型才能实现创新人才培养，制度完善、文化认同才能保持长盛不衰。学校就是学习的地方，只有校长、教师以身作则，爱学习善学习，学生才会爱学习善学习。也就是只有校长、教师好好学习，学生才能天天向上。所以我认为，确立并把握学校办学育人的核心价值观，树立科学的、正确的、适应时代要求的办学理念、办学思想，并将理念、价值观层面的要求落实为学校课程建设的实际行动，构建一个既体现国家意志、又满足学生个体差异化需要的、丰富多彩的、规定性与选择性相结合的课程体系，并建设完善的、规范化的、体现育人导向的、包括操作指引和评价标准在内的制度体系，这才是校长抓学校文化建设的工作重点，才是校长引领学校发展不可缺少的关键职责与使命。

我到广州中学工作之后抓的第一件大事，就是编写《广州中学文化理念手册》，通过编写此手册，确立了学校办学育人的核心理念，提出了学校“一训三风”，提炼了学校精神，明确了学校办学愿景等。在这个基础上，进一步梳理了课程与教学工作、德育与学生发展、体育、美育、劳动教育、科技教育、教师发展、后勤服务、党群工作等各领域的工作理念、规章制度、常规工作、重大活动等学校文化体系，使学校各项工作遵循办学核心理念要求、服务于育人总体目标。建校以来，广州中学坚持贯彻核心办学理念，不断完善课程体系建设和制度建设，弘扬敢为人先、与时俱进、开放包容的广州精神，加快数字化校园建设，学校稳步健康发展，这与学校文化的顶层设计有着密不可分的关系。

六、积极主动地运用新技术新工艺是科技迅猛发展时代提升教育质量的必然选择

20世纪90年代，中国正式接入了互联网。三十多年来，互联网及数字技术被广泛应用于经济、社会各个领域，改变了众多企业的生产方式和经营方式，政府的管理方式，人们的沟通方式和生活方式，可以说是革命性的变化。但是反观教育，互联网及数字技术对教育的影响和改变极其有限，虽然大多数的教师会制作教学课件，会使用大屏幕一体机，但更多的还是停留在用教学课件替代板书，用白板替代黑板。由于学生电子终端的使用仍不普遍，使用的时间和场景也受到限制，导致互联网和数字技术在基础教育上的应用还十分有限，也停留在浅表层次。事实上，互联网上海量的学习资源（尤其是国家开通了全国性的智慧教育资源平台之后）可以弥补校际教师素质的差异，促进教育公平；网络（线上）教学超越时空的随时随地随需沟通的特点，能极大地拓展交流、分享的空间从而有效地增加互动与分享，更便捷地创设教师主导、学生主体的学习环境；网络（线上）教学还为推动先学后教、以学定教的先进教学方式创造了更为便利的条件。互联网、大数据、云计算、人工智能等新技术的发展，还会继续给教育带来深远影响。对此，我们必须以更敏锐的嗅觉、更开放的心态去迎接新技术给教育带来的新变化。

这些年，国家十分重视教师信息化素养的提升，不断推动教师信息能力方面的培训，但对课堂变革、课堂转型影响不大。当前，国家又积极推动教育数字化战略行动，但如何高效推进值得认真调查分析。我以为，教师对新事物不敏感，学习新知识、掌握新技能、运用新工具的热情不高，注重传统套路、惰性严重是根本原因。应运用评价指

挥棒去推动教师运用新技术，同时让更多的教师尝到运用新技术的甜头，像人们学习使用智能手机一样，让新技术新工具的使用成为教师教育生活的一部分。

1996年，我接任华南师大附中校长，那时候中国只有部分高校建设校园网并尝试应用互联网技术。当时，我强烈地意识到互联网等新技术将给教育带来颠覆性的冲击和影响，必须尽早谋划，抢占技术应用高地。1997年我就带着几位信息技术科的教师到北京大学、清华大学等高校考察校园网的建设，回来之后迅速谋划建设校园网。要建设先进的校园网，实现校园无线网络全覆盖，需要一大笔钱，而当时财政经费有限，学校每年的总开支，财政拨款只能占六成左右，还有四成左右要自筹。好在当时政府对校办产业还比较支持，对自筹经费行为还管得不严，学校每年都能筹集一定数额的办学经费。自筹的办学经费中，一部分是用来提升教职员工待遇的。要花一千几百万去建设先进的校园网，不少人想不通，很多人也不赞成。怎么办？信息化是一次机遇，也可能是教育的一次升级换代，不能错失良机。于是，我请了这方面的专家到学校给全校教职员工讲互联网技术及其应用，描绘信息化可能为生产劳动、社会生活及各行各业带来的深刻变化和美好愿景，让大家对信息化充满期待。同时，我承诺建设校园网，一定不影响大家的收入，未来一定会给教师们更多的培训，配备更新更好的信息化工具，为教师们描绘了一幅令人向往的学校未来工作场景。经过一番努力，华南师大附中成为广东省第一所建立ATM（Asynchronous Transfer Model，异步传输模式，简称ATM）校园网的中学。教育信息化的先行一步，造就了华南师大附中十多年来长足进步、持续领先的奇迹。我到广州中学任职之后，同样强力推进信息化建设，建设了无线网络全覆盖的校园，师生人手一台平板电脑，推动了教学方式、师生互动方式、教育资源共建共享机制的深刻变化。广州中学建校以来，呈现了持续高速健康发展的态势。

长期以来，教师是个体劳动者，缺乏协作的文化传统，而协作素养是新世纪人的核心素养之一；传统的教师基本功重教学过程的语言表达、板书技能，轻教学过程的情景创设、兴趣激发、技术应用和数据分析，显然不适应信息化、智能化的教学环境和多样化、个性化的发展需要。所以，必须高度重视教师运用新技术、新工艺提升教学能力的培养培训，没有新技术参与的教学活动，既不可能高效率，也不可能满足差异化、个性化发展的需要。

当然，提高教育质量，不仅要高度重视教师信息素养的提升和信息技术在教学上的广泛有效应用，而且要高度重视信息技术在管理上的应用。比如排课系统，赋予学生一定的课程选择权以及开展走班教学之后，学校排课的难度和复杂性大大提高，没有信息技术加持，就很难有更科学、更合理的课表。又比如教学质量分析，如果有了完整的信息采集系统，就可以利用大数据和人工智能技术，精准地对学生个体的学习状况、教师的教学水平、学科教学质量作出诊断和分析，正确地予以指导，及时改进。当今时代的教育质量提升，一定不能再走拼体力、拼时间的高消耗低收益的老路，要向科学技术要质量，让教育成为一项更具科技含量的工作。

七、持续提升教育领导力是校长真正成为师生的精神领袖的保证

人们常说，校长是一所学校的灵魂和旗帜，是推动学校发展的设

计师和引路人，我深以为然。《义务教育学校校长专业标准》《高中学校校长专业标准》中对校长职责作了明确的规定，包括规划学校发展、营造育人文化、领导课程教学、引领教师成长、优化内部管理、调适外部关系，是一个以能力为重的职责体系，也是校长教育领导力的结构体系。我个人认为校长教育领导力可以归纳为五大领导力，即愿景领导力、课程教学领导力、文化领导力、资源整合领导力和道德领导力。

第一，愿景领导力。校长必须是有教育理念、教育理想和教育情怀的人，校长的这些核心素养，与学校发展关系密切，对学校发展影响深远。所以，校长对学校的领导，首先表现在对办学目标（愿景）的定位上，并基于目标定位作出合理的、符合实际的、可行的发展规划。要洞察教育发展趋势、把握发展机遇、善于整合资源、远中近结合地规划学校发展，善于以美好愿景去激发师生奋发图强的热情，共同去追求更高的目标。

第二，课程教学领导力。奋斗目标、培养目标确定之后，关键就是构建与培养目标相匹配的课程体系并有效实施，这就是我们常说的以教学为中心。以教学为中心，包括课程规划、课程建设、课程实施和课程评价。这项工作，关系到学校培养什么人的根本问题，即培养规格、标准，也关系到怎样培养人的问题，必须引领育人方式创新，推动课堂变革，创新教学组织形式和评价方式，最大限度地调动教与学的积极性、主动性。只有构建充满活力的教学关系，才能培养能够持续发展的人。这是校长的核心领导力。

第三，文化领导力。学校文化是学校育人有形的和无形的要素的总和，是一个系统。所有对学校育人产生影响的要素，都可以理解为文化。我理解的学校文化系统，主要包括理念与价值观方面的精神文化，以课程体系为核心的、有多种样态与特征的课程文化，以规章制度为治理特征的制度文化，以引导学校师生员工行为方式为宗旨的守则、教风、学风、校风、干部作风等构成的行为文化，以物质存在为主要形式的，包括学校布局、建筑、色彩、人造景观、美化、绿化的环境文化。校长要深刻理解学校文化内涵，以先进理念引领发展，注重课程建设、制度建设、风气建设、环境建设，这才是校长最重要、最本质的责任担当。

第四，资源整合领导力。办学是一个复杂的系统工程，需要多种资源的支撑及保证。是否善用可利用的资源，是否善于整合各种资源，对于学校发展、教师发展、学生发展关系重大。影响学校发展、决定办学水平的资源是多方面、多形态的，主要有学校占地、建筑面积、设备设施、教师队伍、办学经费、办学历史、影响力等，合理配置这些资源，充分发挥这些资源的效用，无疑是有许多学问的。除此之外，我认为还应该思考如何去整合和利用诸如文化传统、校友、家长资源、社区资源、慈善机构、媒体、公共图书馆、博物馆、纪念馆等社会资源。要善于利用社会资源，重视家校共育，努力实现学校教育、社会教育、家庭教育的一致性，营造一个价值取向相同的育人环境。

第五，道德领导力。既然校长是学校的灵魂和旗帜，那么校长的一言一行自然会产生更为广泛、更为深刻的影响力。为人师表，应当成为校长的座右铭。常言道，学高为师、身正为范，校长要成为师生的楷模和表率，最重要的是要有远大理想和坚定信念，这才配得上是学校主心骨；校长要严于律己、宽以待人，这才能真正树立起威信；校长要爱学习、勤思考，这才能培育良好的学风和教风；校长要敢作为、有担当，不随波逐流，不趋炎附势，学校才会有正气，有改革创新的勇气。

习近平主席在2019年9月召开的中央人才工作会议上指出，当前，我国进入了全面建设社会主义现代化国家、向第二个百年奋斗目标进军的新征程，我们比历史上任何时期都更加接近实现中华民族伟大复兴的宏伟目标，也比历史上任何时期都更加渴求人才……综合国力竞争，说到底是人才竞争。人才是衡量一个国家综合实力的重要指标。国家发展靠人才，民族振兴靠人才。我们必须增强忧患意识，更加重视人才自主培养，加快建立人才资源竞争优势。

人才培养靠教育，自主培养人才更要靠中国本土的教育。教育要更好地担负起服务中华民族伟大复兴的光荣使命，就要在提高人才培养质量上下功夫。尤其要按照习近平主席在全国教育大会上提出的在坚定理想信念、厚植爱国主义情怀、加强品德修养、增长知识见识、培养奋斗精神、增强综合素质上下功夫。基础教育是人才成长的奠基工程，基础教育工作者要不忘初心、不辱使命，以培养高质量的人才为强国安邦夯实基础。

什么是正确的教育公平观[①]

党的十九大报告提出，努力让每个孩子都能享受公平而有质量的教育。目标很清楚：一是更加公平，二是更有质量。公平和质量是一个问题的两个方面，也是我们实现人民满意的教育所要追求的目标。

首先，追求公平要有正确的公平观。什么是公平？公平和均衡是不是一回事？什么是更加公平的教育？

通常我们在推动教育发展中特别强调均衡，均衡是实现公平的一个手段，但是均衡不等于公平。现在我们在追求公平的过程中，要均衡学校办学条件、均衡师资、均衡教育拨款、均衡孩子可能享受到的各种教育资源……大家认为这就是公平，但我觉得这还不是真正的公平。

真正的公平是我们如何去满足不同群体、不同学生个体更加个性化的需要。每个孩子都是不一样的，有天赋方面的差异，有个人努力方面的差异，有成长过程中环境上的差异，有未来目标和发展方向上的差异。既然存在这么多不一样，那么我们为其提供一个所谓的均衡、

① 原文刊载于《未来教育家》2019年第11期。

均等的教育条件，这不是公平。

我们既然提倡以人为本，就要尊重个体差异，满足个体差异化的需要。当然个体的需要也存在共性。这就要求我们把国家对人才培养的目标和个体个性发展的诉求结合起来，既体现国家人才培养的意志，又体现个体发展的需要。所以，讲教育公平，一定要有正确的公平观。

如何实现教育公平？应该借助多方面的共同努力。中国发展到今天，教育已经走到了整个社会舞台的中央，为什么这些年这么重视教育？因为教育关乎人才的成长，而人才对于推动国家发展是第一要素、第一资源。所以，教育自然也就成为整个社会关注的焦点，有更多财政经费投入到教育中来，这对于扩大教育供给、不断满足人民群众日益增长的对优质教育的需求非常重要。但是不管政府财力有多雄厚、在教育投入中占多大的百分比，都不可能完全满足个体差异化教育的需求。这就需要对整个教育供给体系做一个改造和创新。

这几年，大量社会教育机构介入教育，这主要是因为“减负”之后，孩子们在学校的时间减少了。结果，下午三四点之后孩子们都去了培训机构。所以，大家看到了培训机构的野蛮生长。

某种程度上，这种野蛮生长也造成了一些机构的不端行为，从而带来负面影响。但是客观地讲，培训机构的大量生长，本身就是社会需求催生出来的，有其合理性。问题在于我们如何去引导它们更好地服务于每个家庭、每个孩子个性化的需要。企业投入教育需要盈利，这是很正常的，但是教育企业必须有教育情怀，必须尊重教育规律，而且要为孩子的未来着想。

所以，我们不能一味地因为一些培训机构某些方面的不端行为，而把它们一棍子打死，而是需要有更好的引导。在我看来，要满足整个社会对孩子个性化、差异化的教育需求，不能只有公共财政所提供的公办教育这份力量，必须要让更多社会资本和社会力量参与到教育供给中来。这样我们才能建立一个更加完整、更加健康的多元、多样、多选择、多类型、多层次的教育供给体系。

有公办学校、有民办学校，有正规教育学校、有非正规教育学校，有线上教育、有线下教育，有各种各样教育服务的形式，才能够满足老百姓多样化、差异化的教育需求。在政府的公共财政唱主角的情况下，一定要有更多配角支持、辅助，这样才是一出好戏。

那么，政府的公共财政应该用在哪里？社会资本应该用在哪里？实际上某些个性化的需要，私人是愿意去买单的，如果没地方去购买这样的服务，反而会焦虑，相当于过去物资匮乏的时候，人们有钱没地方花。现在有些人有能力支付个性化的服务，也有机构能够满足这种服务，我认为这也是教育公平要实现的一个重要目标。政府的公共财政，应该主要用在让每一个孩子都能享受到基本公共服务上。

我们要实现这个目标，必须营造一个更加宽松、健康、法治化的环境，这才有利于吸引更多的社会力量、民间资本参与到教育服务中来。这是我们面临的一个大课题，也是政府应该直面的问题。

我觉得政府在推动教育公平和质量这样一个发展问题上，必须有更开阔的视野、更宽广的胸怀，去推动教育供给更加多样、多元、多选择，这样才能真正实现人民对教育公平和质量的需求。

非常可喜的是，近年来中央公布的几个文件表达了这一重要的思想。不论是2018年中共中央、国务院印发的《关于学前教育深化改革规范发展的若干意见》，还是2019年中共中央、国务院印发的《关于深化教育教学改革全面提高义务教育质量的意见》，国务院办公厅公布的《关于新时代推进普通高中育人方式改革的指导意见》，都表达了政府应该积极购买社会服务的意见，表明财政资金可以用于向第三方购买教育服务。

不仅这些，包括我们很多培养学生创新能力的课程、项目学习的课程以及拔尖人才培养的课程，都可以购买社会服务。有些学校有好苗子，但是缺少优秀教师让孩子们更好地成长，如果公共财政可以向社会去购买这样的优质教育资源，我想一定是有益的。

对于那些有更丰富、更高水平供给的社会力量，我们欢迎它们参与到整个教育的供给中来。这样，我们的教育生态才会更健康，老百姓所追求的公平而有质量的教育愿望才可能真正得到落实。

让每一个生命都绽放精彩[①]

各位领导、各位来宾、老师们、同学们：

大家好！

今天，对于我们广州中学来说，是一个具有历史意义的日子。我们齐聚凤凰校区，举行隆重而简朴的校名揭牌仪式。我谨代表广州中学全校师生员工，对前来参加揭牌仪式的各位领导、各位来宾、朋友们表示热烈的欢迎！对关心支持广州中学创办和建设的市、区各级领导和各界朋友表示衷心的感谢！对为广州中学凤凰校区升级改造付出辛勤劳动的建设者们表示诚挚的敬意！

在全城人民的翘首以待中，以广州这座千年古城命名的广州中学终于横空出世了！作为广州教育的一分子，作为广州中学的首任校长，我既兴奋激动，又感责任重大、使命光荣。不辜负市、区两级政府的重视，不辜负广州人民的厚望，是我和班子成员的共同使命和不变的决心！

自先秦建城以来，历代广州人在独特的地理环境、悠久的历史坚

① 本文根据吴颖民2017年8月25日在广州中学揭牌仪式上的讲话整理。

守中，逐渐形成了“开放、包容、务实、进取”的广州精神。广州人用一座“五羊衔稻穗”的塑像，寄托自己的朴素愿望，表现出农耕文明的务实与淡定；广州人从南海神庙出发，沿着海上丝绸之路走向五洲四海，在中外文化碰撞交融中表现出开放与包容；黄花岗七十二烈士墓园、大总统府、黄埔军校、农民运动讲习所等历史遗迹，凝聚着广州人在中国社会大变革中浴血奋斗的革命精神；云山珠水间的巍峨高厦、璀璨华灯，述说着广州人在改革开放中的开拓进取精神……两千多年的历史，铸就了“开放、包容、务实、进取”的广州精神。

我们提出“以广州精神激扬生命、顺时代潮流成就梦想”的办学理念，就是要把这座千年古都、历史名城的文化品格注入广州中学的文化基因中，以激扬师生的生命活力，铸就师生的精神特质，彰显每一位师生的生命价值。

当今处于全球化时代，设计、制造、金融各种生态在全球中联动，贸易、商品、人才各种资源在国际流通。国家和地区之间的政治、经济、文化出现了前所未有的碰撞和交融。当今处于信息化时代，知识大爆炸已呈常态，知识更新周期渐短，信息媒介日益创新，数据与网络正在改变着人们的生产、生活和学习方式，广州也日益成为国际化、创新型的现代化大都市。

我们提出“顺时代潮流成就梦想”，就是要弘扬“勇立潮头、敢为人先”的广州精神，把全球化、信息化的契机和挑战引进校园、引进课堂，让我们的学生具备跨文化的学习创新能力和进入国际大环境的生存发展能力；让我们的师生能够善用信息化时代的工具和资源，突破以往学校教育的时空局限与个体差异局限，创新我们的学习、教育方式，助推每一位师生做最好的自己、成就人生梦想！

以“广州”作为我们的校名，是广州人民对我们的信任。我们将肩负广州人民的厚望，弘扬广州精神，展现广州风采，成为广州教育竞争力的新标杆。

我们要让广州中学的办学模式具有时代的前瞻性，能够满足未来社会的发展要求，成为一个学校、教师、学生、家长整体互动的圆梦平台。

我们要让广州中学培养的学生，在全球化的潮流中，具有跨文化的学习与创新能力，成为能够担当国家、民族重任和参与国际竞争的新型人才，在建设人类命运共同体的伟大事业中，发挥中国对世界的影响力。这就是我们的时代使命。

在广州中学的校园里，我们追求的目标是“让每一个生命都绽放精彩”，我们要尊重、善待每一个人，关注、关心、关怀每一位师生，我们要努力实施既能体现共同要求又能满足个体差异的教育，让每一个学生都能做最好的自己；我们要努力关注不同学科、不同发展阶段、不同个体的教师的成长需要，促进教师专业成长，让教师找到职业成就感和人生幸福感。我们要耕耘一片肥沃的校园文化土壤，里面有和谐的人际关系，有宽松的心理氛围，有活跃的思想状态，有高尚的道德情操，有强烈的奉献精神，我们要为师生绽放人生精彩创设一种良好的生态环境。这就是我们的办学愿景。

为了实现学校发展的美好愿景，我们要正确认识和把握国家意志与个体意愿、服务社会与成就自我、面向全体与关注差异、教师发展与学生发展、知识技能与道德品格、科学精神与人文素养、体质健康与心理健康、夯实基础与发展特长、继承传统与开拓创新等众多关系，积极推进课程、教学、德育、评价、管理五大领域的改革，让办学理念落到实处。

我们要坚持以教育为中心，建设既体现国家意志又满足个体需求的高水平、多样化、可选择的学校课程体系，增强学生课程学习的自主性和选择性，回归“由人选择教育而不是由教育选择人”的本质要求。

我们要以走班制、学分制、合作学习、混合学习为着力点，积极探索教学组织形式和课堂教学模式的变革，让学生自主发展、个性发展、差异化发展、教学相长的目标变成现实。

我们要以导师制、学长制为抓手，积极探索学生德育和学生管理的新理念，通过导师制全面加强学生发展指导、落实全员德育，通过学长制提升学生自主意识和自治自理能力；要支持和发展以学生兴趣爱好和价值认同为纽带的社团组织，让学生在创造校园生活中真正成为学校的主人。

我们要以加强自我评价、过程评价、多元评价、综合评价为着力点，进一步发挥评价的诊断功能、反馈功能、激励功能和导向功能，促进学生在认识自然、认识社会、认识自我的基础上，更加自主自觉地进行全面而有个性的发展。

我们要以增强活力、提升效益为目标，推动“智慧校园”建设，继续探索重心下移、扁平化管理的路子。在多校区、强学部的背景下，处理各条块关系，优化统分机制，把统一要求、统一管理和增强校区、学部活力结合起来，提升资源配置的效益和品牌风格的一致性。

我们清醒地知道，无论是一所全新学校的起步，还是一项触及利益、格局、传统的改革，都不可能一帆风顺，都将面对种种困难与挑战，因此，来不得半点虚假、懈怠和夸夸其谈。“实干兴邦”，我们要发扬广州人务实低调、埋头苦干的精神，义无反顾、脚踏实地地向前发展！

我们愿意用自己的不懈努力，让学校傲立潮头，成为广州教育竞争力的一杆标尺，用我们的智慧和汗水，让每一个学生都持续进步，取得长足发展；让每一位教师都富有成就，焕发职业激情。

我们坚信，在广州人民的信任支持下，在各级政府的关心指导下，在全校师生的共同努力下，广州中学将交出一份令人民、政府、学生、家长满意的答卷！

“雄关漫道真如铁，而今迈步从头越”，广州中学将从此踏上征程、奋力前行！谢谢各位！

以人为本，建设现代和谐校园①

中共中央在《关于构建社会主义和谐社会若干重大问题的决定》中提出："我国已进入改革发展的关键时期，经济体制深刻变革，社会结构深刻变动，利益格局深刻调整，思想观念深刻变化。这种空前的社会变革，给我国经济社会发展进步注入巨大活力，也必然带来这样那样的矛盾和问题""构建社会主义和谐社会是一个不断化解社会矛盾的持续过程"，我们要"科学分析影响社会和谐的矛盾和问题及其产生的原因，更加积极主动地正视矛盾、化解矛盾，最大限度地增加和谐因素，最大限度地减少不和谐因素，不断促进社会和谐"。

为了落实中共中央的决定，教育部在《关于在全国中小学开展创建和谐校园的意见》中提出："努力使学校成为培养全面和谐发展的一代新人、加强精神文明建设的重要阵地，创建学生喜欢、家长放心、社会满意的平安、健康、文明的和谐校园。"

本文的命题，正是在这样一种社会背景中产生的。本文所讨论的问题，既是我们对学校在当今社会发展中如何发挥其社会功能的一种

① 本文撰写于2008年10月10日。

思考，也是对我们自身办学实践的一种总结。

一、建设和谐校园的核心问题

建设和谐校园，应该如何把握它的根本着力点？我们认为，首先需要厘清以下问题：“和谐”讨论的对象是什么？“和谐校园”的基本特征是什么？建设和谐校园的根本任务是什么？“和谐”描述的是一种关系状态。这种关系状态，从宏观、中观、微观三个层面上看，分别表现为人类社会与自然界的关系、人类社会的内部关系、人类社会的缩影——学校内部的各种关系。本文讨论的范畴，集中在学校这个微观的社会领域里。

人类社会各种复杂的关系中，最根本的就是人与人之间的关系。而直接影响着人与人之间关系状态的基本要素，则是利益——人与人之间的利益关系，人们利益诉求的满足状态。因此，在学校这个微观的社会领域里讨论“和谐”问题，实质上就是讨论如何平衡校园内人与人的利益关系，如何合理满足不同利益群体的利益诉求等问题。

无论是从一个社会的角度，还是从一所学校的角度来讨论每一个体成员的利益诉求及其满足问题，都是不现实的。但是，我们可以把每一个体成员所扮演的社会角色进行一个集合，从社会角色群体的角度来讨论上述问题。如果从学校成员所属的社会角色进行归类，校园里的“人”大致可以区分出几个主要的利益群体：教师群体、学生群体、家长群体。这些不同的利益群体有着各自不同的利益诉求，构成了校园内基本的利益关系。

因此，校园是否和谐，能否和谐，其核心问题就在于：校园内不同利益群体的利益诉求是否得到关注？他们的地位是否得到尊重？他们的权益是否得到保障?

二、建设和谐校园的基本策略

在研究建设和谐校园策略的问题上，我们形成了这样的思路：通过分析不同利益群体的利益诉求及其利益冲突现象，寻找各方的利益共同点，以能够体现共同利益的发展目标引导利益整合，在利益整合中走向和谐发展。

（一）校园内不同利益群体之间的利益诉求与矛盾冲突

在校园内三大利益群体之间，他们的社会角色差异性决定着他们利益诉求的差异性，以及在追求满足利益诉求时面临的矛盾冲突。

1. 教师群体的利益诉求及其矛盾冲突

在分析教师群体的利益诉求时，我们发现，以下这些现象和问题必须得到足够的关注，必须重视其对社会发展成果的实惠性要求。第一，我国改革开放以来，随着社会生产力和国民经济的发展，教师们迫切希望这些发展成果能够及时体现到个人实惠中。当这种实惠要求因为客观的滞后性局限而未能得到及时满足时，就造成了教师们在进行价值判断、提出利益诉求时受到心理失衡的困扰。第二，职业道德要求与个体利益要求存在差异。人们常用“人类灵魂的工程师”“阳光下最光辉的事业”“红烛”等表现崇高、无私奉献精神的虚拟形象来激励师德建设，教师们却有着改善生活质量、提高幸福指数的个体利益诉求。这种理想化与世俗化、崇高性与平凡性的矛盾冲突，使教师们容易陷入“价值失衡”的迷茫。第三，专业精神与世俗压力形成了矛盾冲突。作为专业工作者，教师们都懂得必须遵循学生身心发展规律，尊重教育规律。但社会现实中的功利主义价值取向，却构成了一种沉重的世俗压力。专业精神要求与社会非理性压力构成的矛盾冲突，使教师们在追求自身的工作业绩与利益保障时，常常承受着“行为失范”的痛苦。

2. 学生群体的利益诉求及其矛盾冲突

首先，学校的社会化要求与学生个体的个性化要求构成的矛盾冲突。学校教育的社会化功能，对学生的发展提出了代表社会整体利益的要求。而学生对自身的发展，却有着强烈的个性化要求。社会发展要求与个性发展要求，体现着不同的利益诉求。这些利益要求的差异性，常常造成校园生活中的矛盾冲突现象。其次，师生的社会角色差别构成的矛盾冲突。教师与学生，具有不同的社会角色特征。师生关系，是一种由成年人与未成年人、实施引导与接受引导等不同社会角色构成的异质结构关系。这种结构特征，使师生关系具有一种不可避免的冲突性本质，由此而决定着在教师与学生之间总会发生着各种各样的矛盾冲突。最后，学生个体发展中自身呈现出来的矛盾冲突。在学生个体的发展中，人的社会属性与人的自然属性总是处于此长彼消、互补互动、统一发展的矛盾运动状态。学生自身的矛盾冲突常常被他们不自觉地投射到校园生活中，演变为师生之间、学生之间的矛盾冲突。

3. 家长群体的利益诉求及其矛盾冲突

其一，家长对孩子的家族期望与学校对学生的社会期望之间的分歧与矛盾。在东方文化的宗法观念中，家长对孩子的期望，更注重其家庭、血脉、氏族的个体意义和族群意义。而学校对学生的期望，则更着眼于其社会意义。二者之间的差异性，导致双方在对孩子的发展期望及教育要求方面常常出现分歧，甚至引发矛盾冲突。其二，对优质教育的期盼与现实条件的局限引致的矛盾冲突。在当代社会，家长对优质教育的需求越来越强烈，而现实条件的客观局限性又决定着这些需求无法得到全面的满足。这种主观愿望与客观局限构成的矛盾冲突，很容易造成家长将其失落的心理转化为对学校、对教师的怨怼。其三，孩子发展的现实状况与家长期望的“超限状态”造成的矛盾冲突。学生的个性差异决定着他们发展的不一致性，而家长却常常忽略了孩子发展的现实可能性，对子女发展的期望很容易陷入一种“超限状态”。当家长这种“超限期望”被孩子现实发展水平击碎时，家长常常不自觉地把失望情绪转化为对学校、对教师、对孩子的不满。

（二）建设和谐校园的基本策略

从分析校园内各个利益群体的状况中，我们发现，虽然各个利益群体都有着各自不同的利益诉求，但是，在一些基本问题上，却反映出各方的共同利益。

1. 人文关怀的要求

无论是教师、学生、家长还是管理团队，都希望自己的利益诉求得到关注、重视和满足，都希望从学习、工作、生活中体验到成功，感受到自我存在的价值，都希望在推动学校的发展中体现自身的主体作用。满足人文关怀的要求，就成为各个利益群体共同的利益诉求，成为大家的利益共同点。

2. 发展的要求

学生有自身的发展要求。教师也有自身的发展要求。当师生在教学相长中获得互动发展时，家长的期望就得到了实现，管理团队的价值体验就得到了满足。因此，发展的要求就成为各利益群体共同的利益诉求，成为维系各个利益群体的利益共同点。

3. 发展的可持续性要求

在学生的自我期望与家长的子女期望中，以及在教师工作的价值取向中，我们都不难发现社会那种急功近利的极端功利观在校园内的投射和影响。然而，当我们深究下去时，发现在学生及其家长的发展要求中，仍然存在对近期与长远、功利与非功利的不同企盼。实现可持续发展就成为整合校园内各利益群体价值取向的利益共同点。人文关怀、发展、发展的可持续性就成为校园各利益群体共同的利益诉求，也就是我们建设和谐校园的基本目标。在20世纪90年代后期，我们就已经在思考相关命题，把“以人为本”与“实现人的可持续发展”整合起来，在当时就明确提出了学校的发展策略：培养可持续发展的学生，造就可持续胜任的教师，创办可持续攀高的学校，实施可持续提升的教育。

三、建设和谐校园的实践反思

基于上述认识，我们或许可以从这样一种角度理解和谐校园的内涵：在学校范围内，以平衡各利益群体之间的利益关系、合理满足各方面利益诉求为核心，通过营造一种宽松的心理环境和融洽的人际关系，改善教育、教学、管理工作的职能状态，合理满足师生的发展要求，合理满足家长的期望要求，让管理团队获得良好的价值体验。

据此，我校逐步建立起建设和谐校园的操作模式。

（一）构建一个能够满足学生个性化发展要求的教学模式

教育的本源意义就是促进人自身的完善和发展，而每一个人都具有个性差异。我们认为，教学活动中的以人为本，就是要尊重差异，发展个性；就是要挖掘潜能，鼓励冒尖；就是要增加选择性，扩大自主权。从20世纪80年代初开始，我们就逐步构建起我校以因材施教为核心的个别化、个性化教学模式。

1. 以“尊重差异，发展个性”为指导思想，构建一个能够体现“增加选择性，扩大自主权”的课程体系

多年前，我校已在完成国家规定性课程的基础上，尝试建立一个“规定性课程与选择性课程相结合”的课程体系。1996年开始，我们引入“少年宫式”的课外活动课程；2000年，学校成立了课程委员会。当我国开始新一轮课程改革的时候，我校已经形成了《华南师大附中高中校本课程学分制实施方案》，建立起“数学与自然科学模块”“社会科学模块”“体育与艺术模块”和“社会实践模块”的校本课程体系。我校教师每学期为学生开设80多门校本课程，涵盖了自然科学、社会科学与体育艺术等多个学科领域，让学生能够根据自己的发展状况、个性才能特征选择各自的选修课程。

2. 以“挖掘潜能，鼓励冒尖”为指导思想，创新教学组织形式，建立一个能够激励学生发挥创造性个性才能的评价体系

“挖掘潜能，鼓励冒尖”是与“尊重差异，发展个性”相辅相成的一种必然要求。我们认为，鼓励学生敢于冒尖，才是对他们个性差异的最大尊重，也是体现创新教育、培养创造性人才的必然要求。我们通过构建校本课程体系，实行“跳级制”“导师制”等统分结合、灵活多样的教学组织形式，建立起一个“考试成绩与特长认定”的评价体系，努力为学生冒尖创造条件。

（二）创设一种能够满足教师自我发展要求的“造血机制”

要培养出可持续发展的学生，就必须拥有一支可持续胜任的教师

队伍。要培养出优质人才，教师必须能够自觉实现内涵优化发展。以此为指导思想，我们一直致力构建一个能够体现对教师的人文关怀、促进教师自觉实现专业提升的“造血机制”。

1. 改进劳动工具，减轻劳动强度，倾注人文关怀

我们关注到，教师是一个需要在关怀和保护中保持职业激情的群体。当现代教学设备和现代教育技术开始进入校园时，我们敏锐地把握着这个契机，加大投入，让现代设备和高新技术深度介入教师们的劳动过程，改进了教师们的劳动工具，减轻了教师们的劳动强度，提高了教师们的工作效率和工作效益。这种人文关怀换来了教师们把更多的时间和精力用于关注学生发展的过程中，从而体现自身的存在价值。

2. 落实校本培训，开展校本教研，促进专业发展

我们坚持“学高为师，身正为范”的师德标准，倡导“严谨治学，潜心育人”的教风，鼓励教师“争做师德的表率、育人的模范、教育的专家”，为学生营造宽松愉悦的成长环境，让教师们在师生互动、教学相长中产生美好的职业感受。我们定期邀请国内知名学者对全校教师进行培训，夯实教师的专业基础，提高教师的理论素养。我们推动教师形成了“在日常工作中开展研究，以研究引领日常工作”的“教研合一”模式，鼓励教师积极参与校内外的教研活动、课题研究。

3. 鼓励各类研修，激励成名成家，焕发职业激情

我们鼓励教师制订个人专业发展和研修计划，采取“请进来，走出去”的多种方式让教师们“充电”。我们支持教师出国进修、攻读学位，参加国内外各类学术研讨和专题讲座。近年来，我校有近50位

教师出国参加各类研修活动，有30多位教师完成或正攻读教育硕士等研究生课程，有4位教师被华南师大外聘为教育硕士导师，有2位教师担任广州市中学学科教研会会长，有多位教师被省、市教研会聘为理事，受到国家、省、市表彰的教师达200多人次。教师们在享受成功的喜悦、体验到自我存在价值中不断焕发出职业激情，成就着自身的可持续发展。

4. 建立评价机制，利用制度规范，走向持续胜任

打造一支能够持续胜任的教师队伍，除了激发教师自身的主体性、主观能动性之外，还必须通过建立评价机制提供制度保障。我们研制了教师综合评价方案，运用定性、定量相结合的评价方式对教师的教学工作、科研工作、辅导工作进行综合评定。学校成立了教师年度工作综合评价考核小组，负责组织、协调、落实评价工作。我们在开设示范课、开设选修课、开展研究性学习、开展科研课题研究、发表研究成果等方面进行了制度化建设，为教师们走向可持续胜任提供制度保障。

（三）建立一个能够反映诉求、协调互动的沟通系统

我们认识到，由于校园各利益群体都有不同的意愿和诉求，而不同的意愿和诉求之间总会产生碰撞、矛盾甚至冲突。因此，能否建设一个和谐校园，直接取决于我们能否建立起一个沟通系统，让各利益群体的地位得到尊重，权益得到保障，呼声得到关注。在有效沟通中，让压力得到释放，让矛盾得到化解，让各方协调互动。多年来，我们一直致力于建设这样一个沟通系统。

1. 建立校务公开制度，满足各利益群体的知情权

为了让教师、学生和家长能够清楚了解学校的决策，有关学校发

展的重大决策、人事任免的重大决定、校园重大问题的处理意见等，我们通过校务公开制度，让大家在各种公示中了解情况，提出反馈意见，充分表达意愿。这种常规性的沟通交流，为满足教师、学生及其家长的知情权提供了制度保障，也为保证学校决策的科学性、合理性提供了制度保障。

2. 建立多种沟通渠道，关注教师、学生及其家长的利益诉求

为了能够在动态管理中及时沟通，我们还建立了多种渠道，让教师、学生及其家长能够及时表达意愿，反映诉求。我们建立起“校长接待日”制度，公布了“校长接待日”的轮值表，让教师、学生及其家长能够与校长们进行零距离的交流。我们除了定期召开家长会之外，还定期举办“开放日”活动，让家长们在全方位了解班级、学校的运作中加强沟通。我们每半个学期召开一次学生座谈会，让学生充分反映他们的意愿，表达他们的诉求。我们设立了“校长信箱”，公布了校长的电话和电子邮箱地址，让教师、学生及其家长有更多沟通的方式。多种形式的沟通，保证着相互传达信息的通畅性和真实性，保证着相互了解的全面性和深入性。

3. 建立校务参与机制，发挥教师、学生及其家长参与校务管理的作用

为了保证发挥教师、学生及其家长参与校务管理的主体作用，我们建立了“教师代表大会”制度，成立了教育工会，凡是学校的重大决策，都让教师代表大会、工会参与研究，共同审议。我们成立了学校学术委员会，让其在研究学校发展策略、制订名师培养规划、审定教师职称申报等方面发挥“专家治校”的功能。早在20世纪80年代

的“拨乱反正”时期，我校就成立了“学代会”“团代会”，并在各个年级成立了分会组织，让学生在学校、年级等不同层级中发挥相应的校务管理功能。此后，我们又成立了学生自律委员会，让其执行学校制定的《学生违纪惩治教育条例》，根据学生中出现的问题进行议决、处理。我们成立了学校家长委员会、年级家长委员会、教学班家长委员会等三级家长委员会架构，定期召开工作会议，通报学校的重大决策，听取他们的意见和建议。我们把教师、学生及其家长的管理作用发挥出来，让他们在直接参与相应的校务管理过程中协调各种利益诉求，共同形成一个“民主治校”的格局。

（四）营造一种能够鲜明体现主流价值观的校园文化氛围

校园文化以一种精神形态的存在方式，以一种具体的生活情景为载体，从价值取向、道德准则、行为特征等方面潜移默化地引导着学校成员走向学校精神的皈依，走向学校个性的创造。和谐校园的建设，最终会巩固在一种能够鲜明体现学校主流价值观的浓烈文化氛围之中。

1. 倡导“敢于承担，勇于创新”的精神风范

教育，本来就是充满创造激情的工作。这种创造激情，涵盖了学校的管理过程、教师的工作过程和学生的活动过程等校园生活的方方面面。激发创造激情，既是教育的手段，也是教育的归宿。特别是在当前充斥着非专业干预、非理性要求的价值混乱状态中，树立“敢于承担，勇于创新”的精神风范，相对管理人员、教师、学生而言，对学校的最高管理者——校长而言，具有更加重要的意义。长期以来，正是因为我校一直致力于这样一种精神风范的建设，才使我们能够把握方向，澄清混乱，始终走在改革发展的前沿。

2. 倡导"海纳百川，兼容并蓄"的思维方式

和谐，反映的是人们对一种关系状态的理解与把握，它不是任何一方的单向行为，而是一种互生共构的互动情景。对任何利益群体来说，要实现和谐，就需要学会对话，学会沟通，学会理解，学会接纳，学会对自身的自觉超越。而一切行为都直接受到思想的指挥，受到思维方式的制约。因此，我们在倡导学生与学生之间、教师与学生之间、教师与教师之间、管理者与管理对象之间、学校与家庭之间共构一种和谐与合作关系的时候，特别注意倡导形成一种"海纳百川，兼容并蓄"的思维方式，倡导一种平和、兼容的心态，在一种开放的情状中互生共构一种良好关系。

3. 倡导"各美其美，美人之美，美美与共，共同发展"的处事原则

世界充满矛盾，生活难免冲突。我们追求一种和谐的境界，不是以一种消极态度回避矛盾，躲开冲突，而是以一种积极态度直面矛盾，解决冲突。这种积极态度就体现在我们所倡导的处事原则之中。我们不但倡导"各美其美"，敢于表现、展示自身的特点、长处和优势，我们还倡导"美人之美"，善于欣赏、接纳别人的特点、长处、优势。"美人之美"的过程，就是一个在欣赏、接纳中消除矛盾、化解冲突的过程，也是一个走向"美美与共，共同发展"和谐境界的过程。

4. 倡导"和为贵""宽待人""严律己"的行为规范

建设和谐校园，不仅是一种号召，更是一种要体现在人的行为特征中的自觉要求。无论是对教师、学生，还是对管理人员，我们不但大力倡导"和为贵"的价值观——以和谐为追求目标，珍惜和谐的局面，在消除矛盾、化解冲突中走向和谐发展，更注重倡导以"宽待

人”“严律己”的方式和态度待人处事。当“和为贵”“宽待人”“严律己”真正成为学校成员的行为特征，我们的生活中就多了几分宽容，我们的工作中就多了几分协调，我们的生活和工作就少了许多矛盾，少了许多冲突。

建设和谐校园是一项艰苦、长期的工作。在20世纪90年代中期，我们就明确提出了“以人为本”的治校方略，至今年已经十多年了。回顾这段历程，我们感到最困难的，不是如何平衡校内各利益群体的关系，合理满足他们的利益诉求，而是来自学校外部的影响和干扰。某些督导、评估对学校办学绩效、教师工作业绩、学生发展质量进行评价时表现出来的片面性、功利性，在学校成员中产生了“价值混乱”的影响——学校的办学目标、教师的工作目标、学生的发展目标到底应该怎样设定？某些传播媒介在关注、报道学校问题时表现出来的轻浮性、狭隘性和误导性，在学校、教师、学生及其家长中产生了真伪难辨的影响——学校管理、教师工作到底出了什么问题？社会上对教育专业性的轻薄，对学校、教师的非理性要求和随意干预，在校长、管理人员、教师中产生了角色迷失的影响——我们到底应该做些什么？

我们希望，和谐校园不仅是要求学校内部的和谐，更要求外部的和谐——外部社会与学校之间的平等对话，真诚沟通，认真倾听，全面了解。这样，和谐校园的建设才真正具备内外条件。

让我们谨记：和谐凝聚力量，和谐成就伟业。

宽松环境孕育杰出人才[①]

由中国教育学会和深圳市宝安区人民政府共同主办的第二届“中国未来教育家成长论坛”，抓住了一个全社会关注的话题，一个值得深入探讨也亟须解决的问题。

中国改革开放三十多年来，各行各业成长最快、最有成就、最有影响力的是哪些领域？有哪些“家”拥有世界影响？答案应属“企业家”。为什么中国的企业家现在在世界上都非常有影响力，原因是改革开放给企业家的成长创造了非常好的空间。三十多年来，中国不断地在进行体制改革，做得最彻底的就是经济体制改革，可以说是排在所有改革的前列。所以，参考企业家的成长，我们可以来讨论其他领域“家”的成长。

有宽松的环境就有杰出的人才。实际上，中国不缺优秀人才的种子，而是缺少让这些优秀种子脱颖而出、茁壮成长的土壤。教育家成长的环境，关系到教育家的成长，更关乎着我们孩子的未来、教育的未来以及国家的未来。陶西平先生说：有什么样的教育就有什么样的

① 原文刊载于《未来教育家》2015年第2～3期。

孩子，有什么样的孩子就有什么样的未来。所以，从这个意义上来说，今天的论坛讨论“教育家成长的自由生态”，这个话题是决定我们国家和民族未来的重大话题，非常有价值，非常有意义。

什么是教育家成长的自由生态？我的理解，自由生态离不开几个要素：阳光、雨露、空气和土壤。

什么是阳光？我认为，是从中央到地方各级政府对教育家这个群体成长的关注以及所采取的一系列重大决策。大家看到，现在从中央到地方都非常关注这个问题，过去我们讲“以人为本”，主要是以学生为本，而如今“以人为本”中已悄然加进了对教师发展的关注。我们不仅要实现学生的健康快乐成长，也要促进教师有更好、更健康的专业成长，让教育工作者活得有尊严，事业上有长进，最终成名成家。这也是我们对“以人为本”这种育人理念更全面的注释和理解。

什么是雨露？大家都明白，在干旱的时候，在口渴的时候，雨露的重要性。水滋润万物，雨露就是适合教育家成长的制度安排和非常有利的财政支持，比如我们现在的培训制度、进修制度、继续教育制度，以及相应的财政、时间、空间上的支持。如果没有这样的制度，没有这样实实在在的支持，教育家成长的自由生态就是一句空话。

什么是空气？空气就是氛围，一种环境氛围，一种鼓励冒尖、鼓励创新、鼓励独立见解、包容开放、宽容失败的环境。可惜与之相反，每年的中高考放榜前后，恰恰是我们校长和教师最纠结的日子，因为他们不知道今年这个成绩单社会会不会满意。像这种环境继续下去，会有更多的教育家成长起来吗？

什么是土壤？土壤一定是具体的——这里包括政府和学校的关系、学校与社会的关系。区域教育主管部门有正确的政绩观、教育观，学校有比较充分的办学自主权，校长重视教师的专业成长，社会对于什么是好教育、好学校、好校长、好教师、好学生有正确的评价体系……在我看来，这就是良好的教育家成长的土壤。

如果我们从阳光、雨露、空气和土壤这几个方面去思考、去改变，教育家成长的自由生态一定会有较大的改观。当然，教育的变化不可能是一蹴而就的，教育改革是一个漫长、艰难的过程，但没有迈开双脚的开始，就永远也到达不了终点。所以，希望从今天开始起步，让我们为这个共同的目标而努力，为中国未来教育家成长创造出更好的生态环境。

面向未来的教育，关注学什么比怎么学更重要[①]

关于面向未来的智慧教育，我想侧重就“面向未来”谈一点看法和想法。

我们聚焦面向未来的智慧学习，主体一定是学生，而且智慧的学习一定是更轻的负担、更有效的学习过程和更卓越的学习成果。所以，关注智慧学习也是关注学生、关注课堂、关注“减负”的话题。

智慧学习是更好地运用信息技术来改造学习过程，让孩子们在更加愉悦、轻松、有趣的环境中掌握知识、提升能力。但是我有一点小小的担心，智慧学习最后会不会异化成为不是真正地面向未来，而变成面向当下、面向考试？当我们希望智慧学习有效地提高质量，可能就会更多地关注当下的需求，而当下的需求是成绩、考试、优秀率，是各种各样的可视的、具体的业绩。智慧学习最后的落脚点就可能是面向当下而不是面向未来。

面向未来首先要了解未来需要什么。我们要培养的是未来的建设者和接班人，这就必须时刻提醒自己：我们培养的学生能不能适应未

① 原文刊载于《未来教育家》2019年第4期。

来的需要？未来他们需要什么？未来他们必须具备什么样的素质？今天的教育应该为他们奠定什么样的基础？

着眼于在未来能够生存发展的素质来培养现在的孩子，就必须要对未来有所把握。毫无疑问，未来有不确定性，但未来的发展有没有趋势可以把握呢？我认为是有的。比如，经济全球化的趋势，国与国之间、企业与企业之间、国民与国民之间的交流、往来会越来越频繁，相互合作、相互依存会越来越紧密，相互竞争、相互制约当然不可避免。总体的大趋势就是各国人民、不同的文化之间有更多交流、碰撞，“地球村”状态愈发明显地呈现。处在经济全球化时代的国民应该有什么样的素质呢？我以为，跨文化的理解、沟通、合作能力应该是一种非常重要的能力。

又比如，当今信息化的趋势不可阻挡，它正改变着我们的生活和生产方式。未来的人一定要适应信息化时代的快速变化，他们的学习、生活、工作要在更加智能化、信息化的环境中进行。毋庸置疑，信息素养极为重要。

又比如，根据科技快速进步，以及科技不断改变世界的趋势，可以预测，随着科学技术的进步，自然资源禀赋对国力的影响在逐步下降，人力资源和创新能力对国力的影响在不断凸显。这种环境下的人应该有什么样的能力？提高劳动生产率将不再依靠人的体力，人的大脑也将不再主要用于知识储存而是用于思考、用于创新。那么今天的基础教育要更注重培养的可能就不是像简单记忆、快速提取、重复模仿的能力，更多的可能是培养独立思考、分析质疑、批判性思维、创新性思维等能力。

再比如，当前全球环境在恶化，人类对美好生活的向往、追求与地球的容量和自身的修复能力产生矛盾，自然生态已经无法承受人类活动带来的破坏和污染。所以，我们要对自然更加友好，更自觉地保护我们赖以生存的地球生态环境。在今天的教育中，环保意识和能力培养也应该大大增强。

还有就是老龄化社会的到来也是一个趋势，随着生活水平提高和医疗技术的进步，人的寿命逐步延长，少年、青年、中年、老年的划分标准可能又会改变。学校教育制度应该如何设计？终身学习应该怎么落实？中小学阶段最应该学什么？还需不需要不断地强化应试导向、培养应试能力？这些问题都需要深入地思考。

所以，讨论智慧学习、智慧教育时，我们在追求更高效、更优质的同时也应该经常反思：这些努力是不是面向未来的？我们给孩子们的东西是不是契合未来需要？是不是培养了孩子适应未来发展的品质和能力？换言之，学什么比怎么学更重要！把握好方向比埋头苦干更重要！

要把握好面向未来的需要与现实条件，今天的教育能做什么呢？我想，立足当下，知识的教育还是需要的，但是学科知识应该放到更大的体系和结构中去把握。自然和社会并不以现有的学科知识体系的形式存在，探索自然和改造社会需要跨学科的知识和综合性的能力。如果我们对基础知识的掌握是结构化、体系化的，面对知识的更新也许就不会那么被动。所以，一定要更强调知识的体系结构以及思维方式，学科素养也是特别强调学科的思维方式。同时，对未来不断涌现的新知识必须要有更敏锐的感知、更浓厚的兴趣。因此对学习兴趣、求知欲的培养也一定要落到实处。可以肯定的是，在未来社会，学习将会成为一种生活方式，爱学习、会学习、善于学习会成为一种生存能力、发展能力。而学习能力的高低，必然会体现在能否运用新技术来形成有效的学习方法上。

把握未来的需要与当下的可能，迎接现实的挑战，回应社会的合理诉求，这就是现在校长、教师们要努力的方向。把我们有限的资源和精力用在点子上，放在最有价值的问题上，厘清基础教育的本质功能，才能真正不辱使命，不辜负党和政府以及老百姓对我们的期望。

落实学校办学自主权，是增强教育活力的必然选择

——华南师范大学附属中学办学实践的启示

2018年9月，在举国上下隆重纪念我国改革开放四十年之际，党中央国务院在北京召开了全国教育大会，吹响了全面推进教育现代化、建设教育强国的号角，再次明确了“办好人民满意的教育”这个时代任务。每一个教育工作者，都必须结合自身的角色特征思考这个时代命题，思考如何在自己的工作岗位上答好这份时代问卷。

什么才算是“人民满意的教育”？从一个校长的角度来看，将这个问题设定在“人民满意的学校”这样一种语义环境中来讨论，会更加具体、实在。也许，新中国成立以来华南师大附中六十多年[①]的办学实践，能够给人们提供一些启示。

一、华南师大附中的办学实践

华南师大附中的学校历史可回溯至创建于1888年的格致书院，1952年由四所大学附中合并而成，办学至今已有超过65年的历史。20

① 本文撰写于2018年，与麦志强合作完成。华南师大附中于1952年建立，至2018年，办学时长为66年。

世纪50年代后期，华南师大附中坚持“课内打基础，课外出人才”的指导思想，创造了现今流行的“减负”“课改”“个性化教学”等成功的教育教学改革经验，连续两年都以95%以上的高比例为大专院校输送优秀毕业生，1960年被评为全国文教战线的红旗单位，时任校长王屏山出席了在北京召开的全国文教战线群英会。

20世纪70年代后期，在恢复高考制度、重建学校教育教学秩序的历史时刻，华南师大附中又率先开展了课程教学改革。数学科以引进“项武义教材”为先导开展了系列教学改革，语文科以自编教材为先导开展了系列教学改革，英语科引进华南师大外语系教授并参考《新概念英语》开展了初一到高三年级的周期性教学改革实验，各个学科组也都纷纷开展各具特色的课堂教学改革。

20世纪80年代中期，华南师大附中开展了行政班与教学班并存、“按程度分层次教学”的学科教学改革实验，开设了选修课培养学生个性特长，进行了“让学生跳级发展”的差异化培养模式实验，在校内构建起丰富多彩的学生社团活动体系，在校外建立起涉足多个行业、深入基层的社会实践活动体系。

20世纪90年代，华南师大附中以“三个面向”为指引，提出了“以完整的现代教育塑造高素质的现代人”的办学理念，形成了以“立志成才、振兴中华”为主题、涵括德育、教学、行政管理、后勤服务等学校各个工作系统的治校方略。

进入21世纪以来，华南师大附中以为高校大批量输送优秀毕业生、大面积收获国内国际著名竞赛奖牌、师生共同产出大量优秀论文和科研成果、毕业生在众多领域成为领军人物等办学业绩，成为一所蜚声海内外的名校。

如果从“人民满意”的角度来评价的话，华南师大附中起码在以下几个方面交出了自己的答卷：为高校输送了大批量优秀毕业生，为社会培养了众多行业领军人物，为学校教育教学改革提供了丰富的做法、经验和思想，在社会上形成了有口皆碑的声誉。

许多人都在探讨，华南师大附中的成功之道是什么？我们也在深入总结，是什么可以令华南师大附中始终走在教育改革发展的前列？

二、华南师大附中始终走在教育改革发展前列的制胜之道

华南师大附中的校长与其他学校校长一样，置身于共同的社会管理体制之中，接受着共同的社会规范。所不同的，仅仅是华南师大附中的校长在具体的管理环境中，能够充分发挥自身的主观能动性，在充分运用自身拥有的办学自主权的过程中，努力树立自己的办学理念，努力形成自己的办学方略，努力追求自己的办学理想。

（一）外部管理关系为学校运用自身办学自主权提供了良好的管理环境

华南师大附中直属广东省教育厅和华南师范大学管理。这种行政管理关系，直接影响着华南师大附中的管理环境。

首先，从直属省教育厅管理的角度来看，相对市属、区属学校来说，华南师大附中少了一两个管理层级。管理层级的减少，意味着减少了许多来自各级管理部门各种各样的行政指令，减少了校长在应对“文山会海”时所付出的时间和精力，让校长可以有更多的时间和精力专注于学校的办学事务。

作为省厅一级的管理部门，更多的是关注大局发展，体现宏观管

理。相对于市属、区属学校而言，华南师大附中在自己的办学过程中，就少了许多来自上级的意见，减少了许多微观的要求，有了更大的能够自我把握的空间。在面对来自不同政府职能部门、花样众多的检查、评比、督导、评估等上级管理行为方面，华南师大附中就少了许多应对这些管理行为的需要，所以校长就节省了许多时间和精力，能够更专注于学校的办学事务。

一个校长，如果连自主支配的时间和精力都不能保证，还奢谈什么办学自主权？减少对校长的外部干扰，让校长拥有足够的时间和精力专注于自身的办学事务，这是对校长办学最基本的权利保障。

其次，从隶属于华南师范大学管理的角度来看，华南师大附中又比同类的省属学校拥有别样的优势。作为一所大学附属中学，华南师大附中不仅仅依附于华南师范大学的行政管理，更易从大学汲取推动自身发展的养分和动力。

大学，以它的学术精神滋养着附属学校，以它的人力智力资源支持着附属学校，以它的专业研究推动着附属学校。许多来自国际发展前沿的学术报告可以为附属学校的师生拓宽视野启迪思路，许多专家教授可以把自己的研究现场延伸到附属学校，许多学术研究成果可以在附属学校的教育教学过程中予以验证、推广。

大学的滋养、支持和推动，为华南师大附中在办学理念、办学目标、办学行为等方面的积极探索、自主创新提供着精神力量。

华南师大附中所受到的双重管理，非但没有因为“婆婆”多了而受到更多的约束和掣肘，反而以“婆婆们”的各自优势，为华南师大附中拓展出更大更自由的发展空间。

（二）能否充分运用自身的办学自主权，关键在于校长是否拥有追求卓越和敢为人先的精神

直属省教育厅和省属大学管理的行政关系，仅仅是一种外部因素，而历任校长在形成学校的办学传统和校园文化中孕育生成的追求卓越、敢为人先的精神，才是华南师大附中能够充分利用外部管理环境、充分运用办学自主权的核心意涵。

无论是在20世纪的五六十年代成为全国文教战线的红旗单位，七八十年代率先走在课程改革的前列，90年代自觉走向“三个面向”，抑或是在新世纪成为在国内国际上享有盛誉的一所名校，华南师大附中的历任校长都始终坚持一种追求卓越、敢为人先的精神，并把这种坚持变为一种办学传统。

一种精神、一种传统的形成过程，是一种自主选择的过程，是校长们对主观意识进行自我扬弃的过程，是校长们运用自身的权力和影响主导着学校发展的过程。这个过程，也就体现了校长的办学自主性。

华南师大附中的办学自主性，体现在它的“三个坚持”和“一个善于”的办学方略上——坚持理想信念，坚持以人为本，坚持自我提升，善于整合资源。

坚持理想信念。这是一个校长的人格特质。作为校长，如果你都没有理想信念，又怎样引导教师用他的理想信念带领学生去追求自己的理想信念呢？在办学过程中，在教育教学改革过程中，校长们会遭遇许多世俗压力和非理性要求。没有理想信念的支持，我们就缺少了抵御这些压力和要求的自信和底气。

坚持以人为本。这是学校教育的核心价值。只顾追求分数而忽略学生身心发展的教育，不是真正的教育，不是对学生真正的负责。只

强调指标任务而忽略对教师人文关怀的管理，不可能真正激发出广大教师的活力与激情，也不可能建设一支可持续胜任的教师队伍。校长心中有“人”，学校才有温暖与活力。

坚持自我提升。这是校长们始终践行的一种自觉要求。我们把这种要求熔铸到学校的治校方略中——培养可持续发展的学生，造就可持续胜任的教师，创办可持续攀高的学校，实施可持续提升的教育。正是这种自觉要求，造就了学校六十多年来一直走在教育改革发展前列。

善于整合资源。这是我们主动选择的一种管理策略。任何学校的办学，总会觉得资源有限，解决此问题的关键是我们要如何整合、配置、开发和利用资源。在校内，无论是教师队伍建设，还是干部队伍培养，都要解决人力资源优化配置问题；在校外，无论是社会各界人士、学校历届校友，还是各个年级家长，都蕴藏着推动学校发展的丰富资源，关键在于我们能否有效整合利用这些资源。

外部宽松的行政管理环境，与校长内在的追求卓越、敢为人先的精神相互作用，形成了一种良性循环，让校长们能够充分运用自身的办学自主权，主导着一所名校持续发展。

三、华南师大附中的启示

（一）校长之间的交相传承有利于办学传统迭代相加

在华南师大附中历任校长的资料中，有这样一些记载：

王屏山，1952年9月至1956年7月任副校长，1956年8月至1958年8月任书记，1958年9月至1968年2月任校长，1978年8月至1980年12月任校长。

蔡汉平，1976年8月至1978年7月任学校革委会主任，1978年8月至1980年12月任副校长，1981年2月至1996年5月任校长。

吴颖民，1984年7月至1996年6月任副校长，1996年7月至2013年7月任校长……

从上述记载可以看出，王屏山任华南师大附中校长前后共有12年，蔡汉平任华南师大附中校长有15年，吴颖民任华南师大附中校长有17年。其中，王屏山担任校长前，在华南师大附中连续担任副校长、书记共6年；蔡汉平担任校长前，在华南师大附中连续担任革委会主任、副校长近5年；吴颖民担任校长前，在华南师大附中连续担任副校长12年。

换言之，王屏山校长除了"文革"期间，一直在华南师大附中的领导岗位上连续工作了20年，蔡汉平校长在华南师大附中的领导岗位上连续工作了17年，吴颖民校长在华南师大附中的领导岗位上连续工作了29年。

这就是华南师大附中所独有的管理环境——校长们长期工作在一所学校领导岗位上，校长之间交相传承，前后衔接，在一种相对稳定的管理环境中，迭代相加，不断完善办学理念，不断丰富办学思想，不断积淀校园文化，延续办学传统。

（二）遵循办学规律才能为校长们创造良好的办学环境

俗话说："十年树木，百年树人。"所谓"百年树人"，强调的是教育要发挥持续深入的影响。

持续深入的教育影响，是通过学校这个载体具体呈现的。校长则是学校这个教育载体的主导者，他通过自身的办学理念、办学思想、办学行为对学校的教育影响产生着直接的决定性作用。

一个校长、一所学校的办学理念、办学思想得以形成，不可能是一蹴而就的，它们需要经过一个孕育、萌芽、生长、成熟的形成过程。

一种办学理念、办学思想转化为一种办学行为，需要完成一个从校长的思想意志转化为全体教职员工的思想意志、从校长抽象的意识形态转化为教职员工具体的行动方式和工作局面的运作周期。

办学行为所产生的影响，也不可能是立竿见影即时呈现的，必须通过一定的教育过程、一定的运作周期才有可能客观、中肯地检验出其实际效果。

而一所学校的校园文化、办学传统，就更需要经过长期淀积、前后承继才得以形成。

这些就是办学规律。这些办学规律，不但校长们必须遵循，对于教育行政管理者来说，也是必须尊重的。保持对这些规律的敬畏之心，我们才能具有“静待花开”的自信。保持“春种秋收”的淡定，尊重“春华秋实”的规律，校长们才能在办学过程中更好地发挥出自己的主导作用，教育行政管理者们才能为校长提供良好的政策环境、管理环境和办学环境。

（三）慎防对校长的规范管理陷入“错位管理”的误区

对于华南师大附中独特的管理环境，也许有人担心：一个校长连续二三十年对学校的办学施加着影响，如果他的办学思想不正确，办学理念不科学，办学行为不规范，甚至存在权力寻租的贪腐现象，那将会对师生、对学校、对社会产生怎样的影响？造成怎样的伤害？

产生这些顾虑是可以理解的，但这种假设却是缺乏逻辑基础和现实基础的。试问，在现实情景中，社会能允许一位办学思想不正确、办学理念不科学、办学行为不规范的校长这么长时间待在一所学校的领导岗位上吗？更遑论那些权力寻租的贪腐现象了。我们以为，讨论的重点并不在于揭示这种假设是否科学、合理，而在于认识这些顾虑所暴露出来的一种现实局限，甚至可以说是现行教育行政管理中存在的一些误区。

在现实中，社会对校长“权力寻租”的担心，更甚于对其“办学思想不正确，办学理念不科学，办学行为不规范”的担心，因为它关乎社会公权力的掌握和运用，关乎社会正义。现行有关校长管理方面的许多政策和措施，也都建立在这种担心的基础之上。

人们对握有公权力者是否能够正确行使其权力的种种担心，是可以理解的，以相应的制度予以规范和约束，也是必要的。但是，将校长简单地作为一个握有公权力的管理对象，甚而直接将校长作为一个行政官员来管理，就会很容易进入一种“错位管理”的误区。

校长与行政官员是两种不同的社会角色。虽然他们都有掌握公权力的角色特征，但是，除了这些共同特征表现出来的角色交集之外，他们之间还存在许多角色差异。校长不是行政机器中的组件，而是一个教育工作者，是一个学校管理者，是一位专业人士。因此，对校长的管理，除了针对其公权力的必要约束之外，还必须尊重其作为教育工作者、学校管理者、专业人士的角色特征，尊重教育规律、办学规律的要求。

一旦陷入仅把校长视为行政官员的“错位管理”误区，一旦出现对校长的管理背离教育规律、办学规律的要求，伤害的就不仅仅是校长的办学积极性，更是践踏了教育规律、办学规律的尊严。

毋庸讳言，在当前实行的校长任期制中，在一些地方出现因“轮岗”制度而造成校长频繁更换的现象中，人们不难发现那种以行政官员管理为参照系的校长管理模式，是一种典型的“行政化”现象。

作为一所发轫于1888年的古老学校，一所不断成长的现代化学校，华南师大附中的办学实践为人们提供了一个具有丰富内涵的个案，也给出了许多经验和启示。

有效实现“双减”目标的问题与对策①

为有效减轻义务教育阶段学生过重作业负担和校外培训负担（以下简称“双减”），2021年7月，中共中央办公厅、国务院办公厅印发了《有效减轻义务教育阶段学生过重作业负担和校外培训负担的意见》，引发了社会的极大关注。我认为，减轻负担不是根本目的，是手段，根本目的是要提高教育质量，落实立德树人根本任务，为党为国培养合格的社会主义建设者和接班人。目前，还有许多校长、教师以及不少家长对“双减”感到困惑，社会舆论也有不同的声音。所以，必须全面正确地认识“双减”，才能更好地落实“双减”，达成“双减”的根本目的。

一、何为“双减”？为何“双减”？如何“双减”

（一）何为“双减”

什么是双减？有四个跟“双减”相关的概念：一是两个主体，分别是学生和家长；二是两种负担，学生过重的作业负担和校外培训负

① 原文刊载于《教育导刊》2022年第1期。

担，家长过重的经济负担和精力负担；三是两个场域，既涉及校内也涉及校外；四是两类机构，分别是学校和校外培训机构。

“双减”第一个指向是要减轻学生过重的作业负担。过去在减负的问题上出现过三个概念：一是课业负担；二是学业负担；三是作业负担。此次政策直指作业，说明作业负担是整个课业负担或者说学业负担里面的突出表现形式，表现在作业过多过难，学生不堪重负。学生的作业负担过重，是因为作业的设计质量不高、作业的量过大、作业的要求不合理，或者说作业的管理出了问题，所以这一次要拿造成负担过重直接原因的作业下手。

“双减”第二个指向是要减轻学生过重的校外培训负担，这也是目前相当部分义务教育阶段学生身上的一种学习负担。据估计，现在完全没有在校外参加培训的城市义务教育阶段学生已经不是多数，而是少数，而且培训的目的性单一，就是为了提高考试成绩。这几年，由于资本的青睐和介入，校外培训规模和影响力都越来越大。学生和家长花了大量的时间和金钱去参与校外培训，精力分散，心思也分散，对学生的课内学习造成了严重冲击。

“双减”第三个指向是要减轻家长的经济负担。一方面，国家提供免费义务教育，但许多家长又花很多钱让孩子去参加各种各样的培训，尽管不情愿，但都被裹挟了进去，怨气多多。从另一个方面看，这也无异于是对我国免费义务教育的一种嘲弄。所以，必须把家长这一块的经济负担减下来。

“双减”第四个指向是要减轻家长的精力负担。过去有些学校、有些教师会不恰当地要求家长承担一些本不该承担的教育辅导任务，比如说背诵课文、检查作业等，而且教师布置的任务还比较多，导致孩子疲惫、家长崩溃。所以，这种由学校教师要求而增加的家长精力负担也要减下来。

（二）为何“双减”

从新中国成立以来的历史看，中小学生学业负担过重，学校片面追求升学率，是我国基础教育两大并发顽症。从20世纪60年代初至今，每隔十年左右（“文革”期间除外），都会进行一次从上而下的减负和纠偏。可以说，学生学业负担过重，是我国基础教育的老大难问题，也是“常见病”和“多发病”。

改革开放之后，我国为加快教育发展，解决人才匮乏燃眉之急，采用了集中财力办大事，集中财力办少数优质学校的策略。这种发展策略，今天看来有失公平，但在当时是一种必要的也是无奈的选择。这种发展方式带来的结果也有两面性：一方面是满足了国家建设对优秀人才培养的迫切需要，另一方面也助长了片面追求升学率的倾向，造成了学校发展的极不平衡。学校布局和发展水平的不平衡以及优质教育资源的稀缺，就使得争夺优质教育资源成为一种社会心理和共同目标。千家万户不惜以权力、财力、关系去争夺优质教育资源，不惜用加重负担的方式去逼迫孩子勤学苦练，以应对心仪的优质学校的选拔。学生学业负担过重的倾向，在这种供求矛盾十分尖锐的背景下愈演愈烈。

随着我国经济的快速发展，人民的收入水平不断提高，家庭可支配的财力也日渐增多，有了更多的储蓄投入子女教育。近些年来，由于接受更好教育的热情与欲望的日益高涨，也由于公办教育发展的不平衡不充分，更由于社会的从众心理和评价选拔机制的不完善，对优质教育资源的争夺更加剧烈，校外培训机构乘虚而入，也乘“需”而入，进入了“野蛮生长”的快速扩张状态。各种培训名目繁多，规模越做越大，孩子们投入校外培训的时间和精力越来越多，家庭的教育培训经济负担越来越重，这些引起了更多的社会不满。

过重的校内作业负担和过多的校外培训，害处在哪里？首先，它影响了学生身心健康。作业时间过长，校外培训过多，必然造成学生休息不足、睡眠不足、锻炼不足、压力过大，不仅身体出问题，心理也会出问题。其次，从大的角度看，它干扰了立德树人根本任务的落实和人才培养的正确方向。显而易见，作业太多、培训太多，学生还有什么时间发展兴趣爱好？还有什么心思去全面发展？部分教师也以给学生布置海量作业，让学生重复刷题训练，去替代对症下药的个别辅导，更谈不上针对学生实际的全面关心与帮助，全面育人面临着落空的危险。

总之，学生过重的校内作业负担和校外培训负担，影响了学生身心健康，干扰了立德树人根本任务的落实和人才培养的正确方向，妨碍了五育并举落地，削弱了德育、美育、体育和劳动教育的应有地位。不把不必要、不合理的负担减下来，就无法实现全面育人、为党育人、为国育才的目标。不把过重的家庭教育支出负担和家长教育子女精力负担减下来，也无法实现“办人民满意教育”的目标。

（三）如何“双减”

如何“双减”？这是一个系统工程，是一场持久战，是一个攻坚战，不可能一蹴而就，也不可能毕其功于一役，必须综合治理，久久为功，除了学校、教师要积极参与、主动作为之外，政府部门要强化管理，净化外部环境，家长、学生也要积极配合、相向而行。

既然学生负担过重是一个多因素造成的综合征，那么只有找准病根，才能对症下药。要使“双减”落实到位，有必要对造成学生负担过重、压力过大的原因做一个梳理。

学校方面：学生负担过重，学校负有不可推卸的责任，最主要是办学理念、培养目标不端正，学生观、质量观出现了问题，没有真正把培养学生德智体美劳全面发展放在核心的地位，真心实意、脚踏实地地去促进学生全面发展，而是过分地注重显示度高的考试成绩和升学比例，把它当作办学成果的主要表现。学校教学管理上的粗放、教师管理上的短视与功利化，也是造成学生负担过重的一个重要原因。不少学校仍然把多练、多考作为提高教学质量的法宝。如何控制好学生的作业总量？如何在不同学科的作业布置上进行科学的统筹？如何对学生的作业负担状况有一个反馈调控机制？对这些问题都没有一个系统思考，学生的作业负担可以说是一个失控的状态。

教师方面：具体体现为教师的育人思想和业务素质存在问题。一些教师不关心学生的全面发展，在教学上不注重落实发展学生的学科核心素养，教育教学观念落后。如果教师本身的观念素养和业务素养不高，就很难去设计高水平、多功能、高效益的练习题，让学生无须付出过多的精力就能很好掌握基础知识、发展思维能力。如果一味地让学生多刷题来提高考试成绩，那么学生的负担就难以减下来。

学生方面：学生的学习动力、学习态度、学习能力与负担密切相关。如果有端正的学习态度，有为国成才的理想，学生就会更专注、更努力，就能进入乐此不疲的学习状态。我们现在讲负担过重，是就整体而言，但总有一部分学生没什么负担过重的感觉，这部分学生除了学习能力更强之外，也有勇于接受挑战和承受困难考验的意志毅力，所以，负担是否过重因人而异。

家长方面：现在家长对孩子的期望值普遍很高，而且家长受教育程度普遍都较高，会给孩子提更高的要求，这是孩子压力过大的重要原因。尤其是有的家长为了实现自己年轻时未能完成的梦想，给孩子们设置了极高的目标，施加了有形和无形的过重压力，造成了亲子关系紧张，不少孩子还出现了抑郁等各种症状。

政府方面：不少地方政府往往把拥有多少所名牌学校当作政绩的重要表现，并不注重均衡发展，只注重显示度高的“标杆”。因为学校之间差异太大，从硬件、软件到办学水平都有明显差距，直接导致了家长择校冲动越来越强烈，更加注重让孩子通过培训去争夺优质教育资源。考试评价制度的改革相对滞后，也是加剧片面的升学竞争的重要原因。过去一段时间，在减负问题上的一些一刀切、形而上学的做法，也助长了校外培训机构的无序增长，成为学生校外培训负担过重的一个客观原因。

社会方面：中国社会有“万般皆下品，唯有读书高”的文化传统，对知识、对文凭、对提升社会阶层的追求，助长了家长追逐和争夺优质教育资源的欲望。用人单位的重学历、重名牌大学毕业背景的选人用人标准，动不动“只招985、211大学毕业生”的招聘条件，强化了学生对名牌大学的向往，加剧了家长的升学焦虑，这种焦虑传递到学生身上，自然是不断增加负担。

不难看出，片面追求升学率、学生负担沉重，是由多方面的原因造成的。当然，一个不以人们意志为转移的客观原因，是我国所处的经济发展阶段，以及这个发展阶段的主要矛盾。这就是新的历史阶段的主要矛盾：人民群众对美好生活的需求与发展不充分不平衡之间的矛盾。表现在教育领域也是如此，即人民群众对更好教育的需求与教育发展不平衡不充分之间的矛盾是教育领域的主要矛盾，也是教育领域众多问题的深层次原因。把原因理清之后，对策也就出来了，要根本解决这个问题，是一个系统工程，一定要全社会各负其责，各尽所能，协调合作，持之以恒，既要治标，更要治本。

对学校而言：要端正办学思想，加强作业管理，统筹规定作业要求，推行弹性作业，提高作业设计水平，优化作业批改反馈机制，建立作业过多过难投诉机制。加强教师队伍建设，更新课堂观质量观，提高专业能力，优化教学设计，提高课堂教学效果，改进评价方式，完善学校服务职能，才是治本之策。

对家长而言：要积极参加有关青少年成长、家庭教育等方面的讲座，学习教育心理学等方面的知识，正确认识时代对人才素质的要求，正确认识学校教育的全面功能，尊重孩子的发展意愿，确立对孩子发展的合理期望值，鼓励扬长，适度补短，让孩子更主动、更自主地发展。

对学生而言：要自觉树立远大理想，不断端正成才动机和成才目标，把个人的理想抱负与国家期待、社会需要结合起来，把发展核心素养与发展兴趣爱好、个性特长结合起来，把提高身心健康水平与增强意志毅力结合起来，增强自主选择、自我管理能力和适应环境与抗挫折能力。

对政府而言：要强化对教育培训机构的管理，规范培训市场，改善教育供给结构，充分发挥学校教育主阵地作用。要树立科学质量观、政绩观，优化学校布局，注重优质均衡，缩小校际差距，不断优化师资、投入、学位配置和升学政策，舒缓择校冲动，持续改进和创新评价方式，创设良好教育生态。

对社会而言：用人单位要改变单一、片面的“唯名校”“唯学历”用人导向，改变对非名校和职业院校毕业生的歧视性倾向和人才“高消费”状况。主流媒体要树立科学正确的人才观、质量观，共同营造健康和谐的育人环境和不拘一格降人才的选人用人良好局面。

二、何为“高质量”？如何提高质量

（一）何为“高质量”

“减负”是手段，不是目的，目的是提高质量，是实现教育的高质量发展。那么什么是教育质量？具体而言，教育质量有宏观、中观、微观等多个层面。

宏观层面，教育质量包括体制、机制、规模、布局、结构、管理、特色、办学条件、教师素质等硬件与软件支撑的高质量。比如：体制、机制是不是有效率，有活力？学校的规模、布局、结构是否合理？管理效率如何？治理能力强不强？等等。

中观层面，教育质量主要指学校教育全面落实立德树人根本任务，以德为先，五育并举，全面发展，以符合青少年成长规律、符合教育规律、符合时代要求的方式去培养人。

微观层面，教育质量主要指教学水平和学术素养，指向教学理念不断更新，教学资源不断丰富，教学设计不断优化，教学手段、教育技术应用不断进步，教学诊断、评价趋于精准，学科核心素养不断落实，考试命题宗旨和功能不断改进，教师素质不断提高，教学管理不断改善，等等。

高质量的内涵是一个完整体系，有不同的层面，不同层面相辅相成，共同构成教育的高质量形态。只有确立完整、正确的质量观，提高质量才能找到正确方向。

（二）如何提高质量

今天，我国各行各业都在贯彻新发展理念，推动高质量发展，而不同的质量观就有不同的质量标准。我们讲教育的高质量发展，就要以新发展理念和新育人理念去指导，如果离开了新发展理念、新育人理念，就很难实现真正的高质量发展。

新发展理念是中国经济社会发展进入新发展阶段的根本指导思想，就是创新、协调、绿色、开放、共享等五大理念。这五大理念对于教育意味着什么呢？

创新解决的是发展动力问题，学校要提高质量，也要创新驱动。第一是创新学校的课程体系。有什么样的课程就有什么样的培养规格，要围绕培养合格建设者和可靠接班人这样的人才规格去调整、完善学校的课程体系。第二是创新教学模式、教学方法、课堂形态。如何让我们的课堂思维容量更高，更有效地落实学生的核心素养，创新空间很大。第三是创新教育评价。2021年，中共中央、国务院下发了《深化新时代教育评价改革总体方案》，提出了在结果评价、过程评价、增值评价、综合评价方面改革的方向，我们要朝着这个方向去努力践行。第四是创新学校管理。要让学校资源配置更合理，教学组织形式更灵活，学校考核、评价、奖惩更能促进师生的发展，等等。

协调发展，对于学校教育来说，首先是德智体美劳各育要更协调；其次是学校教育和家庭教育更协调，形成合力；再次是学校教育和社会教育的育人导向要更统一、更和谐；最后就是区域内的学校布局要更合理，资源配置、办学条件和水平要更均衡。

绿色发展通常讲的是生态保护，讲人和自然的和谐共生关系。学校教育引入绿色的理念，就是要贯彻健康第一的教育理念，把学生的身心健康放在更为重要的位置上，要保护性地去开发、挖掘学生的潜能，而不能像“拔苗助长”“为渊驱鱼”那样去掠夺性地开发学生的人力资源，要努力优化全面育人的教育生态。

开放发展意味着学校教育要更主动地与社会教育、家庭教育结合起来，实现家庭、学校、社会协同育人。要善于吸收兄弟学校的经验，促进校际交流。在校内，要倡导教师群体建立相互学习、取长补短、乐于共享的开放心态与和谐氛围。

共享是新时代要十分强调的新理念，强化共建共享，就是要建设好学校发展共同体（如学区、联盟、教育集团），建设师生成长共同体，共同建设也共同享受发展成果，促进教师和学生更好地发展，这是提高学校教育质量一个非常好的抓手。

在新发展理念指引下，学校高质量发展完全可以有很多新的路径和策略，每所学校也完全可以从自身实际出发，走出一条高质量有特色的发展新路来。

三、何为增效？如何增效

（一）何为增效

“双减”之下，要减轻学生负担，同时也要减少教师占用孩子学习的时间和自由支配的时间，教育教学质量又必须保证，怎么办？只有提高效率。所以，增效就是实现从减负到提质的整个过程必要的策略、措施和方法。讨论减负的问题，必须把这三者联系起来，实现减负、提质、增效的统一。

何为增效？简单说来，就是提高我们的工作效率，通过提高工作效率来扩大工作的效益，提高教育投入的效率，争取事半功倍的效果。增效也有从宏观、中观和微观不同层面入手的问题。

从宏观角度看，要改善教育投入布局、结构，改进治理方式，优化管理流程，及时掌握舆情，强化对校外培训机构的监管，减少基层学校和教师不必要的负担，激发基层和员工活力，等等。

从中观角度看，要优化学校内部治理结构，加强师德师风建设，强化内部监控机制和激励机制，优化课程设置，优化教学设计和教学流程，积极运用先进技术，从实际出发引进大数据技术，实现精准诊断和评价，加强教学研究和评价反馈，使教学活动更有针对性和实效性。

从微观角度看，教师要增强全面关心学生健康成长的意识，注重激发学生的学习兴趣，增强学生的成长内驱力，增强学生的自信和毅力，加强学情研究，加强对课程标准、学科核心素养研读，精心设计教学流程，注重思维能力培养，掌握并积极应用信息技术，精心设计作业，合理布置作业，等等。

（二）如何增效

在推动减负的进程中，不仅要深刻认识提质增效的重要性，而且必须仔细思考和设计如何增效问题。

从宏观的角度上讲，改善教育投入的结构是一个很重要的问题。教育的投入是办教育的条件保障，必不可少，但投入有方向、有布局、有比重问题，如何更合理地投入，以期产生更大的效益？随着教育的发展，随着经济发展水平的不断提升，教育的投入要更多地向教师发展倾斜，就是要从过去比较注重硬件、校舍、设施的投入，转向更加重视教师素质，为教学研究、教学改革、优化管理提供更多资源保障，要与时俱进地调整教育投入的比重，才能实现教育更高质量的发展。

减少基层学校和教师不必要的负担是另一个重要的问题。2019年12月，中共中央办公厅、国务院办公厅专门印发《关于减轻中小学教师负担进一步营造教育教学良好环境的若干意见》，该文件要求为中小学校、中小学教师减负，重要目的就是让学校和教师专注于学校教育教学工作，安心从教，潜心育人。2020年9月，教育部等八部委又联合印发了《关于进一步激发中小学办学活力的若干意见》，该文件从保障学校办学自主权、增强学校办学内生动力、提升办学支撑保障能力、健全办学管理机制等六个方面，出台了十八条具体举措，为中小学“松绑减压”作出了顶层设计，为推动校长全心办学治校、教师静心教书育人、学生全面而有个性的发展提供了政策环境。不难理解，如果不减轻中小学校和教师不合理的负担，不激发学校的办学活力，不激发教师的教书育人活力，就不可能有更好的教育教学效果，学生的过重作业以至学业负担也不可能真正减下来。所以，政府要从提高质量、提高效率的角度，改善对学校、对教师的管理方式。

从中观的角度看，提高效率首先是要优化学校内部治理结构。2021年3月，教育部等六部委印发了《义务教育质量评价指南》，该文件围绕学生发展这个中心，从评价内容、评价方式、评价实施、结果运用、组织保障等方面提出了工作要求，明确了义务教育质量评价的指标体系。我认为，依据这项评价改革的导向，学校在内部治理上要设置两个部门，一个是关注教师发展的部门，另一个是做质量监控和评估的部门。质量监控和评估部门承担学校自评的任务，上级的考核三年一次，但学校的自评每年都要进行，根据国家的评价考核方案每年做自我诊断。学校对自身状况每年进行追踪、评估，方能保证办学质量。教师发展部门以关注、推动、服务教师发展为己任，应着重加强师德师风建设，提升教师的业务素质，完善教师激励机制，等等。其次是要关注学校发展过程中的课程规划。课程规划就是学校课程体系的整体建构，要努力实现学校的办学理念、培养目标、评价考核和课程体系的有机统一。要解决课程体系是否贯彻办学理念、落实培养目标和适应评价考核的问题。课程规划对提高质量、提高效率意义重大，因为德智体美劳全面发展的落实，包括资源保证、时间保证、人员保证、考核的落实等，这些都和学校的课程设置密切相关。学校的课程规划搞好了，实现培养目标就有了根本保证。最后是要优化教学设计和教学流程，要善于运用新的技术手段，实现精准诊断和评价，加强教学研究和评价反馈，创新课堂教学方式，提高课堂教学效率。过去我们对学生学习质量的诊断，定性的、经验式的评价比较多，定量的、基于数据的评价比较缺乏，而信息技术和大数据的运用可以使诊断更精准、更量化，这是教学提质增效的一个突破口。

从微观的角度看，要提高效率，首先是要增强全面关心学生健康成长的意识，要增强全面育人意识，更加注重激发学生学习的兴趣，增强学生的自信和毅力。其次是要加强学情研究，更好地了解学生的情况，根据学情不断调整和改进教学，提高教学效率。再次是要落实发展学生的学科核心素养，按照学科核心素养的要求，精心设计教学方案和流程。最后是要做好作业设计，这是当前要突出抓好的一个重要环节。作业既是一个实践的环节，发现问题的环节，也是巩固学习成果的环节。如何提高作业效能？除了要创新作业设计，还要优化作业方式，要有弹性和选择，要强化评价与反馈，这方面各地有不少新思路、新做法可以借鉴和推广，如发动学生参与作业设计、开展命题竞赛、通过小组合作、发挥“小先生”作用等。

四、“双减”是一场改革、一场战役、一剂猛药，更是一次机遇和挑战

“双减”是什么？我想用四句话加以概括。

第一，“双减”是一场改革，是基础教育供给侧改革，要恢复学校教育作为教育供给主阵地功能，在保持校外培训作为学校教育必要补充的前提下，抵制和减少校外培训对义务教育的干扰和冲击。

第二，“双减”是一场战役，是一场修复教育生态的重大战役，要扭转以应试代替教育的异化行为，改变靠大量刷题、重复训练提高质量的短视行为，营造更加注重学生身心健康、全面发展、持续发展的教育生态。

第三，“双减”是一剂猛药，是落实立德树人根本任务，完成为党育人、为国育才光荣使命的重大举措。不把过重的学业负担减下来，德、体、美、劳各育难以落地，智育的学科核心素养也难以落地。

第四，“双减”是一次机遇和挑战，是优化学校课程体系、推动课堂教学改革、创新育人模式、提高教育质量、促进教师专业成长的难得机遇，也是对学校、教师专业能力水平的严峻考验和挑战。

要落实“双减”任务，当务之急是学校内部切实减轻学生作业负担，完善课后托管服务，要摸清学生课后托管需求和学校服务能力，根据学校实际，合理引进社会资源，千方百计满足学生多样化、个性化的发展需求和安全保护需求。积极探索在学区、集团内共享资源、满足需求的新途径。

前事不忘，后事之师，历史经验值得重视。纵观新中国成立以来

基础教育发展史，学生负担过重和片面追求升学率是两大顽症，像形影不离的孪生兄弟。过去对这两大顽症屡治不愈，有其深刻的社会、经济、政治、文化、历史原因。今天，要根本解决这一难题，必须正确认识和处理教育需求与教育供给、教育公平与教育质量、国家需要与个人理想、学校职能与家庭责任、学业发展与全面发展、学生发展与教师发展、打好基础与发展特长、减轻压力与增强动力、眼前利益与长远利益、国家利益与个体利益、学校评价与社会评价、体制机制活力与治理体系能力等根本性关系，这样才能从根本上、根源上为解决这一历史难题奠定基础。

减负是中国基础教育转型升级的长期任务，提质是新时代中国教育的永恒主题，增效是实现高质量发展的根本举措，三者是一个相辅相成的系统工程，必须系统设计，在改善供给、强化管理、引导需求几方面下功夫，各负其责，全面推进，这样方能达成预期成效。我们期待这一天早日到来！

激情与超越：我所经历的改革开放40年①

2018年适逢我国改革开放40周年。改革开放使我国社会的各个领域都发生了翻天覆地的变化，也成就了我个人的成长。我几乎是新中国的同龄人，工作经历也基本与改革开放同步。回首过去，往事历历在目，内心别有一番感慨；聚焦当下，面对教育改革中的诸多问题，我也有很多新的感悟与思考，愿意与大家好好谈谈。

一、谈成长：改革开放改变了我的人生境遇，拓展了我的视阈和平台

就自身成长而言，改革开放给我带来了太多益处，如果用三个关键词来概括，那就是“境遇”“视阈”和“平台”。

1. “境遇”：从山村中学到省级名校，改变了我的人生境遇

我出生在一个老干部家庭。像当年许多“可以教育好的子女”一样，我在中小学就读及下乡务农过程中，经历过一段艰难的生活历程，

① 原文刊载于《中小学管理》2018年第12期。

后来凭借自己的努力，以“工农兵学员”的身份进入大学。在大学里，我如饥似渴地学习，毕业后被分配到粤东陆丰县（现陆河县）的一所山村中学任教。

1977年恢复高考制度后，我国教育领域进入了快速发展阶段，无论是大学还是中小学，都急需补充大量从教人员。1978年3月，全国科学大会召开之后，高等学校更是摩拳擦掌，准备大干一场。当时，华南师范学院（1985年更名为华南师范大学）要把我调进大学任教。就在办理调动手续时，广东省开始进行普教、高教管理体制改革。根据当时普教系统要办好一批重点中学的需要，我被调入归属普教的华南师范学院附属中学（简称“华南师院附中”，即现在的华南师大附中）。

当时，我因为没能被调进大学任教，多少感到有些遗憾，但长期接受教育所形成的“螺丝钉精神”，激励着我要在中学的岗位上尽心尽力，为党的教育事业做出自己的一份贡献。就这样，伴随着《金梭和银梭》《年轻的朋友来相会》这些脍炙人口的歌曲，我也像当年千千万万的热血青年一样，立志要在工作岗位上有一番作为，要无愧于时代赋予我们的历史使命。

2. “视阈”：从国内研究到国外访学，形成了我纵横交错的认知视阈

1978年12月，党的十一届三中全会召开，开启了我国改革开放的伟大时代。人们常说，眼界决定境界，此眼界说的就是“视阈”。古人云，“不畏浮云遮望眼，自缘身在最高层”，说的还是“视阈”。改革，可以让我们的视阈投向影响社会经济发展的深层结构；开放，可以让我们发现外部世界发展的更多参照系。这样一种纵横交错的认知

视阈，使我既能看到我国学校教育改革的深层结构，也能在外部世界的发展中找到更多的参照系。

1978年全国科学大会召开后，教育战线也开始重视科学研究，我国教育科研“六五”规划提出了一批中小学可以参与的教育科研课题。当时，我有幸参加了全国重点课题——“我国学校思想、政治、道德教育大纲的研究"的教育科研工作，之后又持续参与了“七五”“八五”“九五”规划期间一系列重点课题的研究工作，得到一批教育界名家大师的教诲和指导。这些课题研究活动拓展了我的理论视野，使我在饱满的工作热情中融进了一种科学理性，为日后形成办学理念和治校方略奠定了理性基础。

1983年9月，邓小平同志为北京景山学校题写了“教育要面向现代化，面向世界，面向未来”的题词。“三个面向”的精神，让我对学校的培养目标、人才标准有了新的认识和理解。随后，我又到我国香港地区以及世界各地考察、访学，这些活动拓宽了我的视野，为我日后的办学活动提供了许多案例、素材和参照系。可以说，上述种种活动建立了我的新视阈，为我的办学理念、治校方略打下了思想基础，形成了一个认知框架。

3.“平台”：从分管部门到统摄全局，提供了我践行办学理想的广阔平台

孔子若没有在杏林讲学，世上便可能没有《论语》；正是当年的晓庄学校，让更多人认识了陶行知。改革开放为我实践自己的办学理念、追求自己的办学理想提供了用武之地。

1979年，我在华南师院附中担任校团委书记，其后又担任教务处副主任；1984年，我这个当年还不满34岁的“工农兵学员”便担任了

这所广东顶尖名校的副校长，1996年又担任了校长。正是这一个个发展平台，让我逐渐熟悉了学校管理中从“人”到“事”等各个领域的工作，逐渐深入把握了学校教育教学改革的节奏，构筑出从宏观到微观的学校发展战略和目标。

我感激改革开放给我提供了这样的工作平台，让我可以提出并践行“以完整的现代教育塑造高素质的现代人”的办学理念，形成简称为“一二四六八”的治校方略和办学思想体系。我还要感谢在“六五”到“九五”规划期间参与一系列国家重点课题研究的经历，它们让我学会了尊重科学理性，学会了从事研究工作的“ABC”，为我的“学术沉思”打下了基础，让我在日后的工作中能够努力寻找“应然状态”与“实然状态”的平衡点。

我认为，作为校长，我们应该葆有学术的沉思，这样才可以从繁杂事务和世俗纷扰中静下心来，沉淀自己的教育思想、办学理念，梳理自己的办学主张，进入自己的理想王国。这样的说法似乎浪漫得有点令人望而却步，但趋向这样的状态，并非是“挟泰山以超北海”，而是如“为长者折枝”般，如说不能，非不能也，乃不为也。当然，这对我们自己来说，是一种“痛而后快”的体验、超越和提升。只要我们坚持自觉要求自己，就可以循着“在日常工作中研究，以研究引领日常工作”的思维范式和工作范式，慢慢进入一种“学术沉思”的境界。

二、谈办学：内部坚守与外部支持奠定成功基石

我在华南师大附中担任校长17年，与同事一道带领学校奠定了在广东基础教育界领跑者的地位。之所以能取得这样的成绩，我将其归

结为内外部两大因素。

1. 向内：牢牢把握“三个坚持一个善于”

从个体内部因素来说，我将办学的成功概括为“三个坚持一个善于”，即坚持理想信念，坚持以人为本，坚持自我提升，善于整合资源。

坚持理想信念。也许有人觉得这种说法太“官方”、太老套，其实不然。因为在办学过程中，在教育教学改革过程中，校长、教师们会遭遇许多世俗的压力和社会的非理性要求，如果没有理想信念，那么我们就会缺少抵御这些压力和要求的自信和底气。

坚持以人为本。这种说法现在看来已经没有什么新意，但却是学校教育和管理中的核心价值。只顾追求分数而忽略学生身心发展的教育，不是真正的教育，也不是对学生真正负责；只强调指标任务而忽略对教师人文关怀的管理，不可能真正激发出广大教师的活力与激情，也不可能建设一支可持续胜任的教师队伍。

坚持自我提升。这是我始终践行的一种自觉要求。在治校方略中，我把这种自我要求融进了我的办学理想——培养可持续发展的学生，造就可持续胜任的教师，创办可持续攀高的学校，实施可持续提升的教育。

善于整合资源。这是一种管理策略。资源是有限的，也可以是无限的，差别就在于我们如何整合、配置、开发和利用。在校内资源整合中，核心是人力资源整合，包括教师队伍建设、干部队伍建设，实质都是要解决人力资源优化配置的问题。在校外资源整合中，我们争取地方政府的支持，建立学生的社会实践基地，发动社会各界人士帮助学校解决开设校本课程的师资问题，发动校友建立“教育基金会”，增强“奖教奖学”的激励作用，等等。

2. 向外：努力争取相关利益群体的理解支持

从学校层面来看，我既得益于学校有一支敢为天下先的教师队伍，又得益于学校创办以来历届领导和广大教师们共同创造的学校文化。早在20世纪七八十年代之交时，人们还在致力于恢复学校正常的教育教学秩序，华南师院附中已经率先开展了教学和课程改革。学校数学和语文学科分别以引进“项武义教材”和自编教材为先导，开展了系列教学改革；英语学科引进华南师大外语系的教授，开展了从初一到高三年级的周期性教学改革实验；其他各学科组也纷纷开展各有特色的教学改革活动。

20世纪80年代中期，学校还开展了行政班与教学班并存、学科“按程度分层次教学”实验，并通过开设选修课培养学生的个性特长，允许学生跳级发展，等等。教师们自觉投身教育教学改革，只见满腔热情，并无功利计较。学校文化不断滋养着教师们的精神风貌，教师们也用自己的行动不断丰富着学校文化的厚德载物意蕴。

从社会层面来看，我既得益于广大家长们对学校的理解和尊重，又得益于各级领导的信任和支持。一个典型事例就是，每年秋收时节，学校都要组织学生停课到农村参加以国情教育和劳动锻炼为主要内容的社会实践活动。如果得不到广大家长的理解和尊重，那么这种社会实践活动就不可能延续近30年不中断，成为学校的办学传统。

华南师大附中是受广东省教育厅和华南师范大学双重领导的学校，这种管理关系的特殊性，非但没有影响学校的办学自主性，反而为学校的教育教学改革提供了更大的自由和更多的创造空间。让学校放手试验，让教师们敢为人先，保证了学校在广东基础教育界领跑者的地位。

三、谈管理："用人以治事"，"人"居首位，事在人为

我在华南师大附中任副校长12年，任校长17年，二者相加，已近半个甲子。有人将管理简约地表述为"用人以治事"，我赞同这种说法。在学校管理中，"人"居首位，事在人为。用人得当，诸事皆顺，事半功倍。"人"的外延，指向于学校的管理团队、教师队伍和学生。

1. 打造"各美其美，美美与共"的管理团队

在学校管理团队建设方面，我以费孝通先生提出的"各美其美，美人之美，美美与共"为参照系，让管理团队既能充分发挥自身的主观能动性、创造性，又懂得欣赏别人，取长补短，呈现出"美美与共"的工作局面。

我认为，在学校这种知识密集型组织中，理想的领导班子首先必须同心同德、志同道合，其中最重要的是要有共同的教育价值观。其次是能够兼容互补。"兼容"，强调的是要超越"部门利益"的局限，以大局为重；"互补"，强调的是要相互支持，形成合力。再次，必须具有主动性、创造性。它直接决定着一个管理团队的执行力和一个工作局面创建的成败。就华南师大附中而言，能够在改革开放中走在前列，靠的就是工作中的创造性以及队伍的创新精神。

2. 造就"可持续胜任"的专业教师队伍

对于大多数校长来说，如何打造一支优质的教师队伍，已经有许多理论导引、标准要求为参照，而要做得实在、扎实、有效，我的经验有三点。

一是强调目标导向。如华南师大附中以“造就可持续胜任的教师”为目标导向，让教师们以师德高尚、理念先进、业务精良、与时俱进为标准，优化自己的知识结构，形成自己的教学个性，追求自己的专业提升。

二是重视支撑体系建设。我们通过树立榜样，为教师们提供身边实实在在的参照系，形成潜移默化的影响；通过制度化、清晰化要求，落实到日常工作的各个方面，形成常态化的持续影响；通过激励机制建设，鼓励教师敢于“冒尖”、大胆创新，激发教师的内生动力，形成学校的“造血机制”。

三是引导教师进行自我职业生涯设计。我们引导教师根据自身的入职年限、工作状态、成就要求等，为自己的职业生涯设计远、中、近不同时期的发展目标。学校根据教师的不同要求进行分类培养、分类指导、因材任用、尽显其长，与教师共度职业生涯中的“高原期”，引导其突破“瓶颈”,超越职业倦怠。

3. 坚守“培养学生社会责任感”的育人核心

现在，很多知名学校将培养目标定位于培养未来社会领军人才，但与此同时，社会上对于“精致的利己主义者”的批判也不绝于耳。对此，我谈谈自己的思考。

首先，关于将学校的培养目标定位于“培养未来社会领军人才”的问题。我认为，不同生源、不同办学水平的学校，人才培养目标定位应该有所不同。且不说培养未来社会领军人才受诸多因素的制约，不是学校一厢情愿就能做好的事情，单就基础教育阶段的学校而言，其能实现的，也仅是为学生打下良好的发展基础而已。所以，我不赞成这些看似“高大上”的说法，它混淆了基础教育的根本任务。

其次，关于培养“精致的利己主义者”的问题。这是中国教育中一个非常值得反思的问题。在过去一段时间里，我们的教育忽视了国家意识、理想信念、责任担当等内容，过分强调自我实现、个人价值，确实让一部分学业优秀的年轻人成为“精致的利己主义者”。一个多元化的社会出现多元价值取向，是一种客观事实。但在学校教育的价值取向问题上，应该实现社会价值取向与个体价值取向相结合，走向任何一个极端，都是不合理甚至是错误的。因此，无论何时，学校教育中都不能缺失“培养和提升学生的社会责任感”这个核心价值。

四、谈使命：不忘初心，在创新中追求突破与超越

从华南师范大学、华南师大附中离任后，我于2017年接手了广州中学。对于“重新出山”到广州中学工作，我充满了敬畏和惶恐，唯恐有负领导的重托、大家的期待。

1. 准确把握办学中传承与创新的辩证关系

广州中学的前身是原广州市第47中学，地处广州市天河区，也是在当地群众中有口皆碑的一所名校，有其办学的成功之处，现在变身为广州中学，追求的是一种锦上添花的提升，要更上一层楼。因此，我们既需要继承和发扬其优良与成功之处，也要在创新、突破与超越中实现锦上添花。进入广州中学之后，我时时提醒自己，必须准确把握传承与创新之间的辩证关系，严格区分继承与破除的对象，慎重处理扬弃问题。当今社会，校长轮岗时常可见，有的校长一到岗就改弦易辙，另起炉灶。这些“对已往全盘否定”“一切推倒重来”的现象，表现的是片面的思想方法、狭隘的功利主义，不是唯物主义者的应有态度。

华南师大附中从合校初期的1956年到2013年我任期结束时，近60年间，前后仅经历过几任校长（除去“文革”时期）。王屏山、蔡汉平等老校长及我，任期皆有十多年。正是在这样相对稳定的管理环境中，学校文化得以慢慢积淀，办学传统得以延绵继承。反观现在以行政管理人员为参照的校长任期制，以及不少地方实行的“校长轮岗制”，造成校长频繁更换，再加上急功近利与轻浮躁动的社会生活情境影响，导致无论是学校文化建设，抑或办学传统形成，都处于一种极不稳定的状态之中。

我记得陶行知说过，教育是农业而不是工业。办学有其周期性要求，办学的成败，需要通过“周期检验”才有可能做出中肯的评价。一种办学思想，必须是在尊重办学周期性要求的前提下，在中肯评价的基础上提出来的。帮助校长澄清教育价值、凝练教育思想、形成办学主张是必要的。教育，需要有“静待花开”的自信；办学，需要有“春种秋收”的淡定；办学思想，需要有“春华秋实”的发育生长过程。任何形式主义的拔苗助长，只会造成混乱和伤害。

2. 从主客观两方面积极准备和创造条件

我认为，办好一所学校必须要有好的社会生态，要充分尊重学校的办学自主权，尊重校长的创意，政府更多的是提供服务和支持。要解决办学过程中的权力博弈问题，只强调学校与教育行政管理部门、校长与行政管理者的主观能动性，不是根本之道，关键是要完善相应的管理体制，真正建立起现代学校制度，而现代学校制度的核心内涵是清晰界定政府与学校的关系。我期待着《学校法》早日出台，让学校办学自主权置于法律法规的保护之下，才能从根本上解决这一问题。

当前，国家在推行教育领域的管办评分离。这是一种很好的制度设计，体现了对办学规律的尊重和遵循。但对这项制度的真正“落地”，我们还需保持清醒的认识，要从主客观两个方面积极准备和创造条件。一项政策从制定出台到演变成一种工作局面，需要有一个“运作周期”——包括各个工作系统建设、各项实施细则配套、具体操作方式成型等。这是一项系统工程，不可能一蹴而就，需要用时间换空间。而在这个“运作周期”中，我们还要完成自身的超越与突破：教育行政管理者们要突破对“滥权管理”的“恋栈”，更不要说破除“权力寻租”的弊端；校长们要突破“唯上唯旨”的思维和心理定式，以免遇到真正需要发挥其主观能动性、创造性时，出现“叶公好龙”的现象。

繁花似锦会有期[1]

——《南粤教育》刊首语

春回大地，气象万千。在壬寅虎年春暖花开的季节，广州出版社出版的教育综合类杂志《南粤教育》问世了，可喜可贺！

当今中国，已经迈进了人民日益增长的美好生活需要与不平衡不充分的发展之间的矛盾成为社会主要矛盾的新时代。要实现经济社会的高质量发展，人才数量和素质是决定性因素。因此，教育的地位由社会的边缘走进了社会舞台的中心，教育成为经济社会高质量发展的重要动力系统和支撑力量。而教育事业的繁荣与发展，不仅需要政府的高度重视和足够的投入，需要有科学的制度设计和高效的管理体系，而且有赖于广泛的、活跃的教育理论研究和实践探索，这一点，已经被越来越多的区域发展现实所证明，也被越来越多的政府官员和教育界人士所认同。

南粤大地，是中国最早对外开放的区域之一，是商品经济兴起最早的区域之一，有着思想活跃、敢想敢做、敢为人先的传统。自唐宋以来，南粤大地涌现出许多对中国历史发展产生了重大影响的思

① 原文刊载于《南粤教育》2022年第1期。

想家、教育家、革命家和文化名人，如陈白沙、六祖慧能、康有为、梁启超、孙中山等，义和团运动、戊戌变法、辛亥革命、国共合作等重大事件的发生，或发源于南粤大地，或与南粤大地有着千丝万缕的关系。

南粤大地，是一片改革开放的沃土，创造了许多当代中国经济发展的奇迹，涌现了一大批像华为、腾讯这样的优秀企业，引领着中国经济高速度、高质量发展，为中国特色社会主义制度建设和道路选择作出了不可磨灭的贡献。思想活跃，鼓励探索，勇于创新，直面现实，敢为人先，包容失败的文化，是其显著特征。

今天，我国进入了实现第二个百年梦想的新时代新阶段，对高素质人才的需求尤为迫切。能不能培养出更多的有理想、有本领、有担当的时代新人，既是时代对教育提出的历史性任务，也是教育面临的重大研究课题。

实践探索总是理论创新的基础与先导，而先进的理论又是实践探索的升华，并为实践探索指明方向。今天，南粤大地的教育，面对粤港澳大湾区建设发展的极好机会和迫切需要，该如何贯彻新发展理念、实现高质量发展？我以为，不仅需要更多的投入，建设更多更高标准的学校，吸引更多更高素质的教师，而且需要更多更具前瞻性的实践（实验）探索，和更多更活跃更开放的理论研究，要有更活跃的思想理论探索氛围。

希望应运而生的《南粤教育》能够不辱使命，推动教育理论研究与教育实践结合，普及教育理论知识，关注教育热点，促进教育实践实验研究，反映基层学校需求与呼声，支持与促进教师专业发展，传播区域、学校教育改革经验，探讨教育创新前沿话题，尤其是在推动基础教育更公平、更均衡、更高质量发展上，作出更大贡献！

一花独放不是春，万紫千红春满园。期待《南粤教育》为南粤教育大花园增添新的光彩！

识得东风　万紫千红

——我心目中的“广州好教育”

广州市“好教育进行时”正如火如荼地推进着，那么什么是好的教育呢？衡量好教育的最重要的标准是什么？广州教育独具哪些特质？……这些都是我经常思考的问题。

我想起南宋大儒朱熹一首题为《春日》的诗：“胜日寻芳泗水滨，无边光景一时新。等闲识得东风面，万紫千红总是春。”这首诗表面上看是在赞美春天，但泗水在山东，孔夫子曾在泗水之滨讲学传道；而南宋时那地方早已沦陷于金国，朱熹怎能去游春呢？其实这是一首意蕴深刻的哲理诗。诗中的“泗水”暗喻孔门，“寻芳”暗喻求圣人之道，“东风”暗喻教化，“春”暗喻孔子倡导的“仁”。

朱熹一直在追寻孔子教学遗风流韵。孔子春风化雨，泽被后人，被誉为“万世师表”“大成至圣先师”。在孔子曾经讲学授道的地方，孔门的学风时至今日又是怎样一番景象呢？万紫千红指的是孔子的教化事业如春天般欣欣向荣。朱熹从人的言谈举止、待人接物中感受到儒家教育的影响在齐鲁大地生生不息，仁义之风随处可见，并寓于字里行间，实在是他的高明之处。

广州是一座有着2200多年悠久历史的文化名城，从秦朝开始，广州一直是郡治、州治、府治的行政中心，曾是海上丝绸之路的起点，为国务院公布的中国第一批历史文化名城，两千多年来一直都是华南地区的政治、经济与文化的中心。

新中国建立后尤其是改革开放以来，广州取得更加快速的发展，是改革开放的窗口，先行先试的排头兵。广州作为中国南方的国际大都市，具有很高的国际地位和广泛的国际影响力，定位为国家重要中心城市。2021年，广州市委市政府提出广州建设国际航空枢纽、国际航运枢纽、国际科技创新枢纽的宏伟目标，展现出广州未来发展的美好前景。

广州的教育要为广州发展目标提供强大的智力支撑和充足的人才准备，必须强化使命与担当。好教育培养高素质人才，是智力支撑不可或缺的基础；一个城市的人才，可以引进，更要立足于自身培养。从这个意义上说，广州教育可谓使命光荣，责任重大。

识得东风，指深谙教育之规律；万紫千红，指好教育的终极效果——社会充满活力，一派欣欣向荣的景象。

好教育必须有好的理念，有好的顶层设计；好教育必须有好的体制机制和有力举措；好教育必须经得起实践检验，要有一系列标志性成果，并对社会各方面产生重大而深远的影响。

我以为，讨论广州好教育，不能只着眼于学校层面的好教育，而应放在国家中心城市、改革开放先行地的区域层面去讨论好教育。好教育包含哪些要素呢？在我看来，好教育应该从体制、机制、布局、结构、数量、条件、师资（包括校长、教师）、课程、管理、质量、特色、教育生态等要素去观察、去评价。

第一，好教育必须有充满活力的体制机制、相对均衡合理的布局与结构，有现代教育治理体系，且优质学校占比高。所谓好的体制机制，好的布局和结构，必须能充分发挥中央和地方、市区校各层级的积极性，使得各级各类教育门类齐全、协调发展，学校充满活力；普通教育和职业教育比例适合、灵活互通；各类学校要布局合理、相对均衡，老百姓认可的好学校要有较高的占比。目前广州的相当一部分家长和孩子为升学焦虑和纠结，这也从侧面反映出广州在教育均衡、学校布局和质量特色方面存在问题，有诸多需要改善的地方。

第二，好教育应该有充足的学校数量和良好的办学条件。要让孩子们接受良好教育，学校数量要充足并有良好的办学条件。其实，学校数量和办学条件，是检验一个地方是否真正重视教育的重要标志。先进的学校教育，还应逐步减少班额，提高小班额学校的比例，实现个别化、差异化教学和个性化指导。当然好教育要有更充足的经费投入，不断吸引优秀人才投身教育，不断美化校园环境，加大先进的教学设施的更新力度。

第三，好教育要有一支数量充足的高素质的校长、教师队伍。《国家教育中长期改革发展纲要（2010—2020）》指出，有好的教师才能有好的教育。高素质专业化的校长队伍与师德高尚、业务精湛、充满活力的教师队伍，是构成好教育的最重要因素，也是办好教育的第一资源。校长要敢担当，有教育情怀，有办学思路，懂管理，全心全意为学生着想、为教职工服务。好的教师不仅要有较高的学历，更要有专业精神和正确的教育观、学生观、质量观。

西南联大为什么在抗战那么艰苦的环境下也培养了那么多杰出人才？关键因素就是教师。真正的好学校，不在于有没有现代化的大楼和设备，而在于有没有高水平的校长和教师。能不能让学生成为最好的自己，成为高素质的公民，成为国家的建设人才，好校长和好教师至关重要。

第四，好教育还体现在有一个多样化、丰富性、选择性、共享度高的课程体系。我们常说，学校培养人才的规格是由课程体系决定的。学校的课程设置要丰富多彩，既能遵循国家规定，体现国家意志，又能以生为本，满足个体发展需求。学校的好与不好，水平高与低，关键还要看课程体系和教学水平。课程决定人才培养规格，教学影响人才“加工效果”。广州要培养视野开阔、志向远大、富于创新精神的人才，课程要更丰富。共享度高的课程体系包括两个层面：一是校内共享度高，跨年级有选择机会；二是推动校际资源共享，努力满足学生全面而有个性发展的多样化需求。

第五，好教育必须有特色鲜明、高质量、有影响力的办学成果。办学成果是教育实践的结果和反映，是教育成效的总结与提升。要大力推广与普及行之有效并体现先进理念和先进技术的教育教学成果与经验，让更多的学校、教师、学生与家长受益。

第六，好教育的形成，绝非教育行政部门独力构建的，它必定有一个良好的外部环境，有一种社会高度关注、积极参与的教育生态环境。这种教育生态环境，包括“家校携手、社会联动”，主动探索家庭、学校、社会、企业合作的途径与机制；包括全社会关心、支持、捐赠教育的舆论和行动；包括涉及教育重大决策的大众参与机制，确保民众知情权、参与权、表达权、监督权；包括建立有广泛参与度和影响力的教育榜样人物的评选表彰制度；等等。

这几年，广州市以“好教育进行时”为抓手，推动各区基础教育提升质量打造特色的做法，推动了广州杏坛百花齐放，万紫千红，可谓“无边风景一时新”，此“一时”就是指“好教育进行时”，此举有以下几点特别值得点赞：

一是“好教育进行时”促进了各区各校对好教育的思考，各区各校各人都对好教育有自己的理解和追求，对好学校、好校长、好教师、好学生也有更新更深的思考，这种教育观、学校观、教师观、学生观、质量观的更新，对教育的改革创新意义重大。

二是“好教育进行时”促进了各区各校对自己发展目标的定位，推动了各区各校更重视制订改革发展规划。“好教育”的丰富内涵引领各区各校把握自身特点，认清优势与短板，从自己的实际出发，打造自身特色风格。

三是“好教育进行时”促进了品牌学校的建设和质量提升，一个城市一个地区的好教育总是由众多品牌学校支撑的，这几年广州市、区两级管辖的名牌学校越来越多，内涵不断丰富，风格愈加凸显。

四是“好教育进行时”促进了好校长、好教师的成长。好教育需要好校长、好教师，没有好的校长、教师队伍，不可能有好教育，不注重校长、教师队伍建设，不关注校长、教师专业化成长需求，就不可能有持续健康的教育发展态势。好教育一定会带来教育界群星璀璨、争奇斗艳、繁花似锦的美好景象。

五是“好教育进行时”促进了人们对基础教育改革发展的关注和了解，老百姓对教育的满意度也更高了。

即将出版的广州好教育系列丛书《广州好学校》《广州好校长》《广州好教师》就是推进广州好教育持续提升的阶段性成果。我相信，广州必将涌现更多老百姓认同的好学校，涌现更多有思想、有作为的好校长和更多受到学生和家长爱戴、欢迎的好教师……

“等闲识得东风面，万紫千红总是春。”这是我们共同追求的广州好教育的美好境界，将广州“好教育进行时”进行到底，实现这个美好的境界已为期不远了，对此我充满信心！

广州教育之印象

——在2019中国广州国际投资年会·城市形象国际传播推介会上的讲演

各位领导，各位来宾，各位朋友：

大家下午好！

我来自广州中学，是退休后再上岗的教育人，退休之前曾在华南师大和华南师大附中工作。20世纪70年代初期，我到广州上大学，至今已经在广州学习、工作、生活了四十余年的时间，可以说是“老广”了。作为广州的一名老教育工作者，我愿意在这里与各位分享我对广州教育的印象与认识。

提起广州，人们众口一词：宜居宜业。

这里气候宜人，四季繁花似锦；这里美食众多，每个人都可以大饱口福，素有“食在广府”的美誉；这里商贸发达，各类商品应有尽有；这里又是交通枢纽城市，海陆空交通便利，四通八达。

广州是国家中心城市、国际商贸中心，众多国内外著名企业在广州都设有总部；而广州文化的多元与包容，也使不同民族、不同肤色的人们在这里和睦相处，各展宏图。

除了上述种种，在我印象当中，广州还是一个宜教宜学的好地方。

大家知道，教育的本质就是以文化人，因此，办教育，讲究文化底蕴。广州是广府文化的发源地，而广府文化又是岭南文化的集中代表。自公元前214年番禺设郡以来，两千多年间，中原文化与南越本土文化的融合，赋予广州深厚的历史文化底蕴。

其后，日益频繁的国际商贸活动带来了西方文化与东方文化的碰撞与交融，又铸就了广府文化包容共济的特质。16世纪80年代，意大利传教士利玛窦经澳门来到广州，他不仅传播宗教思想，也带来了西方先进的科学技术和文化艺术，推动了东西方文化交流与互鉴。仅从利玛窦到广州时算起，广府文化与西方文化交流互鉴的历史，也已有四百余年之久。

广州市原市长黎子流先生曾将广府文化的特质概括为慎终追远、开拓奋斗、包容共济、敢为人先。

正是这种文化特质，吸引了众多有识之士来广州办学，也吸引了众多饱学之士、学术大师到广州任教；也正是这种文化特质，孕育了无数个性鲜明、大有作为的各界精英。

1888年，广州同时创办了两所名校。一所是由清朝两广总督张之洞创办的广雅中学，思想家、哲学家、教育家、社会活动家梁漱溟曾在此校担任校长，为广雅中学制定了“务本求实”的校训；另一所是由美国人哈巴博士创立的格致书院（即现华南师大附中的前身），后由教育家钟荣光出任校长，在华南地区最早实施新学制，引进西方课程体系，一直保持着“以人为本，敢为人先”的办学传统。

1924年，广州同时创办了两所在我国民主革命时期赫赫有名的学校。一所是由孙中山先生创办的黄埔军校，培养了大批战功显赫的军事将领；另一所是由毛泽东创办的农民运动讲习所，培养了大批农民运动的杰出战士和革命领袖。

广州的中小学校当中，既有像广雅中学、执信中学、真光中学、南武中学、培正中学、朝天小学、培英中学等百年老校，也有像广州市铁一中学、广州大学附属中学、华阳小学、东风东小学、体育东小学等后起之秀。这些百年老校和新锐名校，大多都缔结有国外的姐妹学校。它们之间定期互访，师生广泛交流，相互借鉴，取长补短，促使一大批广州名校具备了办学理念先进、目标视野开阔高远的特点。

广州还有一批国际化程度比较高、以外语教学见长的民办学校或私立学校。这些学校为在广州居住的外籍人士和本地居民提供了更为多样化的就学选择。

至于高等教育，广州更是我国高等学校聚集最多的城市之一，像中山大学、华南理工大学、暨南大学、华南师范大学等，都进入了国家双一流大学的建设行列，香港科技大学已进驻南沙，为广州教育的多样化注入了新的生机活力。

广州已然成为华南地区、粤港澳大湾区的科技教育文化中心。在以开放、包容、务实、进取为特质的广府文化滋养下，广州形成了多元化、多样化、国际化的教育大格局。

一方面，这种教育大格局为年轻人在广州升学就读提供了众多的选择，为满足多样化的教育需求创造了条件；另一方面，多元文化的肥沃土壤，也为个性化人才培养创造了良好氛围。

这种教育大格局，必将在推动粤港澳大湾区的协同发展中，在培养更多视野开阔、思维活跃、个性鲜明、创新力强的国际化人才方面，做出新的贡献。

在广州做教育，环境宽松，资源丰富，视野开阔，开放包容，让人不压抑不焦虑；在广州做学生，会获取更多尊重，更多选择机会，也让不同个性的学生都有更多发展机会。

这就是广州教育留给我的深刻印象，也是我对广州教育特点的肤浅认识。

我喜欢广州！希望嘉宾朋友们也喜欢广州！

谢谢大家！

深化粤港澳大湾区教育交流合作之我见

建设粤港澳大湾区，既是新时代推动形成全面开放新格局的新尝试，也是推动“一国两制”事业发展的新实践。

要全面贯彻习近平新时代中国特色社会主义思想，全面准确贯彻“一国两制”方针，充分发挥粤港澳综合优势，深化内地与港澳合作，进一步提升粤港澳大湾区在国家经济发展和对外开放中的支撑引领作用，支持香港、澳门特区融入国家发展大局，增进香港、澳门特区居民福祉，保持香港、澳门特区长期繁荣稳定，让港澳特区居民同祖国人民共担民族复兴的历史责任，共享祖国繁荣富强的伟大荣光。

一、深刻理解粤港澳大湾区建设的目标定位、原则与期待

粤港澳大湾区要建设成科技创新中心，关键是要有人才支撑。人才支撑的基础在教育，重点是发展能够培养创新人才的基础教育。内地与港澳的深度合作领域中，教育合作意义重大，难度也较大。

1. 粤港澳大湾区建设目标定位

（1）充满活力的世界级城市群；

（2）具有全球影响力的国际科技创新中心；

（3）一带一路建设的重要支撑；

（4）内地与港澳深度合作示范区；

（5）宜居宜业宜游的优质生活圈。

2. 粤港澳大湾区建设中的广州定位

充分发挥国家中心城市和综合性门户城市引领作用，全面增强国际商贸中心综合交通枢纽功能，培育提升科技教育文化中心功能，着力建设国际化大都市。

广州怎样提升科技教育文化中心地位？怎样培育科技教育文化中心功能？

第一，广州有完整的、高品质的教育体系和众多科研院所，有众多名校和名师，有众多大师级的高层次人才；

第二，广州有大批前程似锦的高科技公司，有“世界前列、全国一流、广州特色、示范领引”的目标追求。广州提升科技教育文化中心地位的关键是创新协作共建共享机制，激发各方活力。

二、推动港澳地区和珠三角九市教育深度交流合作的基础与有利条件

粤港澳三地有良好的合作基础，尤其是香港、澳门特区与珠三角九市文化同源，人缘相亲，语言、民俗相近。广东与港澳地区结对的姊妹学校接近1000对，定期来往，发挥各自优势，互派学科专家。多年来内地向港澳地区派出多批教学顾问，在“港澳所需，内地所能”和“港澳所能，内地所需”方面开展了多种形式的交流。深圳市与香港特区学校校长之间的交流更多，原因如下：

（1）有明显的区位优势，机场和港口众多，交通便捷；

（2）有雄厚的经济实力，经济总量超过十三万亿元，教育投入大，扶持创新要素力度大，金融资本投入大；

（3）集聚了多个创新要素，人才、信息、资本、孵化器齐全；

（4）领先的国际化水平，尤其是港澳地区国际化程度高，值得内地借鉴。

三、粤港澳大湾区深化教育合作交流、协同发展的若干思考

1. 政府更加主动作为

建议由香港、澳门特区政府和珠三角九市的教育部门牵头，建立联席会议之类的协同机制，以轮流坐庄的方式，定期举办粤港澳大湾区校长论坛、教师论坛，每年至少举办一次。

2. 扩大姊妹学校规模

进一步扩大和优化粤港澳三地的中小学以及幼儿园的姊妹学校交流合作机制。多走动多了解，才会有更多的学习借鉴机会。

3. 深化教学领域的交流与合作

密切粤港澳三地教师之间的交流：在巩固过往在语文、英语、经典诵读等方面的交流的基础上，充分利用5G应用的机遇，积极开展课堂教学观摩、同课异构等交流活动，创新课堂教学模式。扩大教师专业发展领域的合作交流，参加对方举办的各种正规培训活动，争取实现学分互认。

4. 大力加强粤港澳三地的教师、校长交流

内地政府要放宽因公赴港澳交流的限制，增加赴港澳交流的拨

款，增加内地校长、教师赴港澳学习访问的机会。除了姊妹学校之间的交往之外，可以建立粤港澳三地姊妹学校的教育论坛，在三地轮流举办，分享经验，深化合作，增进互信。

5. 扩大粤港澳大湾区的学生文体科技比赛规模和交流活动

比如举行歌唱比赛、舞蹈比赛、（中英文）讲演比赛、汉字听写比赛、创意比赛、机器人比赛、体育比赛以及青年论坛等，通过活动促进学生之间的交往。

6. 提供就读便利

应该为在广州工作的港澳人士的子女在广州就读中小学提供更多的方便。广州的基础教育只有更高质量、更具特色、更多选择，才能吸引更多高层次人才落户广州，放心让孩子在广州上学。同时，不仅要方便港澳人士子女参加内地高考，而且要创造条件让珠三角居民子女方便到香港参加“香港高考”。

7. 共同推动科技创新教育

香港学校的科技创新教育和商业项目竞赛活动很有特色，建议广州和香港学校举行更多的科技创新比赛。粤港澳大湾区要成为有国际影响力的科技创新中心，就必须在推动科技创新教育方面有所作为。

8. 港澳和内地共同合作，弘扬中华优秀传统文化

弘扬中华优秀传统文化，是港澳和内地学校的共同责任。尤其是在岭南文化的研究和传播方面，内地和港澳的学校应该有更多的合作。

9. 广深两大城市应发挥龙头引领作用

广州和深圳是珠三角的两大中心城市，各具特色，各有优势，不仅要加强与港澳学校的交流合作，还应该与珠三角九市当中的其他市建立更加密切的交流合作关系，发挥龙头大哥的作用。

风雕雨琢　百年辉煌
——华南师范大学附属中学120年校庆致辞

斗转星移，白驹过隙，回顾学校历史，已经走过整整一百二十个春秋。始于1888年格致书院的华南师大附中，百年砥砺，百年积淀，在近代和现代教育史上留下浓墨重彩的一笔。

学校坚持正确的办学方向，坚持“以人为本，持续发展”的办学理念，在我国基础教育改革发展的每一个时期，都积极发挥试验探索、示范带动作用。学校在改革中前进，在创新中发展，在实践中形成明确清晰、符合学校实际的办学理念和办学目标，构建学校特色课程和教育教学模式，优化教师队伍，改善办学条件，树立了华南师大附中品牌，成为全国知名的优质高级中学。

1888年，美国人哈巴博士在珠江之滨建立了格致书院，格致书院作为一所新型中学水平的童校，冲破旧教育之樊篱，引进西方教育理念，以科学教育为重，开时代风气之先。1914年，该校开办文理本科，易名为“岭南大学”，学校分设中学部，即为后来的岭南大学附中。1952年，岭南大学附中、中山大学附中、广东文理学院附中、华南联大附中四校合并，成为“华南师范学院附属中学”，1982年附中随大学升格而更名为“华南师范大学附属中学”。经广东省教育厅、华南师范大学批准，学校以岭南大学附中前身广州格致书院的创办时间1888年作为创办元年。

百年征途迢迢，百年硕果累累。一百二十年的艰苦历程，弥漫过辛亥革命的硝烟，擎托过抗日御侮的星火，迎来了新中国的诞生。孙中山先生曾在岭南大学附中播下民主共和的火种，毛泽东同志曾在中山大学附中演讲《论农工政策》，鲁迅先生曾在中大附中讲坛上激浊扬清。一代代附中人牢记伟人的教导，承前启后，创立了辉煌业绩；一株株幼苗茁壮成长，最终成为栋梁之材。附中的历史上，闪耀着熠熠星光：民主革命家陈少白、人民音乐家冼星海、革命老人谭天度、东江纵队司令员曾生、著名钢琴家马思聪、抗"非典"英雄钟南山、著名数学家姜伯驹、运动健将陈镜开……

昔日附中人负重前行，艰苦创业，今日附中人锐意革新，奋发有为。沐浴改革开放的春风，各级领导也对附中关怀至备，对附中"以人为本，持续发展"办学业绩充分肯定。1990年，江泽民总书记来我校视察并题词："坚持正确的办学方向，培养社会主义建设者和接班人"。1998年，李岚清副总理在时任广东省委书记李长春同志陪同下莅临我校视察。2003年，温家宝总理在时任省委书记张德江同志陪同下视察学校。

学校与时俱进，不断更新教育观念，大力推进素质教育，绘出了着眼于21世纪的学校发展蓝图——坚持"育人为本，持续发展"的办学理念，构建四大系统模式，提出六项素质标准，确立八项培养目标，使学校始终走在广东基础教育改革创新的前列。多年来，我校高考成绩名列省市前茅，奥林匹克学科竞赛独占鳌头，学生创新活动、体育竞赛硕果累累。优质化、特色化、集团化、国际化、现代化的五大战略，令百年附中老树新枝，叶茂花繁……

回顾过去，意气风发，一代又一代附中人筚路蓝缕，百年薪火，成就今天的辉煌。展望未来，豪情满怀，一百二十年的沧桑磨砺，既是学校承前启后、继往开来的里程碑，也是拼搏奋进、再创辉煌的新起点。

我们相信，有各级政府的关怀，有社会贤达的帮助，有全体附中人的协作奋进，学校一定能全面落实科学发展观，进一步解放思想，深化改革，全面推进素质教育，争当基础教育排头兵，为广东教育事业发展做出更大的贡献。

华南师大附中的明天一定会更加美好！

广州中学创校宣言①

“赤橙黄绿青蓝紫，谁持彩练当空舞？”在全城人民翘首以待中，以广州这座千年古城命名的广州中学终于横空出世了！

肩负着广州人民的厚望，肩负着各级人民政府的重托，我们向社会发出我们的创校宣言。

一、我们的时代使命

以“广州”作为我们的校名，这是广州人民对我们的信任。我们将肩负广州人民的厚望，弘扬广州精神，展现广州风采，成为广州教育竞争力的新标杆。

我们要让广州中学的办学模式具有时代的前瞻性，能够满足未来社会的发展要求，成为一个学校、教师与学生、家长整体互动的圆梦平台。

我们要让广州中学培养的学生，在全球化的浪潮中，具有跨文化的学习和创新能力，进入国际大循环的生存和发展能力。

我们要让广州中学培养的精英分子，在建设人类命运共同体的事

① 本文根据吴颖民2017年8月25日在广州中学揭牌仪式上的讲话整理。

业中，发挥出中国对世界的影响力。

二、我们的学校愿景

在广州中学的校园里，我们要看到的是：让每一个生命都绽放出精彩。我们尊重、善待每一种生命现象，相信每一个学生和教师，他们都能在各自的工作、学习、生活领域中各呈异彩，收获成功。

我们要耕耘一片肥沃的校园文化土壤，里面有和谐的人际关系，有宽松的心理环境，有活跃的思想状态，有高尚的道德情操，我们要为师生绽放人生精彩创设一种良好的生态环境。

三、我们的办学理念

我们的办学理念是：以广州精神激扬生命，乘时代潮流成就梦想。

自先秦建城以来，历代广州人在独特的地理环境、悠久的历史沿革中，逐渐形成了“务实、开放、包容、进取”的广州精神。广州人用一座“五羊含稻穗”的雕像，寄予自己的朴素愿望，表现出农耕文明的务实与淡定：广州人从南海神庙出发，沿着海上丝绸之路走向五洲四海，在中外文化碰撞交融中表现出开放与包容；黄花岗七十二烈士墓园、大总统府、黄埔军校、农民运动讲习所等历史遗迹，凝聚着广州人在中国社会大变革中浴血奋斗的革命精神；云山珠水间的巍峨高厦、璀璨华灯，述说着广州人在改革开放中的开拓进取精神。两千多年的历史，成就了“务实、开放、包容、进取”的广州精神。

我们提出“以广州精神激扬生命”的办学理念，就是要把这座千年古都、历史名城的文化品格，注入广州中学的文化基因中，用以激扬我们的生命活力，铸就我们师生的品格特征。

当今的全球化时代，制造、商贸、金融各业在世界中联动，资本、物流、人才各方在国际流通，政治、经济、文化出现了前所未有的碰撞与交融。

当今的信息化时代，知识爆炸现象已呈常态，知识更新周期日渐缩短，知识载体媒介不断创新，网络空间向人类展现了许多发展契机，也提出了许多严峻挑战。

我们提出“乘时代潮流成就梦想”的办学理念，就是要把全球化、信息化时代的契机与挑战，引进到校园里、课堂上，培养我们的学生具有跨文化的学习创新能力和进入国际大循环的生存发展能力；让我们的师生能够善用信息化时代的工具和资源，突破以往学校教育的时空局限与个体差异局限，创新我们的学习方式、生活方式，提升学生的生存能力、发展能力。我们将以“成为国际大循环的生存者、成功者”为目标，成就学生、家长、教师与学校共同的“成才梦”。

四、我们的行动纲领

在办学实践中，我们要以处理好三个方面八种关系为工作原则，保证学校始终运行在教育规律和办学规律的正确轨道上。

1. 三个方面八种关系

（1）个人与社会。

国家意志与个体意愿的关系；

服务社会与成就自我的关系。

（2）学生与教师。

面向全体与关注差异的关系；

教师发展与学生发展的关系。

（3）知识技能与核心素养。

培养科学精神与涵育人文素养的关系；

知识技能与道德品格的关系；

体质健康与心理健康的关系；

夯实基础与发展特长的关系。

2. 五个领域的改革

我们计划通过五个领域的改革，来体现我们的办学理念，实现我们的办学愿景。

（1）构建校本课程体系。

我们要在国家提出的课程结构（国家规定性课程、地方规定性课程和校本课程）基础上，加强校本课程建设。

我们将因应学生的不同需求，构建一个由必修课程、选修课程、国内高考课程、国外大学预科课程构成的校本课程体系，提供丰富、多样的课程内容，拓展课程学习的选择空间，努力让处于不同发展层次、具有不同个性才能和发展需要的学生，都能选择到适合自己的课程教育，返归“由人选择教育而不是由教育选择人”的本质要求。

（2）改革教学组织形式。

我们将以探索建立选课制、走班制、学分制为着力点，通过教学组织形式的改革带动教学方式变革。

实行选课制，既是学生对课程的选择，也是学生对教师的选择。选课，能够满足学生根据自己的发展需要选择适合自己的课程教育；选师，则是一种实现教学相长的现实方式，它以学生的选择为动力，推动我们的教师在自觉追求专业提升中实现可持续发展和可持续胜任。

实行走班制，将打破现行类似大工业生产方式的班级授课形式，为实现选课制提供一种组织形式支持。

实行学分制，从评价制度的根本上保证学生可以真正选择适合自己的教育，使我们古老的因材施教梦想在因才选学的现实方式中得以实现。

选课制、走班制、学分制相辅相成，不但从组织形式和评价方式上为实现“由人选择教育”提供了现实保证，并且拉动了学生的学习方式、学校的教学资源配置等众多领域的变革。

（3）创新学生管理模式。

学校教学组织形式的变革，需要有新的学生管理模式与之相配套。我们将循着以下思路改变现行以班级为基层组织单位的学生管理模式：

建立导师制，把管理的重心从“行政管理”转向“专业指导”；

建立学长制，把管理的主体从“教师管理”转向“学生自治”；

建立以学生兴趣、爱好为核心的社团管理模式，在个性特长范畴建立学生的自我管理组织；

建立以宿舍、寝室为组织单位的社区管理模式，在课余生活领域建立以社区互动为参照的学生管理方式。

我们还将在其他方面探索新的学生管理方式。

这些新的学生管理模式，改变了以往以年龄为划分标准、以班级为基层组织单位、以班主任为主要管理队伍的管理局面，在校园生活各个领域建立起一种多元参与、混龄共管、强调自治的学生管理格局。

（4）建设多元评价体系。

我们的评价体系，将突破以往学校评价的弊端和局限，充分彰显评价活动在学校教育中的价值和意义。

在评价功能方面，我们不但要重视以往评价活动的区分与选择功能，更要重视评价活动的激励与教育功能。

在评价内容方面，我们不但要重视评价学生的学业发展，更要重视评价学生的身心发展、品行发展、个性才能发展以及社会适应性的培养与发育。

在评价主体方面，我们不但要重视学校、教师的作用，更要重视学生的主体作用和家长、社会的参与作用，促进学生在自我评价中实现自我教育、自我规范、自主发展，促进家长、社会在参与评价中构建学校、家庭、社会三方合力的共建局面。

在评价方法方面，我们不但要重视终极性评价，更要重视过程性评价，发挥评价活动的诊断功能和反馈调节功能。

毋庸讳言，以往我国高考制度“一考定终身”的现实，确实助长了中小学评价活动的片面性和功利性，导致评价结果缺乏信度与效度。要改变这种局面，绝非可以一蹴而就，但我们愿意精心研究、大胆创新，建立我们学校的多元评价体系。

（5）改革学校管理体制。

学校原有的管理体制，已经满足不了学校在改革教学组织形式、创新学生管理模式中的现实要求。如何建立起学校新的管理体制，我们将从以下几个方面进行探索：

职能部门设置，如何根据选课制、走班制、学分制和多元参与、混龄共管、强调自治的学生管理格局等现实要求进行调整？

在管理重心下移、实现扁平化管理的过程中，各管理区域的独立管理功能与学校的统一管理要求如何避免各自为政、实现功能耦合？

改变了以往以班主任队伍为主要管理力量的管理格局之后，需不需要，又或者应该如何重建一支教师管理队伍？

改变了以往以班级为基层管理组织的管理格局之后，学生活动的场地资源是否需要重新分配？又或者该如何配置？

除此以外，还有更多的现实问题有待我们去研究解决。

五、结语

学校教育改革是一项艰巨的系统工程。任何一个区域都会“牵一发而动全身”。广州中学等不及完成全面的顶层设计，我们只能在“踩着石头过河”的现实情境中探索前行。

我们知道，在学校创办的过程中必将遇到种种困难，但是，我们将义无反顾，勇敢地、一步一个脚印地踏踏实实向前发展。因为，在我们高擎的校旗上，满载广州人民厚望的四个大字——“广州中学”在鞭策着我们！

我们愿意，用我们的努力，让学校傲立潮头，成为代表广州教育竞争力的一杆标尺；用我们的努力，让每一个学生都收获成功，令同龄人羡慕；用我们的努力，让每一个教师都富有成就，令同行们信服。

我们坚信，在广州人民的信任、支持下，在各级政府的关心、指导下，在全校师生的努力、拼搏下，广州中学将会交上一份令人民和政府、家长与学生都满意的答卷。

“雄关漫道真如铁，而今迈步从头越。”广州中学将从此踏上征程，奋然前行，“踏遍青山人未老”“风卷红旗过大关”。

校长是学校的旗手，更要成为学校的灵魂

贰

校长对于学校而言，重要性和影响力不言自明。人们常说“一位好校长成就一所好学校”，此话不假。校长处于集众多角色于一身的岗位。从法律角度来讲，校长是学校法人，是学校的行政负责人；用形象的语言来表达，校长是代表学校形象的旗手，是把握方向的舵手，是决定走向的引路人，是形成办学品质和风格的灵魂人物。

可以说，旗手代表着学校的外在形象，要有鲜明的教育主张和极具号召力的个人风格。而灵魂人物则需要深厚的理论修养和学术素养，有教育理想、办学理念、管理能力和人格魅力，方能凝聚人才与人心。优秀校长办学育人，靠的不是手中的权力，而是其学术权威与人格魅力。优秀校长以其学术权威与人格魅力感召师生、激荡灵魂，成为师生的精神领袖。

校长应成为师生的精神领袖①

在有些校长身上，多了一些官气、商气，少了文化人应有的书卷气、书生气，少了作为学术专家应有的专业精神和专业坚持。校长应成为学校的精神领袖，就是要发挥“主心骨”“灵魂人物”的作用，以精神鼓舞人，成为核心价值的引领者。

在许多影视作品中，我们常常可以听到或是看到一些话，叫作“山人自有妙计”。所谓“山人”，指的是那些怀才不遇或是不愿意与统治者为伍、与庸人同流合污的勇士。这些“山人”中有一些品学兼优的人，做到令世人仰慕，于是就有人投奔到他们门下，他们收徒讲学，被后人称为“山长”。后来到了清末，科举被废除之后，书院就改为学校，“山长”就改称为“校长”。

现在看来，虽然山长和校长都是学校的最高管理者，但是他们有着明显差异。古代的山长首先是饱学之士，他们执掌教习，先是教书、讲学，后来才有了部分管理职能；而现在的学校，校长被赋予更多的职责，他们更忙于管理上的事务，而对教学、学术研究有所忽视。

但就学生教育、学校发展而言，校长作为一校之长，专业权威和

① 本文根据吴颖民2017年9月9日在京师校长会上的发言整理。

个人影响力要远远大于行政权威才行。在学术上，如果校长承担起更清晰的学术权威角色，他们就会在学术上不懈努力，强化求真、求善、求美的价值追求，并能以自身学术修养赢得学生的尊重、信仰和信任，涵养学生心灵，促进他们健康发展。如果过于强调行政长官的角色，就会助长学校管理对行政权威的依赖，也可能助长行政管理的粗暴性，会破坏这种“随风潜入夜，润物细无声”的温润性、愉悦性。

由于历史和现实原因，校长的职能和角色出现了一些异化。在有些校长身上，多了一些官气、商气，少了文化人应有的书卷气、书生气，少了作为学术专家应有的专业精神和专业坚持。所以，我们需要引领更多的校长通过反思求真、向善，担当起传道、授业、解惑的重任，在精神层面引领师生发展，成为学校的精神领袖。

在学校，校长处于权力的中心，可凭借自己的影响力调动各种资源。但校长的作用要通过多方面、多维度来表现，比如校长的职责是规划学校发展、营造育人文化、领导课程教学、引领教师成长、优化内部管理、营造内外部环境等。在众多的学校事务中，最核心的应该是建设育人文化，因为学校育人的本质就是文化育人。

如果要描述校长的职责，我认为最重要的有两点：一是建设育人文化，二是实施文化育人。在学校的各项工作中，学生管理要有学生文化，教师管理要有教师文化，班级管理要有班级文化，学科管理要有学科文化，教学要有教学文化，课程要有课程文化，但是这些都需要从精神文化的价值取向中引发出来。校长要成为学校的精神领袖，就是要发挥“主心骨”“灵魂人物”的作用，以精神鼓舞人，成为核心价值的引领者。校长应以自己的精神力量去影响师生，影响学校的精神文化建设。

校长如何成为学校的精神领袖？我想重在三个层面：一是凝练，

二是表达，三是践行。

首先，校长要善于凝练自己的思想。不少校长从优秀教师岗位被选拔出来，但从优秀的教师到校长的岗位要面临许多挑战，要从一个学科专家变成学校办学育人的设计师、领路人、精神导师，这就需要校长不断地学习、提炼，包括从教学、管理各方面凝练自己的教学思想，形成自己的教育主张和教学体系。其次，校长要善于表达。要经常讲、反复讲，并且在表达过程中不断完善、提升自己的教育主张，形成自己的思想体系。最后，校长要注重践行，把说的跟做的统一起来，做到言行一致。

因此，校长要清楚自己在学校中的角色，不断凝练、表达、践行自己的教学思想。但每位校长都不可能在一所学校永远做下去，可能调任到其他学校，也有可能退休。一定要想清楚，当他们离开之后，能给学校留下什么？比如，孔子为后世留下了大量的宝贵精神财富，《论语》中的经典语句至今仍影响深远；宋朝的大学者朱熹长期在白鹿洞书院做山长，留下了《白鹿洞书院学规》，这是世界思想史上非常经典的一部作品，至今还影响着我们的教育；明朝的东林书院和山长们留下了“风声雨声读书声，声声入耳；家事国事天下事，事事关心”的经典语录；陶行知抱着教育救国之志办了育才学校，留下“千教万教，教人求真；千学万学，学做真人”的经典话语；苏联教育家苏霍姆林斯基以他所在的帕夫雷什中学为研究素材，留下《给教师的一百条建议》《把整个心灵献给孩子》等著作。

校长要以他们为借鉴，今后更加重视作为精神领袖的角色，作为学术权威的角色，不断凝练教育思想、形成教育主张，为校园文化建设、师生共同成长、学校长远发展留下宝贵的精神财富。

让旗手亮出自己的旗帜
——写在《山长说——岭南教育名家讲演录》出版之际

获悉《山长说——岭南教育名家讲演录》即将出版，我甚感欣慰！这本书汇集了广东乃至全国教育界（主要是基础教育界）几十位专家、学者、校长近三年来的精彩讲演，这是广东教育人与出版人献给新冠肺炎疫情时期坚守教育岗位一线的校长、教师们的一份礼物。感谢广东教育出版社的鼎力相助和精心编辑，感谢各位作者的无私分享和倾力奉献！

作为一名曾在华南师范大学附中担任过十七年校长的教育工作者，我强烈地体会到校长对于学校的意义。尽管现阶段，我国中小学校长的办学自主权十分有限，但是校长对学校发展仍然具有决定性的作用。人们常说，一位好校长成就一所好学校。而好校长的核心品格和能力，我认为首要的就是教育领导力，尤其是领导力中的教育理想、信念和价值取向。校长对学校的领导首先是教育思想的领导，其次才是组织层级的领导。校长有没有教育理想和教育信念？校长对好教育是怎么理解的？校长心目中的好学校是什么模样？校长的教师观、学生观、质量观是什么？校长会以什么样的行动去追求自己的办学目标和教育理想？……所有这些都是优秀校长必须明确回答的重大问题。

另外，作为华南师范大学曾经分管中小学校长、教师培训工作多年的副校长，站在一个更高的平台上，我更加关注校长素质的提升和专业的成长。我更深刻地体会到，校长虽然“位高权重”，却高处不胜寒！他们也需要“温暖”，需要被关心，需要有团体，需要有“家”和平台，并通过这个“家”和平台在社会舆论中发出权威的声音。于是“山长讲坛”应运而生，响应者如云。

还记得2013年，华南师范大学、华南师范大学附属中学、广东实验中学、广东广雅中学、广州市朝天路小学等学校联合发起创立广东省中小学校长联合会，期冀通过建立广东省中小学校长的行业组织，更好地发挥这一专业性的社会团体的智库功能、平台功能，更好地促进中小学校长的发展和中小学学校的发展。为了落实办会初衷，推动校长办学思想、教育主张的提炼和传播，我们创办了“山长讲坛”。讲坛以“启迪教育智慧、分享教育之道”为宗旨，致力于打造中国教育智慧分享的传播平台。“山长”来源于中国古代对历代讲学者的称谓，“山长讲坛”是以“山长”开论坛的形式传承中国古代的书院精神：崇圣尚礼，人格养成；践履践行，经世致用；崇尚学术，兼容并蓄。我们采用有历史感的校长称谓——“山长”做讲坛名，希望能表达继承优良传统文化的意愿，同时也给公众一种新鲜感。

讲坛效仿TED（Technology，Entertainment，Design，即技术、娱乐和设计）演讲模式，每人讲演限时18分钟，要求校长讲短话、讲实话、讲真话，“倒逼”校长提炼思想、精准表达。“山长讲坛”每次安排5～6位嘉宾，除教育界人士外，通常还有跨界专业人士。讲演全程录像，网络直播，一时间成为基础教育领域的热门话题，有着广泛的社会影响。几年来，广东省内的知名校长纷纷走上这个讲坛，阐述自己的办学主张，分享独有的教育智慧，北京、上海等地的专家、学者和校长也应邀来到广东参与分享，“山长讲坛”成为广东教育界校长们的一大盛事。据不完全统计，“山长讲坛”的视频点击率达数百万次之多。此次结集出版的，便是近三年来在“山长讲坛”亮相的众多名家的思想精华荟萃。

教育是一个宏大的话题，更是一个浩大的系统工程，其历程之漫长，工艺之复杂，变量之繁多，涉及面之宽广，无以比拟。正因为教育的复杂性、迟效性，教育界人士一般不敢以“教育家”自称。我以为，教育界人士也不必过谦，只要在教育的一个领域的一个局部，或一个分支，比如基础教育、学前教育、职业教育、高等教育，甚至更小的领域，如基础教育的学科教学中，有自己独特的、成体系的教育主张，或有长期的教育教学（办学）实践且卓有成效，或在一定区域（专业）内有相当的知名度、美誉度和影响力，他们就是教育家。唯愿他们既成就事业，又成名成家。这也是我们搭建“山长讲坛”传播平台的初心。

令人欣喜的是，“山长讲坛”举办以来，有个性追求的校长和有办学特色的学校越来越多，也有不少校长进入了“正高级教师”的专家行列。在这个过程中不少校长提炼了自己的办学思想，传播了自己的教育主张，亮出了自己的旗帜，擦亮了学校的文化品牌。

一枝独秀不是春，万紫千红才是春。我衷心希望在祖国大地深化改革、扩大开放的春风沐浴下，广东有更多的教育家型校长茁壮成长！

以完整的现代教育塑造高素质的现代人[①]

我们以“CI”（Corporate Identity，即组织识别）发展战略创建优质品牌的策略为参照系，提出了“以完整的现代教育塑造高素质的现代人”的口号，作为我校创建优质教育品牌的办学理念，树立起鲜明的思想识别特征。

所谓“完整”，是指学校教育要体现其完整性。我们要求在三个层面上反映出教育的完整性：一是在选择办学模式的层面上，我们摒弃“应试教育”的模式，实施一种完整、全面的素质教育。二是在创设教育教学情景的层面上，我们在德、智、体、美、劳诸方面建立起一个由常规课程、活动课程和隐性课程综合构成的完整课程体系，为学生的全面发展创设一种良好的校园环境。三是在促进学生道德品质发展的层面上，我们使学生在理论素养、践行能力、心理素质和行为特征等方面获得整体发展，建立一个能综合体现政治性、民族性、时代性和人类共同性的德育内容体系，建立一个包括理论指导、活动熏陶和实践体验三位一体的德育活动体系。

① 原文刊载于《教育导刊》2004年第1期。

所谓“现代”，是指学校教育要体现其时代性。我们要求在三个基本方面反映出当今学校教育的现代性特征。第一是思想观念方面，我们无论是在教育思想、教学思想上，还是在管理思想上，也无论是在人才观、质量观上，还是在学生观上，都要自觉转变思想，更新观念，体现出时代和社会发展进步的要求。第二是教育价值趋向方面，我们要求全体教师必须正视教育自身的客观局限性，即滞后性特征，自觉地以一种科学的、实事求是的态度，在课程体系建设、课程设置、教材增删等方面，针对其中落后的内容开展研究，进行改革，增强科学意识，提高科学自觉性。第三是方法技术方面，我们要求全体教职员工自觉掌握现代技术，广泛使用现代教育仪器设备，提高劳动方式的现代科技含量。

所谓“高素质”，是指设定学校在培养目标、人才规格上的标准和要求。在学生的教育培养方面，我们追求的理想是：“华附人”应该在政治上的先进性、思想上的活跃性、道德上的高尚性和学业上的优秀性等方面全面和谐地发展。在我校培养出来的毕业生中，不但要有学业上的佼佼者，也要有道德上的楷模，政治上的先进分子，有青年马克思主义者。在教师队伍建设方面，我们追求的理想是：我们的教师，应该具有敬业精神、改革意识、科学态度等构成的综合素质。高素质的教师与高素质的学生互动发展，形成一种“双向育人”的良性循环效应，为学校的高起点、可持续发展提供坚实丰厚的基础。

围绕“完整”“现代”“高素质”这些基本要素建构起来的思想观念系统，就构成了学校形象系统中的意识形态识别特征。

永远的楷模[1]

——忆人民教育家王屏山同志

屏山同志离开我们已经有好几个月了，可我总觉得他还健在。他的音容笑貌，时常萦绕在我的脑海里；他的谆谆教诲，时常在我的耳边响起；他的教育思想和人格魅力，时常鼓舞着我去面对困难，勇敢前行。

我是1978年10月从陆丰县调到华南师大附中工作的，据说是屏山同志重回华南师大附中主持工作后调入的第一批教师。随后的几年，有幸在屏山同志的领导下从事高中化学教学和学校德育管理工作。1983年，他到省里工作后，仍密切关注附中的发展，我也有机会经常能见到屏山同志，聆听他的教诲，感受他的教育理念，与他一起探讨基础教育改革发展中的困惑与难题。尽管没有举行过拜师仪式，但我可以说，他是我的师傅，我是他的徒弟，尽管我这个徒弟不太合格。师傅的耳提面命和榜样示范，使我终身受用不尽。

屏山同志一贯认为，学生是教育的对象，又是教育的主体，是学校的主人；学校教育要相信学生，依靠学生。1979年，我担任学校的

① 原文刊载于《师道》2007年第3期。

团委书记，适逢我党召开了十一届三中全会，启动了改革开放。屏山同志指示我，要迅速把学生会组织恢复起来，让学生自己教育自己，自己管理自己。在他的指导下，附中召开了隆重的学生代表大会。屏山同志亲自做报告，讲改革开放的意义，讲学校教育改革的设想，讲学生怎样生动、活泼、主动地学习，讲学生怎样做学校的主人。他的报告，像给学校注入了兴奋剂。学生会组建起来之后，在学校生活中的影响越来越大。学生社团、学科兴趣小组等如雨后春笋般涌现。附中学生活跃的课余生活和学生参与学校管理的成效，受到团省委乃至团中央的表彰和嘉奖。

附中是“文革”结束后在全省率先恢复学生会组织和学生社团活动的学校。当回顾这段历史，同时联想到屏山同志在“文革”期间所遭受的冲击时，无人不为屏山同志的胸怀所折服。在“文革”中，学生被别有用心的政治野心家利用了，屏山同志也直接受到了一些被鼓动起来造反的学生的伤害。然而，这些经历并没有影响屏山同志的教育信念——尊重学生，信任学生，依靠学生，让学生成为校园生活的主人。正是基于这样一种坚定的信念，尽管“文革”的阴影尚在，身心伤痛还未完全平息，可屏山同志一回到附中主持工作，就再次践行自己的教育信念——把学生发动起来，让他们成为校园生活的主人。这是何等坚定的信念，何等宽阔的胸怀！

全国恢复重点学校之后，如何设定附中的培养目标？屏山同志再次明确地提出了自己的一贯思想和主张：重点中学、名牌学校不仅仅是培养学习尖子，更要培养国家栋梁、社会精英、领袖人才。不论是在20世纪五六十年代他主持附中工作期间，还是在20世纪七八十年代他重回附中主持工作期间，他都十分重视学校的理想教育。他希望附中的毕业生中能够产生中央委员，有更多的中科院院士。大概是在1980年的上半年，屏山同志找我谈话，要求我在高中的团员中开展党课教育，争取在高中生中发展一批共产党员，树立先进典型。我迅速组织开展对学生政治思想信念方面的调研，组织学生团干部座谈，了解学生干部的想法。很快，附中高二、高三年级都成立了党课学习小组。从设计专题讲座，安排《党章》学习，到组织参观访问，研讨疑惑难题，除了学校团委的教师直接参与之外，我们还组织起附中的老、中、青党员教师积极参与，创造了不少行之有效的做法和经验。1983年，附中在学生中重新恢复发展学生党员，这也是“文革”后广州市在中学生中发展的第一批党员。那时候，全国全党正在拨乱反正，正本清源，群众思想比较混乱。在这种特定的社会条件下，附中在中学生中发展了第一批党员，引起了很大的社会反响，报纸、广播、电视台等传播媒介都进行了热情的报道宣传。附中显示出一种敢为人先的气概。

这些年来，在屏山同志的关怀和指导下，附中一直重视高中学生的理想信念教育，着力培养有理想、有抱负、有才华、有领袖才能的一代新人。高中学生中的党课教育坚持不懈，几乎每年都有高中学生入党。这已经成为附中德育的一道亮丽风景线，一个德育品牌。

在中学教育中，是否应该鼓励学生发展个性特长？能否组织学生参与科学研究和创造发明活动？在过去一段不短的时间里，基础教育界一直在争论着这些问题。但在附中，没有争论，因为我们有着深刻的体会和成功的实践。“文革”后，全社会都在反思过去，寻找新的发展路径。历经十年的折腾，教育界不少人主张回到“文革”前，恢复“十七年”，关起门来打基础，不要再搞新花样。而屏山同志不这么看，他认为，“文革”前的那一套有它的合理成分，比如重基础知识，重技能训练，重知识体系，重循序渐进，但也有缺陷，比如学生负担重，“满堂灌”多，学生缺少主动性，缺乏鼓励学生研究问题、发表创见的机制，因材施教的措施不足，等等。他认为，中学生完全可以，也完全应该参与科学研究，参与小发明、小创造、小论文、小研究等活动，这样才能培养出创造型人才。

20世纪80年代初，在屏山同志的直接主持和领导下，附中学生的学术社团和兴趣小组活动如火如荼，数学小论文活动尤为突出。伍振辉、何星等同学的数学论文获得国家级奖励，陈文博同学的建筑设计也获全国大奖。从那时起，附中学生参与课题研究逐渐蔚然成风，不但频频在国内、国际的大赛中获奖，甚至与一些国际机构建立起密切的合作研究关系。当附中学生的研究性学习活动一路走来经过了十几年之后，时至20世纪90年代末期，我们终于看到，教育部正式颁发文件，要求全国高中学生参与课题研究，开展研究性学习。在办学实践中，屏山同志一直在思考：怎样更好地实施因材施教？怎样让每一个学生得到更好的、更符合个人实际需要和接受能力的教育？“文革”后，教育界在拨乱返正期间，观点很多，主张不少。有些人主张不管成绩高低，学生要均衡分班；有些人主张要区别对待，按成绩分班，可以将“箩底橙”集中在一起。屏山同志在冷静地思考，在目前实行班级授课制的条件下，如果学生之间的学业发展水平差异过大，势必会造成课堂教学满足“兼顾需求”的困难；教学要求面向多数人的学业水平，始终会造成有部分学生“吃不饱”，而又有部分学生“吃不消”。怎样在发挥班级授课制高效率这一优势的基础上，更好地在课堂教学中实现因材施教呢？

1983年，屏山同志赴美国考察回来，就向附中领导班子提出，试行在某些学科的课堂教学中按程度分层次教学——保留行政班的组织形式，分班时均衡分班；在学生学业分化比较严重的数学、物理、英语等三个学科中试行按程度分层次教学，根据不同学业发展水平分为A、B、C三个层次的教学班，教师针对学生的实际发展水平因材施教，学生按自己的学业发展水平选择不同层次的教学班“走班上课”。每个学期结束后，学生可以根据自己的学习状况，提出调整教学班的申请。尽管这种行政班与教学班并存、实施因材施教的教学组织形式在教学安排、教务管理、师资调配等方面都增加了工作的难度，但很受学生欢迎，教学效果突出，成为附中教学改革的一个新亮点，引起了社会的关注，全国各地的重点学校纷纷来参观、学习，借鉴我校的做法和经验。时至今日，我们看到，在全国推行高中新课程改革的过程中，行政班与教学班并存已经成为实施新课程改革的有效措施和普遍做法。

屏山同志从副省长的岗位上退下来之后，更加关注教育，倾情教育。他创办了广东省教育促进会，为广东教育发展尤其是落后地区的教育发展摇旗呐喊，殚精竭虑。在屏山同志倡导下，广东省教育促进会组织退休教师，到山区、少数民族地区支教，为改变落后地区缺乏优秀师资的状况走出了一条新路子，也为今天公办教师到农村地区任教进行了早期的探索。

在屏山同志的倡导下，广东省教育促进会联合部分传媒，创立了“中小学教育创新成果奖”，评奖的最重要条件是创新并产生了成果。这一奖项，旨在鼓励中小学开展形式多样、卓有成效的教学、德育、管理改革，为推动全省中小学因地制宜、因校制宜、因人制宜地开展教育创新发挥了巨大的作用，形成了鲜明的政策导向。在大讲教育创新的今天，我们不能不佩服屏山同志数十年前的远见卓识。

屏山同志还经常提醒和告诫我们，要保持和发扬附中的风格和个性，要有骨气，不要随波逐流；要关心教育的弱势群体，对山区学校、贫困地区学校，尽己所能地为他们做点事情。长期以来，附中始终以实际行动关心和支持山区、欠发达地区的教育，与清远、英德、惠东、封开、新丰、陆河等地区十几所学校保持着姊妹学校般的友好往来。多年来，附中支持这些地区和学校的资金、教学设备和其他教育资源，总计已经超过100万元。我们也为有这么一批“穷朋友”“穷兄弟”而感到自豪。

今天，人类已经迈进21世纪，中国发展也站到了一个新的历史起点上。教育的改革和创新，将决定着中国未来的核心竞争力和综合国力。回顾屏山同志几十年前所提出和倡导的教育理念、观点和做法，对于理解和贯彻中央提出的以人为本的科学发展观，理解和贯彻中央倡导的素质教育及其推行的教育改革举措，是很有启发和帮助的。

回顾王屏山同志在附中办学实践中进行的教育改革，更使我们由衷地敬佩他对教育的真知灼见和远见卓识。屏山同志无愧于“人民教育家”的崇高称号！他是我永远的楷模！

安息吧，屏山同志，我们敬爱的老校长！我们一定会继承您的遗愿，把附中越办越好！

论学校道德领导与校长道德领导力①

从合格到成为骨干再成长为名校长，校长除了应具备学科专业能力等之外，道德领导力更是其成为名校长的魅力所在。校长的道德领导力为塑造卓越学校提供了动机与支持。道德领导的主要理论假设为学习共同体建设，而学习共同体建设的一个非常关键的人物就是共同体的领导。作为学习共同体的一校之长，在学校道德领导策略和校长道德领导力素质方面对塑造卓越学校有着方向性作用。

一、学校道德领导的范畴

学校道德领导是学校管理策略，校长道德领导力是其本身素质。如何实施学校道德领导呢？按照萨乔万尼的观点，我们通常要通过塑

① 本文系教育部重点课题“中小学名校长成长路径及培养策略研究”（项目批准号：09YJA880043）、广东省教育科研“十一五”规划项目“中小学名校长评价指标体系研究”（课题批准号：2010tjk251）以及广州市教育科学规划课题“中小学名校长成长路径与名校长培训的实效性研究”（课题批准号：继教0802）阶段研究成果之一。原文刊载于《中小学德育》2013年第4期，系与华山鹰、童宏保合作撰写。

造愿景、培养信奉者、构建替身等来实现。[①]

（一）塑造愿景

学校实施道德领导，有助于名校经由改善而发展为一种具有新型特质的学校——有德行的学校，这是名校未来发展的新价值取向。这种取向可从有德行学校的若干特征来判断：有德行学校的首要价值取向表现为合乎道德的人文关怀，目标是造就自我学习者和自我管理者；有德行学校倡导尊重；有德行学校鼓励冒险，能接受合理的失败；有德行学校注重人格化的承诺，努力营造家庭式氛围，这种氛围以学生之间及学生与成人之间的信任、亲密、亲善关系为标志，在此氛围中，家长、教师、社区和学校都是伙伴，他们享有互惠、互依的参与权和受益权，负有支持和帮助的义务与责任。[②]愿景特别是内生的共同愿景，有助于人们确立更为高远的目标，发现思考的盲点，激发新的思维与行动方式，孕育出无限的创造力，进而有效地促成学校的变革。“杰出团体的最显著特征即在于它们都具有共同愿景与目的。”[③]

（二）培养信奉者

无论是从有德行学校的目标还是从塑造愿景的角度看，在现今学校中，真正愿意奉献的人只占少数，大多数人仍处在“遵从”的层面。遵从，是以往包括学校在内的组织领导者对其成员普遍的基本要求。校长期望作为下属的教师去做事情，教师已习惯于“告诉我你想让我做什么，我会尽力而为”这样的行为模式。校长通过科层和心理权威，

① 史根林．学校管理道德领导的目标与策略[J]．教育发展研究，2007（7-8B）：21-24.

② 萨乔万尼．校长学：一种反思性实践观[M]．张虹，译．上海：上海教育出版社，2004：29.

③ 圣吉．第五项修炼[M]．郭进隆，译．上海：上海三联书店，1998：241.

直接或间接地监管、监控、评价学校成员的行为。虽然好的下属有时也能使学校变得更好，但事实表明，以科层和心理权威为管理基础的学校领导无法真正鼓舞、提升学校成员以非凡的投入去取得完满的绩效，无法促使他们不断地追求卓越，更不可能在缺乏奖励、监督等支撑的情况下使之充分尽责地实现自我管理。与下属不同，信奉者工作良好，无须严密监督，他们知道需要做什么、何时做以及如何做，他们会做出必要的决策。换言之，自我管理能力是区分信奉者和下属的首要特征。所以，如果学校领导者希望教师有持续而尽责的表现，那么领导者就必须实施一种有助于教师超越下属的领导实践，即培育信奉者的领导实践。

信奉者所关心的是他们所依附、所坚信的目的、事业，有关学校是什么、能够变成什么样的愿景，有关教与学的信仰、价值观和标准。也只有当领导实践建基于对理念的依从时，信奉才可能出现。唯有信奉者和领导者共同依附、依从学校的共同理念、价值观和承诺，信奉方能真正成为学校道德领导的基础。

（三）构建替身

正如信奉者的“信奉”不是指向领导者而是归于共同的理念、价值观和承诺，构建替身的目的也不是让领导者置身领导之外，而是在于善于把被领导者的注意力从领导者本身转向共同体规范、专业理想和团队精神等。

学校共同体规范的中心内容主要是阐明特定道德含义的共同体成员的责任、任务和义务，了解“我们做什么、怎么做以及为什么做”，具体表现为以什么样的共享价值观、目的、承诺来维系共同体。家长、学生、教师、管理者之间应是怎样的关系，如何共同工作来体现这些价值观，共同体成员应有怎样的义务，并如何履行这些义务，等等。

从领导替身的角度审视教师专业理想，既可以使学校更接近于专业组织，又意味着在发展有德行学校这一背景下教师“知行合一”的迫切性，即教师在致力于提高教学能力的同时，必须善养自身的教育德行，不是片面于技术性知识的获取，而以高尚的师德履行对关怀伦理的承诺，为满足作为一个“人”的学生的全面发展，做一切可能的事情。

教师的团队精神是改善教师实践、提高工作成效的一个重要因素。从目前学校实际看，虽然绝大部分学校领导者已意识到团队精神对学校发展的重要性，但能够成功缔造团队精神的学校并不多。究其原因，主要在于学校未能在领导价值观、领导方式、规范结构等方面实现相应的变革。如果学校仅仅着手于组织结构的改变而未对规范结构进行调整，那么至多是给团队精神叠加了一种形式，即人为制造出来的团队精神形式。其特征犹如哈格里夫斯所描述的，是一种正式、具体的科层程序，以增加对教师作计划和评议的关注。这可以见诸同伴教练、师傅带教、联合计划、正式排定的会议以及明确的工作描述、评议人员的培训计划之类的新措施。这类新措施是行政的设计物，目的在于使团队精神进入那些以前几乎没有团队精神的学校中。这种由规范结构所引起的结构性障碍，是阻碍学校团队精神形成的重要原因。为此，在构建团队精神的过程中，学校必须适时改善学校的规范结构、及时转变领导方式、善于构建和谐的人际关系，从而与专业理想的承诺相结合。

总之，校长只有通过塑造愿景、培养信奉者、构建替身等才能真正实现学校的道德领导。

二、校长道德领导力是学校道德领导的基础

校长道德领导力是学校道德领导的构成部分，追求卓越学校建设既要实施学校道德领导，又要求校长具备卓越的道德领导力。校长的道德领导力体现在职业道德认知、道德情感、道德意志和道德行为上，它的实施需要校长卓越的道德领导力推动。作为一校之长，道德领导力不仅体现在校长素质之中，更体现在学校组织本身的核心价值观，专业群体的专业理想、专业探索给人带来的工作充溢感，基于专业美德的团队精神等方面。学校是一个学习共同体，这是道德领导的基本假设。真正具有道德领导力的是共同体的理念、价值观、作为共同体成员的承诺、专业理想与美德、责任与义务、组织文化氛围。在道德领导力的作用下，学校里的每一个人都成为领导者，实现着自我领导。

中外校长专业标准对校长的道德领导都有规定。2000年，美国四十多个州教育厅参加的全美跨州学校行政领导执照颁发联合会针对未来教育发展的需要，为中小学校长提出了6条标准，其中“标准5”提到：“学校管理者是一位促进全体学生成功的教育领导者，其职责是：行为诚实，公正，有道德”[①]。我们国家对校长的任职资格也有规定，1991年国家教育委员会颁布的《全国中小学校长任职条件和岗位要求（试行）》在《校长任职的基本条件》中规定，“校长要拥护中国共产党的领导，热爱社会主义祖国，努力学习马克思主义。热爱社会主义的教育事业，认真贯彻执行党和国家的教育方针、政策、法规。关心爱护学生，刻苦钻研教育、教学业务。热爱本职工作。有一定的组织管理能力。团结同志，联系群众。严于律己，顾全大局。言行堪为师

① 萨乔万尼．道德领导：抵及学校改善的核心[M].冯大鸣，译．上海：上海教育出版社，2002：128-134.

生的表率”。《义务教育学校校长专业标准》第11~12项要求：把德育工作摆在素质教育的首要位置，全面加强学校德育体系建设。将学校文化建设作为学校德育工作的重要方面，重视学校文化潜移默化的教育功能，把文化育人作为办学治校的重要内容与途径。第42项要求：崇尚以德立校，处事公正，严格律己，廉洁奉献。

三、实施道德领导策略

校长要强化角色的道德领导意识，加强道德领导力修炼。作为校长，既要落实上级部门部署的工作，更要发挥办学主体的作用，主导学校办出个性特色，形成自己的办学理念。这就要求，校长首先是个“思想家”；要构建自己的办学模式，形成自己的办学风格，成为一个“设计师”；要把自己的办学理念、办学构想转换为具有操作意义的实体，成为一个“工程师”；要解决转换过程中遇到的问题，保证运作过程如实体现办学理念、设计思想，当好“施工员”。校长要做好“思想家”“设计师”“工程师”“施工员”，从而在学校的决策、引领、管理、监督等方面起到全方位的作用，要追求理想、不随波逐流、不媚俗，加强道德领导力修炼，实施学校道德领导。

第一，要公平公正。公平处事、公道待人是校长处理人和事的基本原则，也是校长实施道德领导必备的基本素质。教师之间的事务、部门之间的关系协调、同事之间的协作，都要一视同仁、不偏不倚。要坚持原则，长期保持同事之间、部门之间以及领导之间和谐的工作关系。凡事要出于公心，不存私念，公正为本，民主为要，公平处事，公道待人，不搞因私废公、以人画线的派别、小集团、圈内人小群体。对先进教师要激励，对后进教师要帮扶，要充分发挥每一位员工的积极性和创造性，使其各司其职、团结协作，从而形成纵向有压力、横向有拉力，你追我赶、奋发向上的和谐工作氛围，为创建精干、高效、创新、发展的和谐校园充分发挥每个人的能量。

第二，要宽容亲近。校长应有宽广的胸怀、谦厚仁爱。在生活中能虚怀豁达，有“宰相腹中能撑船”的气度，遇事冷静，以大局为重。不因私利而情绪满腹以至贻误公事，不为小事而耿耿于怀以致寻衅报复。要多琢磨事、少琢磨人。谈笑有师生，往来无私情。在工作中，要善于听取师生的意见或建议，经常开展批评与自我批评，先听取百家之言，再熔百家之长于一炉；处处以学校利益为重，时时以师生工作为主，将学校荣誉铭记于心；以广博的知识、精深的业务、高尚的人格力量感染师生，与各类别、各层次的师生深入交流，主动接受师生监督，并有承认过失的勇气；宽容平和、厚德载物、雅量容人，要用宽广的胸怀去迎接八面来风，去拥抱缤纷多彩的校园生活。

第三，要率先垂范。校长相对于学生而言，是一位教师；相对于教职工而言，是一位领导，是学校工作的领路人、引导者。校长是学校的灵魂，既是教师的榜样，也是学生的榜样。校长要率先垂范、以身作则，要求教师和学生做到的事情，校长首先应该做到。校长的威信很重要，校长在师生中没有威信，就没有向心力，没有感召力。但校长的威信不在于其权力大小，而在于其是否做到以身作则，率先垂范。孔子说“其身正，不令而行；其身不正，虽令不从”，讲的就是这个道理。因此，作为校长，一定要严格自律，率先垂范。要求别人做到的，自己首先做好；要求别人不能做的，自己坚决不做。如要求教师敬业，校长首先要做到勤政；要求教师廉洁从教，校长首先要做到廉洁从政；要求教师加强学习，校长首先要带头学习；要求教师尊重校长，校长首先要尊重教师。管校先管人，管人先管心。赢得了人心，就能减少工作中的很多矛盾，班子内部和教师才会效而仿之，工作才能出色地开展。因此，成功的校长要先做人，后为官，以身作则，做廉洁的表率，给人以圣洁感、美好感。

第四，要推功揽过。虽然校长是学校的灵魂，但是学校的发展是大家共同努力的成果，不能归结为校长一人的功劳。校长的荣誉是学校的成功，而不是个人的名利得失。校长要追求学校的荣誉，舍弃自我虚荣。学校的共同愿景、学生的全面发展和教师的幸福才是校长孜孜以求的目标。学校的荣誉高于一切，让荣誉首先归于教师，教师有了荣誉就有了工作的动力，有了工作的动力就会提高教学成绩，教出特色，形成品牌。学校有特色、出水平、成品牌，在社会上就有了声誉。因此，要追求学校荣誉，不图自我虚荣，校长必须谅解失败者之心，注意胜利者之路，待人宽严得宜；要有平和的心态，协调的艺术，对待功利的平常心；要学会授权给下属，放手让教师大胆工作，勇于承担责任，以增强其职业责任感、对学校的归属感以及对职业的自豪感。当教师工作出现失误时，校长不埋怨、不推脱，反而鼓励教师尽快摆脱失败的阴影，积蓄力量，向困难发起新一轮的挑战。

总之，校长的工作没有最好，只有更好。校长要更好地实现学校道德领导，就要珍惜每一次经历，不断思考、总结、提升，加强道德领导力修炼，提高自身的领导力，引领学校实现可持续发展。

求实笃行　守正创新

——做扎根岭南大地的时代大先生

教师是教育改革发展的第一资源，教师强则教育强。近年来，党和国家对教师队伍建设的重视达到前所未有的历史高度，党的二十大更是把加快建设教育强国、科技强国、人才强国，作为全面建设社会主义现代化国家的基础性、战略性支撑。作为改革开放前沿的教育大省，广东始终积极响应国家的教育发展战略，把教师队伍建设、教育人才建设摆在极其重要的位置，以培养一批教育家型教师、卓越教师和骨干教师为目标引领，2010年至今已先后实施三批省中小学“百千万人才工程”，通过提炼教育改革典型经验与创新理念，打造具有鲜明岭南风格与广泛影响力的教育特色品牌，致力于为推进中国式教育现代化事业贡献智慧。

作为人才强教、人才强省的一项重要改革举措，广东省中小学“百千万人才工程”的深入实施，就是要持之以恒地通过教育人才培养机制的创新，探索名优教师成长规律，优化教师专业发展的环境，激发教师竞相成才的活力，真正形成让教育家型教师不断涌现的良好教育生态。

十多年来，广东省中小学“百千万人才工程”通过不断完善培养机制，形成了较为科学的“顶层设计”，建立了省、市、县三级分工负责、相互衔接的中小学教师人才培养体系，坚持“系统设计、高端培养、创新模式、整体推进”的工作理念，遵循“师德为先、竞争择优、分类指导、均衡发展、公平公正”的工作原则，统筹安排好教师职业发展的高标准“五阶段”，即集中脱产研修、岗位实践行动、异地考察交流、示范引领帮扶、课题合作研究，并注重理论研修与行动研修相结合、导师引领与个人研修相结合、脱产学习与岗位研修相结合、国内学习与海外研修相结合、研修提升与辐射示范相结合的“五结合”，从而有效解决了传统教师培训中存在的问题与矛盾，让“百千万人才工程”成为助力教师队伍整体素质提升、助推全省教育现代化的“标杆工程”。

教育现代化首先是“人”的现代化，推进中国式教育现代化建设呼唤数以千计、数以万计教育家型教师的示范与引领。什么是教育家型教师？ 2021年4月，习近平总书记在清华大学考察时强调，“教师要成为大先生，做学生为学、为事、为人的示范，促进学生成长为全面发展的人”。一个教育家型教师一定要胸怀国之大者，关心学生的精神成长、着眼于学生的全面发展和终身发展，立德树人，笃志于学，努力做新时代的大先生。

开辟新学，明德新民，岭南大地是一片有着优良文化传统的教育改革热土，生逢中华民族走向伟大复兴的新时代，今天的教育人更应该赓续初心，勇于担当，借助“百千万人才工程”的制度赋能，立足于充满希望的教育实践原野，如古人所言，努力书写“立德、立功、立言”的精彩教育人生。

第一，要求实笃行，做勤学善研的育人者。

岭南大地向来有着求真务实、勤勉笃行的文化传统，正是凭着这样的实干精神，广东创造了经济社会发展的一项又一项奇迹。浸润在岭南文化精神中，广大校长、教师始终笃守着为师的道义，躬身教育实践，用心用情地教书育人，并不断地思考、凝练和升华，同样创造出富有岭南教育文化特色的改革实践与教育理念。这些实践与理念蕴含着真学习、真研究、真实践的教育价值导向。

深入研究学生是育人之根。所有的校长和教师都应以生为本来推进教育教学实践改革，关注学生的个体差异，包括智力、性格、情感、行为等方面的差异，了解他们的发展特点和需求，以便为他们提供个性化的教育；注重学生的生活体验和情感需求，帮助他们解决心理问题，调整情绪状态，创造良好的学习和生活环境，培养健康的心理素质和人格品质；关心学生的综合素质和发展潜力，引导学生参加各种活动以培养其领导能力、创新能力、团队协作能力等非学科能力，提升其全面素质和可持续发展能力。我们坚信，一位育人之师必须要研究学生，为学生健康而全面成长服务。

深入研究课堂是立身之本。课堂是育人的主阵地，也是师生共同成长的主要空间。校长和教师一定要沉潜在课堂一线，关注师生的课堂生活质量。从学生的学习兴趣和需求出发，引导学生主动参与课堂教学，激发学生的学习热情，使其在学习中得到满足和成长；要不断创新教学方法和策略，灵活运用不同的教学策略和技巧，提升学生的学习能力和思维品质，促进知识的内化与能力的输出；同时还要对课堂教学的内容、形式、效果等方面进行全面的评估和反思，不断提高课堂教学质量和效果。优秀的校长和教师的生命力在课堂中，脱离了课堂教学，任何教育创新都是“无本之木”。

深入研究管理是兴教之源。教育管理，事关一所学校能否“天地人和”，事关是否能够让每个人各展所长、各种资源得到适当调配，让人财物完美契合。这就要求校长、教师要注重教育的发展战略和规划，善于构建教育愿景，以此来制订教育教学计划，为学生提供更优质的教育服务；注重管理机制和制度的建设，从招生到课程安排，从班级管理到教学管理，等等，无不体现规范与科学；此外还要注重自身与队伍的终身发展，不断提升团队建设水平，优化组织文化，在协商共治中走向教育治理，用良好的组织文化引导人、凝聚人、发展人。

第二，要守正创新，做知行合一的自强者。

教育是一项继往开来的事业，既需要继承传统，循道而行，又需要开创未来，大胆创造。每一位优秀的校长或教师都要掌握并遵循教育的基本规律，遵照党和国家关于教育的方针政策、发展方向以及制度规定等，唯有如此才能行稳致远，保障教育高质量发展。面对教育中不断出现的新情况、新问题、新挑战，校长和教师要有改革思维与问题意识，发挥主动性和创造性，在不断破解问题中实现教育的新发展。

一方面，要做好教育传承，弘扬教育文化自信。党的二十大报告提出，坚持马克思主义，必须同中华优秀传统文化相结合。这启示我们，办好教育必须珍视既有的文化传统，植根于本民族、本区域的历史文化沃土。岭南是传统文化蕴藉深厚之地，有着丰富的地域文化可作为教育的资源，也经由一代代教育人的探索形成了许多宝贵的教育经验与理念。这些都是帮助我们办好教育的精神财富，校长和教师一定要通过学习研修、了解岭南教育的传统，做好教育资源的调查研究，用本土化、特色化的教育实践彰显教育文化自信，做有根的教育。

另一方面，要推进教育改革，以新理论指导新实践。教育要培养面向未来的一代新人，因此必须常做常新，满怀热忱地拥抱新生事物，要在不断学习中适应新情况、创造新经验。勇立潮头，敢为人先也是岭南文化的精神财富。广大校长和教师要敢于迎难而上，主动作为，面对教育工作中的问题或困难不抱怨、不懈怠、不推诿，充分激发成长的内驱力；要认识到所谓的问题恰恰是改变的契机，我们的教育智慧、我们的教育事业都是在不断破除困难、解决难题中得以发展；要不惮于说前人没有说过的话，做前人没有做过的事，不断拓展认识的深度和广度，力争创造出更多教育改革的“广东经验”“广东智慧”，这才是教育家型教师应有的胸怀、胆识。

第三，要海纳百川，做担当使命的引领者。

优秀的校长、教师与班主任一定程度上都是先进教育文化的代表，这就意味着我们在“百千万人才工程”这个项目平台上，必然要承担更大的责任，履行更大的使命，有更高远的精神追求。除了在高水平研训活动中完善自我、提升自我，还要胸怀天下、海纳百川，凝练自己的教育教学实践成果，升华对教育教学的思想认知，形成具有示范性、影响力的教育特色品牌，带动更多的学校和教师共同成长，一起不断地提升教育品质，推动教育高质量发展。

凝练教育特色品牌，从经验积累走向理论思考。一位优秀的教育者必然要做到知其然并知其所以然，不断增强对所从事的教育工作的规律认知和价值思考。我们的名校长、名教师和名班主任要立足自己丰富的实践经验，不断学习、不断反思，在专家指引和同行启示下，结合教育学、心理学、社会学等学科理论，将个人的实践经验凝练和表征为富有内涵的概念与符号，确立起具有鲜明个性特点与自我风格的教育教学品牌性成果，从行动自觉走向理论自觉，并用自我建构的理论或工具去指导实践、印证实践、优化实践，从“名师”走向“明师”。

用好教育特色品牌，从个体实践走向群体发展。实践经验范型若表征为符号、概念，就会具有凝聚力、解释力与普适性，这就有助于引领、启发和影响更多的教师结成教育发展的共同体，共同优化教育教学实践。各位名校长、名教师和名班主任要发挥教育特色品牌的示范性，依托工作室平台，不断地吸收新生教师力量，不断地影响更多教育同行。正所谓“独行速，众行远”，以品牌建设为纽带，让每一位名师都发挥“磁场效应”，真正达到造就一位名师，助力一批优秀教师成长的局面。让这些在岭南大地上星罗棋布的名师交相辉映、发光发热，照亮广东教育的美好未来。

升华教育特色品牌，从著书立说走向文化传播。近代以来，无论是岭南文化还是岭南教育始终开一代风气之先，形成了许多影响全国的好经验、好理念和好的发展模式，同时也在教育文化的交流传播中更好促进我们自身的发展。今天的校长和教师是岭南教育文化新的代表，也要有一种开放的胸怀和眼光，在教育全球化、信息化的背景下海纳百川、兼收并蓄，同时也要积极传播自身教育的优秀成果，在更大的教育发展平台上与名师名家、教育同行、社会各界交流对话，发出教育的声音，讲好教育的故事，扩大教育的传播力与影响力，增进对不同教育文化的理解与借鉴。

正因此，看到又有一批“百千万人才工程”的优秀教育成果即将付梓面世，作为这项工作的管理者、参与者和见证者，我由衷感到骄傲和自豪。希望我们广东的优秀校长和教师更加重视教育教学成果的凝练提升，这本身就是一件创造性的工作，也是更好地激发自身教育潜能、唤醒更多教育人生命活力的有效途径。愿这样的优秀教育成果能够发挥更大的品牌效应，引领更多教育人不忘初心，潜心育人，参与到中国式教育现代化的伟大事业中，为中华民族的伟大复兴做出教育人应有的贡献。

如何用教育涵养人文精神

广州是历史文化名城，有丰富的人文积淀，有深厚的人文教育资源，是洋溢着浓浓的人文关怀气息的特别暖心的城市。在这座城市、在这个读懂广州的论坛，谈论涵养人文精神话题，有着特殊的意义。

教育的本质，就是文化育人。涵养人文精神，是讨论教育尤其是基础教育的议题中的应有之义，即涵养人文精神是教育尤其是基础教育本身应具有的重要功能。当前，讨论教育如何涵养人文精神，有着重要的现实意义。

一、什么是人文精神

人追求和关切的，以及对人类遗留下来的各种精神文化现象中高度珍视的，是一种对全面发展的理想人格的肯定和塑造。人文精神的核心就是以人为本，也就是说，要把人放在最重要的位置上，要尊重人的价值。有学者认为，人文精神的核心是人们关于“人应当如何生活”“人之为人的价值标准”等一系列命题的自我意识。

人文精神，有时也称为人文主义、人本主义或人道主义。它的基本内涵有三：

一是人性，对人的幸福和尊严的追求，是广义的人道主义；

二是理性，对真理的追求，是广义的科学精神；

三是超越性，对生活意义的追求，就是关心人，尤其是人的精神生活，尊重人的价值，尤其是尊重人作为精神存在的价值。

二、涵养人文精神的现实意义何在

人文精神不仅是精神文明的主要内容，而且影响到物质文明建设。它是构成一个民族、一个地区文化个性的核心内容，是衡量一个民族、一个地区的文明程度的重要尺度。一个国家的国民人文修养的水准，在很大程度上取决于国民教育中人文教育的地位和水平。

今天的中国，经济总量已经跃升为全球第二，物质文明建设取得了举世瞩目的成就。但是，我们的精神文明建设还相对滞后，与经济大国的地位还不相称，社会建设还亟待加强。比如对贫困人群以及弱势群体的关注不够，校园欺凌现象时有发生，基础教育阶段学生课业负担、精神压力过重，睡眠不足，身心健康被忽视，这些都是人文精神欠缺的重要表现。

2019年以来的抗疫斗争，既是一场与病毒争夺生命的艰苦抗争，也是一场弘扬人文精神的伟大工程。党中央总结的“生命至上、举国同心、舍生忘死、尊重科学、命运与共”伟大抗疫精神，就是有鲜明时代特色、中国特色的人文精神。

目前正在义务教育阶段推动的“双减”，也正是从一个侧面让我们看到加强人文精神建设的极端重要性和现实紧迫性。

三、教育怎样涵养人文精神

第一，中小学课程中，既包括自然科学学科，也包括人文社会科学学科，还有技术、艺术等学科，这些科目，对于涵养人文精神，提升人文素养，关系极大。要全面落实课程方案，开齐开足开好每一门课程，不能只关注考试科目。

第二，要高度重视理想信念、爱国情怀的教育，大力加强生命教育、生活教育，让学生们珍爱生命，理解生命的价值，认识个人生命与国家前途、民族命运、人类未来的关系，尤其要结合学生的特点和现实问题，比如“努力学习的目的是什么”，端正学习动机，认清刻苦学习的意义，进而弄明白“人为什么活着”“什么样的生活有意义”“什么是幸福人生”“怎样创造幸福人生”等问题，否则只顾埋头读书，却不清楚为谁读书、为什么读书，这将是学校教育中最大的人文精神缺失。

第三，当前，学校教育中普遍存在着重分数不重品德、重升学成绩不重视学生身心健康、只顾施加压力而不重视幸福感的短视化、功利化倾向，这些都是人文精神缺失的现实表现。不去除这种短视化、功利化行为，涵养人文精神就难以落到实处。

第四，国家已经明确制定了每个学科的核心素养，每个学科都有人文素养的要求，把学科核心素养中的人文素养要求落实到日常教学当中，是涵养人文精神的一个重要途径。

第五，教师的高尚师德是涵养人文精神的生动榜样。教师的高尚师德，生动地体现了教师的人生态度，展示了教师对生命价值的理解、对人生幸福的追求，是把个人生命价值与学生生命价值、国家民族梦想紧密结合的典范。教师群体的良好师德师风，就是涵养人文精神的环境与土壤。

第六，学校要建设好充满人文精神的校园环境，努力实现环境育人；同时要充分利用广州作为历史文化名城的丰富人文资源，开展形式多样的人文精神培育活动。广州中学提出，要办一所名副其实的有浓浓广州味的中学，我们开设了“爱我广州”系列校本课程，而且要求每个广州中学学生必选。

第七，涵养人文精神，就要高度关注学生的生命成长，高度重视学生的个体需要和个性发展，尽可能满足学生的个性化发展的合理诉求。一方面要全面关心学生，另一方面要满足学生的差异化需求，这才是体现人文精神的教育。

教育领导力是校（园）长胜任工作的关键能力

——兼谈怎样当一位优秀的校（园）长

一、什么是领导力

领导，指引领、指导，即带领并引导他人朝着一定方向前进。领导力，指在一定的社会组织和群体内，为实现组织预定目标，领导者运用其法定权力和自身影响力影响被领导者的行为，并将其导向组织目标的能力。

领导力的五力模型如下图所示。

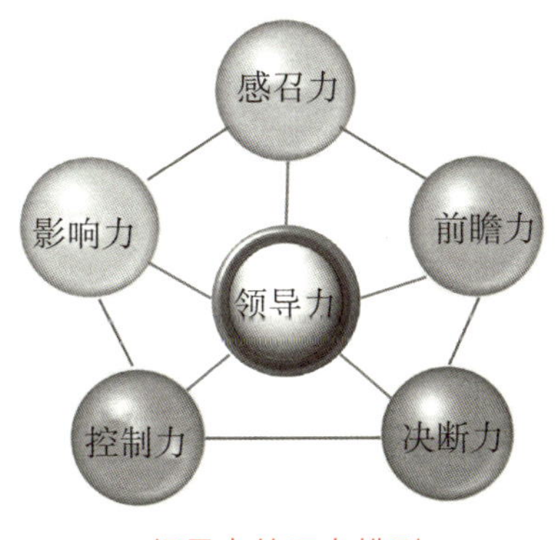

领导力的五力模型

领导力的六维模型如下图所示。

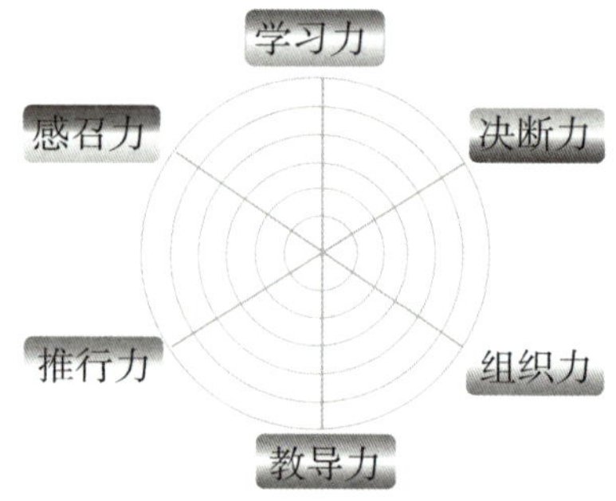

领导力的六维模型

领导力的六维模型中各维度的具体内涵如下：

学习力，改变自己、适应变化、持续成长；

决断力，判断是非得失，正确决策；

组织力，整合内部、外部资源；

教导力，带队育人，复制优秀团队；

推行力，推动组织执行，达成绩效；

感召力，凝聚人心，吸引他人追随。

二、校长的教育领导力

1. 校长的教育领导力的主要领域

①规划未来；②引领教与学；③自我发展和与他人合作；④组织管理；⑤追究问责；⑥资源拓展与社区联系。

2. 校长的五大教育领导力

①愿景（领导）力；②文化（领导）力；③课程教学（领导）力；④资源配置（领导）力；⑤道德（领导）力。

三、关于校长的专业标准

1. 基本理念

育人为本，即人才培养，提高质量；

引领发展，即导向、引领，持续发展；

以德为先，即立德树人，以身作则；

能力为重，即注重实践，不断创新；

终身学习，即学无止境，与时俱进。

2. 专业职责

价值领导：规划学校发展，营造育人文化。

教学领导：领导课程教学，引领教师成长。

组织领导：优化内部管理，调适外部环境。

在每一项专业职责中，具体提出了十条专业要求，其中专业理解与认识方面三条，专业知识与方法方面三条，专业能力与行为方面四条。现将领导课程教学职责的专业要求列举如下：

领导课程教学职责的专业要求

专业职责	专业要求	
领导课程教学	专业理解与认识	1. 面向全体学生，因材施教，提高质量 2. 尊重教育规律，培养学生的责任意识、创新精神、实践能力 3. 尊重教师智慧，推动教学改革与创新
	专业知识与方法	4. 掌握不同阶段的培养目标和课程标准 5. 了解课程编制、开发、实施、评价的知识和教材、教辅使用政策 6. 掌握课堂教学及技术应用的一般原理与方法
	专业能力与行为	7. 统筹三级课程，丰富教学资源 8. 落实课程标准，减轻学生负担，确保学生活动时间 9. 建立听课评课制度 10. 开展教研活动，建立评价制度，坚持正确导向

3. 着重强调的八点要求

①保障学生平等受教育权利；②加强学校德育工作；③减轻学生过重课业负担；④建立听课评课制度；⑤加强教师队伍建设；⑥不得违规收费；⑦健全学校应急管理机制；⑧推进现代学校制度建立。

四、关于校长教育领导力的八个关键词

1. 定位

确立学校发展目标，包括性质、规模、条件、质量、风格、特色、学生发展、教师发展等，目标定位最能体现校长的价值领导。

2. 规划

根据学校发展目标，提出发展战略，实施策略，制订学校发展规划和年度计划，以及学校发展、教师发展、学生发展的美好愿景，这些是凝聚人心、激发创造性的源泉。

3. 课程

课程设置决定培养规格。人才培养质量很大程度上是由课程体系决定的。解决培养什么人的问题，关键要在建设高水平、多选择、完整丰富的学校课程上下功夫。

4. 教学

教学活动（课程实施）是学校的中心工作，解决的是如何培养人的问题。提高教学质量是教学工作的永恒主题。而提高质量的前提是有正确的质量观。什么是一堂好课？什么是一个好科组？什么是好教师？什么是好学生？对以上问题，校长应有清晰的标准和导向。

5. 文化

学校教育的本质是文化育人。学校当中所有能对学生的知识增

长、能力提升、素养形成产生影响的东西，都可以归结为学校文化。学校文化是有结构的，它有内核、中间层、外表层。内核是精神文化，中间层是课程文化和制度文化，外表层是行为文化、环境文化。学校文化的模型如下图所示。

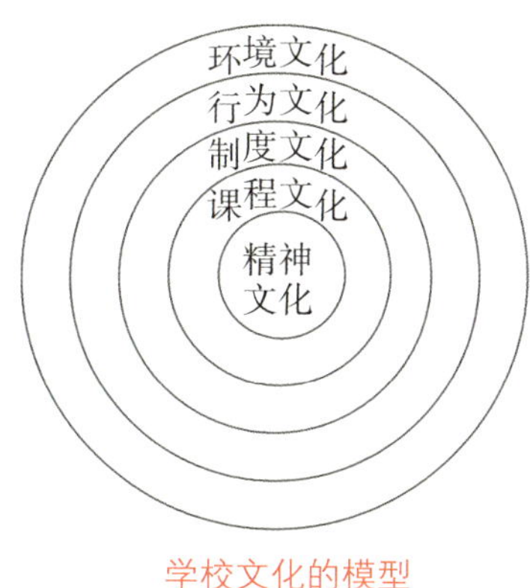

学校文化的模型

6. 管理

管理是社会组织中，管理者为了实现预期目标，以人为中心进行的协调活动。管理的目的是实现组织目标，管理的本质是协调，管理存在于组织之中，管理的重点是人，管理就是制定、执行、检查、改进。管理学校就是对人、财、物、事的资源配置。

7. 队伍

教师是教育事业发展的基础，是提高教育质量、办好人民满意教育的关键。教师既是教育的力量，也是教育培养的对象。教师队伍素质是学校的核心竞争力。学校教育要以人为本，其内涵包括培养全面而有个性发展的好学生，打造师德高尚 、业务精湛、充满活力的高素质教师队伍。

8. 角色

你是谁？你有哪些权力？你应该重点关注什么事情？校长是多重

角色的集合体，如下图所示。

校长的多重角色

结束语

校长是学校的管理者，更是学校的领导者、引路人。校长不仅要理解党和政府的教育方针政策，而且要有对教育的深入思考和独立见解；不仅要有丰富的教育教学和管理经验，而且要有扎实的理论素养和开阔的知识视野。有什么样的校长，就有什么样的学校。一位好校长，必会成就一所好学校。

哲学家卢梭曾经说过，“误用光阴比虚掷光阴损失更大，教育错了的儿童比未受教育的儿童离智慧更远”。当看到这句话的时候，不知道疲于奔命的教育工作者会不会稍作片刻的停顿，自我反问一句，我们的教育是使孩子们离智慧更近了还是更远了呢?

课程领导力是校长的关键能力

一、校长的使命与职责

1. 校长的角色是什么

《义务教育学校校长专业标准》《普通高中校长专业标准》都提出：办成一所什么样的学校、培养什么样的人、怎样培养人在很大程度上受到这所学校校长的影响，因为校长是学校的价值引导者、教学领导者和组织领导者。

具体而言，校长的主要角色如下：

（1）育人文化的旗手；

（2）改革发展的灵魂；

（3）师生的精神领袖和领导核心；

（4）发展愿景的设计师；

（5）学校形象的主要代表与楷模。

总之，校长需要起到价值引导作用，明确规划学校发展、营造育人文化；要在教育实践中营建学习共同体，领导课程教学，引领教师发展；要在组织管理中改善各种关系，激活动力，形成合力，实现目标。

2. 校长的使命是什么

（1）全面、正确、深刻地理解党的教育方针和新时代教育改革发展的理念、思路与政策，在学校中全面落实立德树人的根本任务；

（2）全面推动课程、教学、管理、评价改革，努力为党育人、为国育才，把学生培养成为德、智、体、美、劳全面发展的社会主义建设者和接班人；

（3）把教师队伍打造成师德高尚、业务精湛、结构合理、充满活力的高素质、专业化、创新型队伍；

（4）把学校办成高质量人才培养的专门机构、传播社会先进文化的坚强阵地、社区精神文明建设和家庭教育的重要场所和指导中心。

二、学校的办学愿景、育人目标与课程建设

1. 学校的办学愿景

规划学校发展是校长的首要职责。

学校的办学愿景是指依据学校的使命、价值取向和未来蓝图，师生员工共同认同和期望的学校未来发展景象。学校使命、核心价值观和未来蓝图三者之间是相互关联、有机结合的。学校使命和核心价值观支撑着未来蓝图，未来蓝图则体现了学校的使命和价值取向。

2. 学校的育人目标

学校的育人目标应体现校长的教育理念、学校功能观、学生观、教师观和质量观。

《中华人民共和国教育法》《中华人民共和国教师法》提出：学校的育人目标应以学生的发展为本，为学生的终身发展服务。要对学生

进行爱国主义教育、集体主义教育、社会主义教育。要培养出有道德、有理想、守纪律、懂法律、维护民族团结、具有国防意识的公民。

3. 学校的课程建设

课程体系是体现学校育人文化、实现育人目标的核心要素和根本保证，课程建设是校长的教育领导力的重要体现和关键能力。

三、课程建设要树立正确的课程观并掌握课程建设（开发）的知识技能

1. 什么是课程

（1）课程所要解决的主要问题如下图所示。

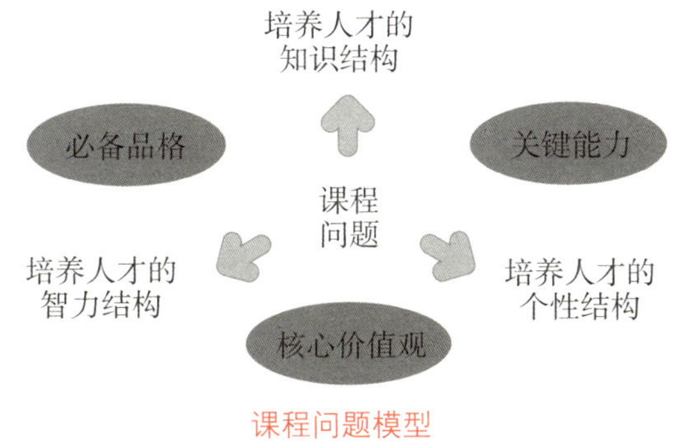

课程问题模型

（2）我国古代倾向分科课程。

“六艺”：礼、乐、射、御、书、数；

“六经”：《诗》《书》《礼》《乐》《易》《春秋》；

“四书”：《论语》《孟子》《大学》《中庸》。

（3）欧洲中世纪学校课程体系形成的基础为“七艺”。

“七艺”：文法、修辞、辩证法、算术、几何、天文、音乐。

（4）国内关于课程的定义。

关于课程，我国课程专家的普遍观点：课程即学问知识和学科。

《中国大百科全书·教育》：课程定义有广义、狭义两种，广义指所有学科（教育科目）的总和，狭义指一门学科。

（5）国外关于课程的定义。

美国研究者比彻姆提出：课程是书面文件，可包含许多成分，但它基本上是学生注册入读某所学校期间受教育的计划。

美国研究者塔巴提出：课程是一种学习计划。

美国研究者奥利瓦提出：课程是学生在学校所进行的各种活动的计划。

美国研究者安德逊、史密斯、坎萨斯等人提出：课程是学生在学校或教室中与教师、环境、教材等人、事、物交互作用的所有经验；课程最终由学习者在学校领导下实际获得的一切经验所组成，不管它们是有计划的还是无计划的。

2. 课程的分类与管理

（1）划分课程的常用标准。

①培养目标：如以德、智、体、美、劳五项目标分类。

②课程内容或范围：如文科、理科、工科、农科、艺术类，或自然科学、社会科学、思想品德、劳动技术等。

③学生在学习中的主要学习方式：如学科课程、活动课程。

④管理方式：如必修课程、选修课程。

⑤其他分类：如国家课程、地方课程、学校课程（以管理权限为标准），显性课程、隐形课程（以是否列入课表为标准）。

（2）课程的管理。

课程的管理通常依照课程开发主体的意志决定。

①国家课程。必修课程：国家根据学生全面发展需要设置。选择性必修课：所有学生必须全部修习选择性必修课程，由国家根据学生个性发展和升学考试需要设置，参加全国统一升学考试的学生，必须在本类课程规定范围内选择相关科目修习。

②地方课程：由地方教育行政部门，根据本地经济、政治、文化和发展需要开发的课程，有必修也有选修，由地方教育行政部门规定。

③学校课程：学校根据办学定位、文化传统、特色创造、学生发展需要开发的课程，管理权限在学校。学校从办学追求、育人目标、特色建设、学生个性特长发展等需要出发，通常会着力建设展现学校特色的校本课程，并采取鼓励性或限制性措施，来实现开设校本课程的目的。

3. 国际课程改革走向

（1）课程决策主体多元化。

课程决策主体也称课程行政主体，是指决定课程设置与编制的主体。通常有国家本位课程、地方本位课程和学校本位课程。

（2）课程内容现代化。

由于科学技术的迅猛发展，课程结构和内容也发生相应的调整和变化。课程内容现代化主要体现为教学科目的内容现代化，现代的科学、技术、文化的成果及时地反映到学科结构和教材内容中。

（3）课程设置综合化。

二战以来，世界科技的发展出现了学科分化与学科综合同时发展的趋势，学科的交叉和综合成为推动科技和学术发展的主要“生长点”。因此，在课程发展上也出现了重视学生个性发展基础上的学科课程综合化趋势，比如环境教育、国情教育、禁毒教育、家庭教育、安全教育等课程。

（4）课程视野全球化。

20世纪末出现的全球化浪潮，给世界各国的教育界提供了一个促进教育国际化的新思路：各国在设计中小学课程时，要从“全球化课程”的角度考虑教材内容的编制和设计，要着眼使各国青少年从小就能了解世界各国的文明成果，学会用21世纪人类进步的眼光观察世界，消除历史上遗留下来的偏见。

校长核心素养之我见
——兼谈什么样的校长是好校长

一、准确理解和把握校长角色

校长是一个多种角色的集合体，要有强烈的角色意识。校长的多重角色如下图所示。

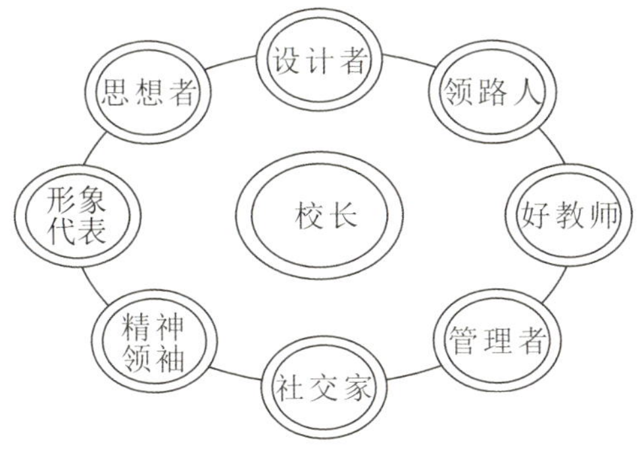

校长的多重角色

二、准确理解和把握学校的功能与任务

不同教育阶段、不同类型的学校，其功能与任务有共性，也有差异。在基础教育阶段，幼儿园的功能与任务和中小学的有很大不同；而义务教育阶段学校的功能与任务，和高中阶段学校的又有很大不同，

普通高中的功能与任务又与职业高中的有差异。因此，校长必须深刻理解并准确把握不同教育阶段、不同类型学校的功能与任务，才能胜任学校领路人的重大职责。

就普通高中而言，其功能与任务如下。

普通高中的功能：

人才培养。包括培养学生，造就教师。

教育教学研究。主要是开展教育教学研究，推动教育教学改革实验，探索教育教学规律，不断提高教育教学质量。

文化传承。主要是传播社会主义核心价值观，弘扬中华优秀传统文化，建设有学校特色的育人文化。

社会服务。主要包括指导家庭教育，服务社区建设，适时、适度参与社会事务。

普通高中的任务：

为学生的终身发展奠定基础。既为学生升入高等院校深造做好准备，也为学生走进社会、参加就业做好准备。而示范性高中的职责就是要为面上高中更好地完成高中教育任务探索新路、示范引领。

具体而言，普通高中阶段教育的最重要的任务，是让每一个学生在完成各项学习任务的基础上，明确地认识自我、悦纳自我、自我定向、自我规划、自我激励，为继续升学或参加就业做好准备。

普通高中与职业高中的培养方向不同，起人才分流作用，但都要做好学生发展指导，包括学业指导、心理指导、生涯指导和生活指导，让学生更深入、更全面地认识个人的优势领域和发展意愿，更深入、更全面地认识社会发展趋势以及对人才的需求，从而把个人发展意愿与社会需要更紧密地结合起来，找到一条成就自我与奉献社会相结合的发展道路。

三、建立正确的发展愿景

每所学校都应该有清晰的发展定位，把社会需求、可利用的现实资源、教育理想结合起来，建立符合实际的发展愿景。能否建立正确的、有理想追求的、可行的发展愿景，特别考验校长的教育领导力。

推动学校发展，不能走一步看一步，要有发展规划，既要有方向性的中长期的发展目标，又要有操作性较强、任务比较具体的近期发展规划。

发展愿景应该是一个涵盖学生发展、教师发展、学校发展等方面，包括规模、质量、特色、风格、课程、条件等要素的体系 。制定发展规划要集思广益，既要参照上级教育部门的发展规划，又要吸收理论专家和相关学者的意见；既要体现学校领导团队的理想追求，又要广泛听取教职员工的意见建议，把制定规划作为一次学习理论、更新观念、把握校情、统一思想、鼓舞人心的教育活动。

四、树立正确的“三观”

校长要树立正确的“三观”，即学生观、教师观、质量观，具体如下：

1. 学生观

学生观是对教育对象的基本认识，不同的学生观决定着不同的教育行为。学生是装填知识的容器还是有无限发展可能的独特的生命个体？学生是被动接受教育的客体还是应该主动参与教育的主体？这些都是学生观的关键问题。引导教师正确认识学生、正确对待学生、正确评价学生，是校长的重要职责。

2. 教师观

教师观是对教师在教育活动中的地位、职责、角色、素质要求的基本认识，对于选拔教师、使用教师、评价教师、培养教师、建设高素质教师队伍乃至学校持续健康发展都关系极大。时代在发展进步，教育走到了社会舞台的中央，教师队伍的建设，不仅关乎学校的办学质量，更关系社会繁荣进步和民族振兴大局，必须给予高度重视。今天的教师观的变化，在于教师不仅仅是教育的力量、是学校依靠的对象，而且是学校人才培养的对象。教师的成长周期更长、专业发展需求更复杂，差异化、多样化的培养任务更具挑战性，校长对此要给予足够重视。

3. 质量观

办学质量是学校工作的永恒主题，质量观关乎学校人才培养的目标与达成度，它不仅决定学校要培养什么人，而且决定学校以什么样的方式去培养人。而不同的办学思想、育人理念，又深刻影响着学校的质量观。高的教育质量，不仅要看考试成绩如何，还要看德育、体育、美育、劳动教育工作做得怎么样；不仅要看目标的达成度，还要看以什么方式、以多大的代价去达成目标；不仅要看学生毕业时的水平，还要看学生入学时的起点水平，以及经过学校几年教育之后的增值。确立科学的教育质量观，对于学校建立正确的目标追求、选择符合规律的培养方式，关系重大，影响深远，是校长的核心素养之一。

五、合理建设与配置资源，最大限度达成目标的能力

学校资源的主要配置者也是校长的角色之一。配置所涉及的主要资源如下：

课程资源：决定培养规格、质量、特色的最重要资源。

教师资源：其既是高质量教育的依靠力量，也是学校教育的培养对象，还是学校健康发展的根本保证。

时空资源：科学、合理、充分利用时间和空间资源，要更新观念，开阔视野，让教师和学生有更多的利用时空资源的自主权。

财政资源：用好财政拨款，争取更多的社会支持，包括校友、学生家长、友好单位等。

社会资源：包括高校、企业、家长、校友、社会组织……

六、养成敏锐、好学、热心变革、持续改进的习惯

保持敏锐的感知觉与洞察力。所谓敏锐的感知觉与洞察力，是指校长对新事物和可能影响教育的事件有足够的敏锐力和洞察力。

养成爱学习、勤思考的习惯。科技进步与社会变化超乎预想，校长要保持学习习惯，乐于接触与接受新事物，守住初心，保持定力，不随波逐流。

热心变革，反对守旧。世界上任何事物都不会一成不变，校长要热心变革、善于变革，相信没有最好，只有更好。

持续改进才能与时俱进。积跬步以至千里，尤其是有一定名气和声誉的学校的校长，更要防止夜郎自大、故步自封。

叁

办学校要围绕培养目标做好顶层设计

办学育人，根本任务就是立德树人，本质是文化育人，根本问题是回答好培养什么人、怎样培养人和为谁培养人的问题。人才培养是学校的主要功能，回答培养什么人，就是要解决培养目标的问题。

学校培养目标的设定，既有规定性，也有自主性。规定性是国家对不同层级、不同类型学校提出的共同的基本要求，是“规定动作”。自主性是学校从自身实际出发，结合政府对学校的期待、学校的历史传统、学校的资源禀赋、校长的教育理想等因素，对办学目标、培养目标给出个性化的回答，是“自选动作”。

培养目标确定之后，关键要拿出既体现国家意志，又凸显学校特色的课程方案，这是实现培养目标的关键要素。实现培养目标，还需要有与之相适应的培养方式、文化氛围、管理方式、评价体系，以及能够理解、拥护、贯彻学校办学意图的高素质教师队伍。

做好顶层设计，就是要把好方向盘，保证学校办学育人朝着既定的目标前进。而达成培养目标、课程方案、质量评价的一致性，是做好顶层设计的难点，也是学校教育质量、办学特色、社会口碑的关键所在。

论学校发展战略与学校文化建设

学校发展战略（也称发展规划）和学校文化建设是学校发展过程中两个相辅相成的关键问题。制定一个什么样的发展规划，取决于办学者要办一所什么样的学校。而办一所什么样的学校，是由办学者的办学动机和办学理念决定的。办学理念和办学动机则是学校文化的核心与主要价值取向。学校发展战略和学校文化建设都是内涵十分丰富的概念。

民办学校是社会资本投资教育的一种形式。制定民办学校的发展规划，首先要厘清投资办学的目的是什么。办学者（投资人）投资办学要取得什么样的回报？办学者是将办学看作实现个人的教育理想的路径，认为教育是一种功德无量的社会公益事业，还是为了赚取比银行利息要高的回报，把办学看作一项名利双收的投资项目？

一、关于学校发展规划

1. 什么是学校发展规划（学校蓝图、学校远景计划、学校战略规划或学校设计）

西方学校发展规划：经过学校全体人员共同努力，系统地分析学校发展基础与发展环境，发现优先发展项目，确定发展方向和目标，促使学校挖掘自身潜在资源，提高管理效能，提升教育质量。

中国学校发展规划：根据国家或地方教育发展规划要求，结合自身条件，对未来3~5年期望达成的目标、途径（发展目标、规模与速度、组织结构、人力资源、办学条件、实施策略等）作出安排。

学校发展规划在不同维度的具体内容

维度	具体内容
发展主体	学生发展、教师发展、学校领导者发展
发展内容	硬件发展（校园面积、校园建筑、教育教学设备设施……） 软件发展（学生数量增加与素质提升、教师队伍稳定与优化、学校课程体系建设与特色打造、学校文化建设与品牌树立、学校形象提升与影响力扩张……）
发展方式	规模发展、内涵式发展
发展性质	渐进式发展、跨越式发展

2. 学校发展规划的主要内容

学校发展规划的主要内容及示例

<table>
<tr><th>项目</th><th>主要内容</th><th colspan="2">示例</th></tr>
<tr><td>学校现状分析</td><td colspan="3">历史、传统、办学特色、竞争优势、存在问题、面临挑战、社会期望、教职员工期待……</td></tr>
<tr><td rowspan="8">办学理念与指导思想</td><td rowspan="8">办学理念是校长基于自身的教育思想（教育的理想、信念、观点）对“办什么样的学校”“培养什么样的人”“怎样办好学校”的深层次思考的简明扼要的概括，体现办学的价值追求和办学理想</td><td>华南师大附中</td><td>以人为本　持续发展
以完整的现代教育塑造高素质的现代人</td></tr>
<tr><td>广东实验中学</td><td>以人为本　以德树人　以质立校</td></tr>
<tr><td>广东广雅中学</td><td>务本求实　和谐创新
培养学识渊博、品行雅正的人才</td></tr>
<tr><td>广州执信中学</td><td>执德至弘　信道至笃
崇德瀹智</td></tr>
<tr><td>广州中学</td><td>激扬生命　成就梦想
让每一个生命都绽放精彩</td></tr>
<tr><td>人大附中</td><td>一切为了学生　为了学生一切
为了一切学生</td></tr>
<tr><td>广东仲元中学</td><td>养浩然之气　扬君子之风
校训：德、毅、博、健</td></tr>
<tr><td>清华大学附中</td><td>自强不息　厚德载物</td></tr>
</table>

（续表）

项目	主要内容	示例	
学校发展目标定位	办学目标	人大附中	国内领先，国际一流，世界名校
		广州中学	质量一流，特色鲜明，美誉度高的现代化中学
		上海中学	国际一流的研究型、创新型基础教育名校
		复旦附中	国内一流、国际知名的现代学校
		上海南洋模范中学	全面贯彻教育方针，成为“上海领先，国内一流，国际知名”的品牌学校；深入推进教育改革，锐意进取，注重开发学生潜能，成为可持续发展的实验性学校；模范实施素质教育，不断探求新时期办学的科学性和实效性，成为辐射教学成果、输出办学经验的示范学校
学校发展目标定位	培养目标	人大附中	全面发展＋突出特长＋创新精神＋高尚品德
		广东广雅中学	培养学识渊博、品行雅正的人才
		上海南洋模范中学	出色的才智＋健全的人格
		华南师大附中	基础扎实、特长明显、素质全面、能力多样、人格健全、适应性强的高素质现代人
		上海建平中学	合格＋特长＝建平人
		复旦附中	人文情怀、国际视野、科学精神

3. 学校发展规划的实施

学校发展规划实施的具体内容

项目	具体内容
具体目标与任务	规模人数、生源质量、课程建设、教学质量、竞赛成绩、教师队伍建设、收支状况、条件改善等
优先发展项目	从众多发展项目中筛选意义重大、可行性高、可利用资源比较丰富、影响深远的项目优先安排、重点发展
实施步骤	确定任务启动、完成时间，资金安排，负责人，先后次序，考核验收

4. 学校发展规划的保障

组织保障、队伍保障、条件保障、制度保障。

5. 学校发展规划的功能

（1）指向性，即具有标准、航标、鼓励的功能。

（2）可控性，即具有调控师生的行为方式的功能。

（3）激励性，即具有目标导引、凝心聚力的功能。

（4）可衡性，即具有可衡量、可评估、有尺度的功能。

（5）发展性，即具有促进自主发展、持续发展的功能。

二、关于学校文化建设

学校是育人的场所，是有组织、有目的、有计划的专业教育机构，学校利用有形和无形的文化形态教育人、培养人、激励人、塑造人、陶冶人。所以说，学校育人的本质是文化育人，学校文化就是学校的全部。

学校文化是一个多维度、多层次的系统概念，与通常所说的“校园文化”不是同一概念。

1. 学校文化的不同分类

学校文化的分类维度及内容

分类维度	分类内容
按形态划分	精神文化、物质文化
按人群划分	教师文化、学生文化、管理（者）文化、社团文化
按要素划分	课程文化、教学文化、展示行为文化、管理文化、制度文化
按场所划分	班级文化、寝室文化、餐厅文化、体育（竞赛）文化、环境文化

我所推崇的学校文化系统如下图所示。

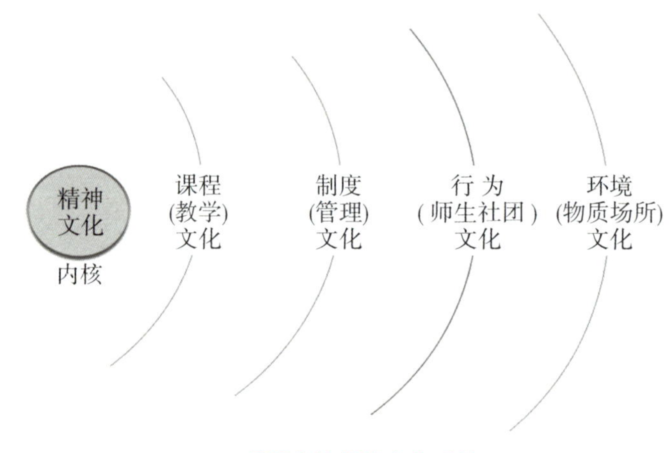

理想化的学校文化系统

精神文化。精神文化是学校文化的内核，是办学育人的价值追求，包括学校观、学生观、教师观、质量观、价值观……回答什么是好学校、好教师、好学生、高质量等问题，决定学校发展的方向与特色。

课程（教学）文化。课程文化是决定育人规格的核心要素，落实培养目标的主要载体，回答培养什么人的问题。有什么样的课程体系（包括种类、比重、时机、教学方式、评价方式等），就决定了培养什么样的人的问题。

制度（管理）文化。学校运作、质量保证，必须依靠制度；管理有序有效，必须依靠制度；品牌树立、风格形成，必须依靠制度。制度体现价值取向，体现质量标准，体现行为准则，制度是学校持续、健康、有序、高效、稳定发展的根本保障。

行为（师生社团）文化。行为文化就是通常所说的学风、教风、班风、校风等，是学校中的行为主体（教师、学生、干部、员工）的行为习惯所体现的价值追求、规范标准。

环境（物质场所）文化。环境文化就是通常所说的校园文化的主要组成部分。学校布局、设备设施、色调、建筑风格、绿化美化、标语口号、橱窗长廊、墙报展厅、景观雕塑等，都属于环境文化范畴。环境文化应体现学校育人的价值追求和特色定位。

综上所述，学校文化建设要围绕学校的办学目标、育人目标来设计和建设，体现学校育人的教育理想和价值追求。

2. 学校文化建设的基本原则

学校文化建设的基本原则包括全局性原则、前瞻性原则、全员性原则、浸润性原则、主体性原则。

3. 学校文化建设的基本模式

学校文化建设的基本模式包括追根溯源型的传承模式、承前启后型的推进模式、目标愿景型的引领模式。

学校特色创建之我见

一、充分认识学校特色创建的重大意义

关于学校特色创建的重大意义，我的基本认识为：质量是立校之本，特色是强校之路。

千校一面是当代中国教育的突出弊端，是制约各行各业拔尖创新人才涌现的重要因素，是学校办学育人价值观扭曲的重要表现，也是短视化、功利化应试教育倾向带来的苦果。学校特色创建是教育创新必经之路，是培养价值端正、道德高尚、思维活跃、个性鲜明、能力突出、身心健康的合格建设者、接班人的必然选择，是满足社会对多样化人才需求的积极回应，也是促进学校内涵发展、打造学校品牌的必由之路。学校特色创建的总目标是挖掘内涵，发挥优势，形成个性，培育风格，打造品牌，实现百花齐放、各具特色的办学局面。

二、什么是学校特色

何谓学校特色？简单来说，就是学校与众不同、引人注目或者特

别闪亮的鲜明特点、重要特征、特长方面、特别之处。

学校的根本任务是立德树人，育人是学校的根本职责。

学校育人靠什么？靠文化，本质是文化育人。

学校文化包括什么？

①精神文化（思想观念、价值取向、理想追求）；

②课程文化（解决培养什么人的问题）；

③制度文化（解决怎样培养人的问题）；

④行为文化（解决师生行为方式的问题，形成校风、学风、教风、工作作风）；

⑤环境文化（建筑风格、色彩、景观、自然生态）。

学校特色创建取决于育人目标追求，可以有多种表现形式，一般分为育人模式特色、课程特色、活动特色、制度特色、管理特色、环境特色等。

特色学校举例：北京十一学校、北大附中、清华附中、北京35中学、河北衡水中学、上海中学、上海海事大学附属中学、江苏省天一中学、广东实验中学、华南师大附中、广东广雅中学、广州市109中学、深圳中学、珠海一中、珠海容闳书院、广州市黄埔区东荟小学。

三、关于学校特色创建

1. 建设特色课程（立足本土资源，着眼独特素养），如中山纪念中学的中山文化课程，中山华侨中学的华侨文化、女生读本课程，广州中学的广州城市文化课程，华南师大附中的农村社会实践课程，广州大学附属中学的国防文化课程，珠村小学的乞巧文化课程等。

2. 组织特色活动，如海岛生存、行军拉练、下乡学农、军事训练、社团活动、特色运动项目（跳绳、攀岩、划艇）、特色艺术活动（戏剧、剪纸、皮影）等。

3. 制定特色制度，如管理、评价、奖惩、家校合作、学生必修、体质达标、技能必修。

4. 营造特色环境文化，如建筑风格、学校色彩、校园雕塑、园林生态、传统文化。

5. 创新育人模式，如北京十一学校，江苏天一中学。

四、学校特色创建应该遵循的若干原则与路径

坚持文化传承，挖掘优势领域，利用独有资源，服从育人目标，能够持续实施。

学校特色创建的一般路径为：

广泛调研，集思广益，确定方向；

认真规划，制订方案，落实分工；

招募人才，组织队伍，提供资源；

建立制度，明确责任，选择策略；

持之以恒，坚持不懈，久久为功。

五、关于学校特色与特色学校

学校特色创建是学校根据自身办学理念、目标追求、客观条件等因素追求个性化发展而展开的活动，服务于学校职责履行和育人目标的实现。

特色学校一般分为科技、艺术、体育、军事、国际化、外语、工读等类型，通常是在学校创立之初或转型之时确定。

德育为首　科学育人[1]

华南师范大学附属中学是一所由省教育厅和华南师大双重领导的省重点中学。党的十一届三中全会以来，我们遵循邓小平同志关于“三个面向”的指示精神，坚持德育为首，坚持改革创新，全面科学育人，促使办学水平不断提高。在全省重点中学办学质量评估中，我校名列榜首；在历年高考中，我校考生的平均分和上线率始终居全省前列；我校学生课外活动和学科竞赛的成绩，无论从获奖人数还是从获奖等级来看，均为全省之冠；学校的体育卫生工作也走在全省中学的前列。1990年6月，江泽民总书记来我校视察，对我校的办学方向和成绩表示赞赏，还亲笔为我校题词：“坚持正确的办学方向，培育社会主义建设者和接班人。”

下面，我们从三个方面谈谈坚持德育为首，全面科学育人的体会。

① 原文刊载于《教育导刊》1994年第1期。

一、统一认识、摆正位置，坚持正确的办学方向

20世纪80年代初期，我校已经从“文革”的破坏中逐步恢复过来，教学质量达到了一个新的水平。有的同志开始沾沾自喜，以为应该喘口气了。对此，学校领导班子意识到，这是一个危险的信号，是没有树立起正确的质量观，对新时期重点中学的历史使命、办学方向缺乏正确认识的表现。针对这种情况，我们组织学习了系统的教育理论，深入领会教育“三个面向”的精神，使全体教职工了解新的历史时期普教改革的目标、内容、重点和途径，了解世界教育改革的新潮流、新趋势，从而看到差距与不足、增强改革的责任感和紧迫感。同时，我们一方面派出调查组到高校了解我校毕业生的状况，向毕业生发问卷征求他们对学校改革的意见；另一方面全面摸清在校学生的思想状况，并进行综合分析。通过全面的调查研究和讨论学习，全体教职工增强了改革意识，端正了办学指导思想，更新了教育质量观，找到了改革进取的新目标。大家认识到：在新的历史条件下，重点中学不应只是围绕高考转，而应着眼于改革进取，全面理解和贯彻党的教育方针，全面提高学生的思想政治素质、科学文化素质和身体心理素质，为国家培养更多高质量的人才；重点中学的生源好、尖子多，应该办出高质量，但这种高质量不应只表现在高升学率上，还应表现为学生有更高的理想追求和理论修养，有更高尚的道德情操和审美情趣，有更强的学习能力和适应社会能力，有更健康的体魄和心理素质。因此，只有深入理解“德育为首”的本质意义，正确认识、摆正学校德、智、体、美、劳各育的关系和位置，才能坚持正确的办学方向。

二、遵循规律，注重实效，建立学校德育新格局

改革开放是我国社会政治、经济生活进入新时期的重要标志，这个时期不可避免地会出现一些思想、理论的混乱现象。因此，如何有效地提高学生的思想、政治素质，充分发挥学校德育激浊扬清的社会功能，这既是社会主义新时期中学教育改革的重点，也是改革的难点。回顾我校办学历程中德育工作的经验和教训，我们认识到，要保证学校德育适应时代和社会的特点、要求，并且落到实处，行之有效，就必须深入探讨德育自身的规律，加强科学理论的指导，提高德育工作者遵循科学规律的自觉性。自1983年以来，我们带着改革实践中的困惑和渴望，组织了一支专门队伍，先后参加了我国“六五”“七五”规划期间一些全国教育重点科研项目的实验研究工作。通过整整十年的实验研究，我校初步建立起一个反映时代特点和要求、符合教育规律并有我校特色的德育新格局。

1. 以“为振兴中华立志成才”为主题，建立我校的德育目标、内容序列和工作系列

根据我国现阶段社会的发展目标以及重点中学学生渴望成才的现实需要，我校提出了“为振兴中华立志成才”的教育主题。围绕这一主题，我们紧扣“为谁成才”“成什么样的人才”“走怎样的成才道路”这些分别指向动机和方向、素质和能力、方法和途径等涉及人才基本规格特征的问题，结合我国《中学德育大纲》的要求，提出我校具体的德育目标，并根据不同年级学生的特点，制订出包括从初一到高三年级的德育目标序列、教育内容序列和教育工作系列，保证了我校的教育主题贯穿于学校、年级组、教学班各个层次组织的教育计划之中，渗透在课堂教学、课外活动等教育途径和教育形式里，从而内化为学

生的主体意识，形成学生的历史使命感和自觉的追求行为。

2. 以实现科学管理为目标，制定各项规章制度，建立和完善学校德育的运作机制和激励机制

为了使德育从“软”变“硬”、从“虚”变“实”，我校通过修订《优秀毕业生条例》，设立“全勤奖”“工作积极奖”“学习进步奖”，将较为抽象的德育目标具体化为不同发展层次的学生都可以追求到的学习、工作、生活目标；通过建立“先进团支部”“学校十佳”“文明班集体”“文明宿舍”等评选制度，将德育的任务和要求具体化为班主任、年级组长、团队专职干部、学生宿舍生活指导等岗位职责；通过修订《教书育人奖条例》《科组教师德育工作的若干要求》等文件，增强德育专职队伍及广大教师的德育意识和教育工作自觉性。较为抽象的德育目标、任务和要求，经过这一具体化过程，变为看得见、可操作、能评价的硬件。学校德育运作机制、激励机制的建立和完善，为“德育为首，落到实处”提供了切实的保证。

3. 充分发挥学生干部在学校德育中的主体作用，造就一支德、才、能兼备的学生干部队伍

通过对我校以往毕业生的跟踪调查，我们发现，重点学校培养的学生比起一般学校的学生，有更多的机会在政治、经济、科技、文化等领域发挥重要的作用。因此，他们不应当只是学习上的尖子，同时也应当具备相应的政治思想道德品质和组织领导才能；在他们当中，甚至可以产生一批青年马克思主义者。本着这样的认识，我校首先狠抓了教学班、年级组这些基层组织学生干部的培养，为造就一支高素质的学生干部队伍奠定基础；其次，着力于共青团、少先队、学生会、学生社团的干部培养，使他们在更高的层次和更广阔的领域中参与学

校工作、生活的组织管理，发挥出自我管理、自我教育的主体作用；再次，我们致力于在高中学生中培养一批德、才、能兼备而且具有鲜明的政治态度、坚定的政治立场和远大的政治抱负的马克思主义信仰者，使他们发挥出学生干部在学校德育中的主体作用。

课堂教学评价体系构建：问题与新思路[①]

新课程改革已进入第八个年头，课堂教学成为新课程改革的核心问题，课堂教学评价的引导则是保证课堂教学改革成功不可或缺的条件之一。只有从理念和实际操作上真正按照新课程的价值取向来衡量课堂教学的过程和成效，把相对抽象的课程理念变成可操作的评价程序，才能使新课程的理念真正在课堂教学的实践中扎根。

一、现行课堂教学评价的反思

我国现行的课堂教学评价体系主要是在苏联凯洛夫教学理论的影响下建立起来的一整套对课堂教学进行评价的体系。这种课堂教学评价以教师为中心、课本为中心的教学理念为指导，以确立的一堂好课的标准为核心，以教师传授学生书本知识为重点。课堂教学评价标准的结构大都是依据课堂教学的各个要素进行分析，一般是把课堂教学分为教学目标、教学内容、教学过程、教学结果几个要素，这几个要素的具体内容则是教学理论中一堂好课的基本要求在课堂教学评价的

① 原文刊载于《华南师范大学学报（社会科学版）》2008年第3期。

具体体现。[①]这种结构由于操作性强、极易量化而被广泛接受。客观地讲，苏联教学理论中一堂好课的要求对规范我国师生课堂教学行为、提高课堂教学质量确实起到了不小的作用。然而随着时间的推移，由于这一规范作用在实践中逐步绝对化，造成本应具有丰富和生动特点的课堂教学走向了僵化。

根据《基础教育课程改革纲要》，新的课堂教学评价价值取向应体现在三方面：一是促进学生的全面发展。评价不仅要关注学生的学业成绩，而且要发现和发展学生多方面的潜能，了解学生发展中的需求，帮助学生认识自我、建立自信，发挥评价的教育功能，促进学生在原有水平上的发展。二是促进教师不断提高。强调教师对自己教学行为的分析与反思，建立以教师自评为主，校长、教师、学生、家长共同参与的评价制度，使教师从多渠道获得信息，不断提高教学水平。三是在对教学活动的评价上，以充分调动教学双方的主动性与积极性为原则，力求为教学双方在教学活动中展现自身潜质提供时空条件。对照这些新要求，我国现行的课堂教学评价体系主要存在以下问题：

1. 重视知识性目标的达成，忽视学生情感、态度、价值观的发展

在传统的教学评价标准中，教师是否完成预定的教学目标，是作为一节好课很重要的指标。而现实中教师对教学目标的理解往往只局限于知识性目标的达成。未完成预定的知识性教学目标的课显然称不上是一节好课。但为了完成知识性目标，而抹杀学生的创造性，忽视学生的情感的课也不能视为一节好课。教师不应只关注知识的有效传

① 丁朝蓬，梁国立．我国课堂教学评价研究概况、问题与设想[J]．教育科学研究，2006（12）．

递，而不考虑学生的发展。学生的发展不仅包括认知的发展，也包括情感、态度、价值观的发展，包括各种能力以及个性的发展。学生的想法中也许蕴涵着创造的火花，也许是对知识更深刻的理解，可是教师不愿意在这上面花时间，因为怕影响教学进度，完成不了教学的知识性目标。

2. 重视教师的课堂教学技巧，忽视学生的实际收获

在传统的课堂教学评价指标体系中，指标可以说十分详细，而且每一项指标几乎都有固定的要求。目前的课堂教学评价标准，主要还是以教师为评价对象，如教师的语言、板书、课堂提问的技巧、内容的安排等成为评价的主要内容，而学生的收获如何则很少考虑。在实际的课堂教学评价操作中，对教学技巧的过分重视，已经导致了教师过分追求表现教学技巧而忽视学生学习效果。

3. 重视课堂教学的难度和深度，忽视学生差异和教学的针对性

教学工作必须以全体学生为着眼点，努力提高每个学生包括思想道德素质、心理素质等在内的整体素质。但我们往往习惯于把教学活动的重点放在少数几个“尖子生”身上。在课堂教学评价方面，仅重视教师教学活动的“课堂密度”、重视教师对教学内容挖掘的“深度”，以之作为评价课堂教学优劣的重要指标之一，忽视了学生之间水平上的差异，使课堂教学普遍存在“几个人发言，大部分观望；少数人表演，多数人陪读”的现象。这严重违背了教育面向全体学生的基本原则。

4. 重视对一堂课的评价，忽视对课堂教学的总体评价

目前的课堂教学评价，常见的形式是“评优课”“讲课大赛”等，

落脚点大都是“一堂课”。教学工作也是一个系统工作，其中每一堂课都是教学总体设计的一部分，根据教学总体设计的需要，教师可能把整体的教学活动分成若干步骤。就具体的每一堂课来讲，有的课可能侧重阅读，有的课可能侧重讲解，有的课可能侧重练习；对教师而言，可能有些课易表现教师的语言表达能力，有些课易显示教师的组织技巧，有些课易展示教师精彩的板书设计，等等。这就使不同的课呈现出不同的教学特色。如果对课堂教学的评价标准停留在一节课上而忽视教学的总体设计，那就很难科学地评价课堂教学的质量，即使得出一个结论来，也没有多少实际价值。

二、课堂教学评价体系构建的新思路

根据新课程改革的要求，以参与课堂教学过程的学生、教师、教学内容和教学环境这四种因素提出构建课堂教学评价体系的新思路。

1. 学生——学习的主体和主动的建构者

学习不是一个被动吸收、反复练习和强化记忆的过程，而是一个以学生已有知识和经验为基础，通过个体与环境的相互作用（同化和顺应）主动建构意义的过程。学生在日常生活和以往各种形式的学习中已形成有关知识经验，对任何事情都有自己的看法。教学不能无视学生已有的知识经验，简单强硬地从外部对学生实施知识的“填灌”，而应当把学生原有的知识经验作为新知识的生长点，引导学生从原有的知识经验中，生成新的知识经验。有效的教学是逐步减少外部控制、学生自我实现意义建构的过程。在教学过程中，学生的学是教师教的出发点和归宿，教师的教是为了学生的学，学生是学习的主体，同时也是知识获取的主动建构者。学生真正成为课堂的主人，主动参与教学的全过程。这种参与不是表面上的热热闹闹，而是尽可能深层次地参与，留出空间让学生思考，给问题让学生独立解决等。由于经验背景的差异不可避免，学习者对问题的看法和理解经常千差万别，但这些差异本身就是一种宝贵的资源。每一个学生都应该动起来，不同水平的学生在参与中都应能得到满足和发展。

2. 教师——学习的组织者、引导者、促进者和学生的朋友及长辈

在有效的教学中，教师从中心主导地位转变到了意义建构的组织者、引导者和促进者。为使学生的意义建构更为有效，教师应尽可能组织协作学习，展开讨论和交流，培养学生的问题意识和质疑能力。教师应给学生留有质疑的时间，鼓励学生奇思妙想、别出心裁；引导学生通过争论自己解决疑难问题，通过查找资料回答各种质疑。同时教师也要引导学生善于倾听、善于吸纳，在质疑中探索，在争论中合作。教师通过创设符合教学内容要求的情景和提示新旧知识之间联系的线索，帮助学生建构当前所学知识的意义，促使其朝有利于意义建构的方向发展。在有效的教学中，教师不再做“师道尊严”中的“尊者”，也不再做“传道、授业、解惑”中的“王者”，而真正成为学生的精神建构与知识建构过程的朋友和长辈。在洋溢着平等、理解和尊重的师生交往中，作为朋友的教师会重视学生自己对各种现象的理解，倾听他们时下的看法，思考他们这些想法的由来；而作为长辈的教师会以此为据，用自己的积极情绪感染学生，用自己的学识点拨学生，用自己的经验帮助学生，引导学生丰富或调整自己的解释。同时，教师也从学生的发展中感受自身的生命价值，从而获得积极的情绪体验，使课堂教学的过程真正成为师生共度的生命历程。

3. 教学内容——“活力”知识的载体

过去的教学都以“确定”“客观”的知识作为内容，导致学生很难体验作为人的生活的意义和价值。当教学内容不恰当地片面强调知识的普遍性与抽象性时，就抛弃了过程性与体验性这两个基本的知识性质。这种将学生作为知识的旁观者而非参与者的教学导致学生对知识缺乏基本的热情和兴趣。事实上，学生是在与教师及环境交互作用的进程中领悟知识的确定性和有用性的，并因此形成属于自己的“个人知识”而得到发展。因此，教学内容应具有生命活力，是人的生命的展示，是人的生命的流淌；应灵活多变，充满人的创造；应充满鲜活知识，既包括客观的事实，也反映出真实的交流。

4. 教学环境——促进互动的情境

教学环境一般包括硬环境和软环境。硬环境是指教学赖以进行的一切物质条件所构成的整体，是教学活动的物质基础，如各种教学设施、设备等；软环境是指教学得以顺利进行所依托的精神方面的条件，也就是通常所说的学习氛围，包括一定的人际环境、语言环境以及个体心理环境。学习总是在一定的社会环境中进行，并不同程度地受到同伴、师长的影响。课堂教学的有效性与师生关系的和谐呈现正比，同伴之间的协作、竞争、争论、模仿、观察、判断及理解等也影响着学生的成就和观念。在课堂教学活动中，教师、学生语言活动所存在的差异性，会直接或间接地影响交流者的情感、态度、行为和理解的效果，从而制约和影响课堂教学目标的实现。个体心理环境也是影响教学的重要心理环境，主要表现为个体心理发展水平、个性特征、动机和抱负及焦虑水平等对教学活动的影响。在教学环境创设中，硬环境是一种外部条件，是为激活良好的软环境服务的，而软环境则是教学环境的核心，两者完美结合能促进教师、学生和教学内容之间的充分互动。

我心目中的生本教育

一、什么是“生本”

“生”的义项很多，有学生、生命、人生、生活、生存、生长……

如果是以生命为本、生长为本、人生为本，那就是以关注生命成长、生命状态、生命质量、人生幸福为主要目标追求。

如果是以生存为本、生活为本，则是以关注提升生存能力、适应环境与生活需要为主要目标追求。

如果是以学生为本，那就应该是以全体学生的全面发展、终身发展为本，应该涵盖生命为本、人生为本、生存与生活为本的目标追求。

如果生本教育就是以学生为本的教育，那么，就应该理解为以学生发展为本的教育，是致力于全体学生的全面发展的教育。

教育，尤其是基础教育阶段的学校教育，应该以生为本、以全体学生的全面发展为本，这本来是无须强调、不言自明的道理，是教育的题中之义。为什么要特别强调教育要以生为本呢？显然，现实中，教育发生了异化，偏离了以学生发展为本的正确方向。

异化了的教育——以提高考试成绩为主要目的、以应试训练为主要方法、以学业分数为教育质量主要标准的教育——认不清教育的意义和本质，窄化了教育的功能和目的，漠视学生青春生命的价值与独特性，低估了学生的天生本能和发展潜能，抹杀了学生的个体差异，剥夺了学生应有的自主选择的权利，压抑了学生个性发展的无限可能，固化了学生的思维，弱化了学生的身心，阻碍了学生持续、全面、健康发展，也限制了学生未来发展的空间和高度。

二、郭思乐教授倡导的生本教育的主要观点

> 人生命中有一种机能、本领或能力，使人能够言语、思维和行动。这种能力发自天然，我们可以依靠它……我们只要依靠人的言语本能、思维本能和行动本能，就能借助大自然先天的力量把教育做好。
>
> 他们（指儿童）有了基本的环境，有了时间，有了空间，就像小苗在农人的帮助下长了根，自己就会长大一样，学习和成长的生活丰富而精彩……如果这个判断是对的，那么我们的教育问题就解决了。解决方案就是相信孩子们，尊重孩子们，依靠孩子们……这正是生本教育的宗旨，也就是生本教育的原理、核心所在。
>
> 生本教育就是以生命为本的教育，教育的宗旨不应该是控制生命，而是要激扬生命，教要归依学，让生命自己行动。
>
> ——引自郭思乐教授《教育走向生本》《教育激扬生命》

郭思乐教授的生本教育思想，概而言之就是一切为了学生、充分

相信学生、高度尊重学生、全面依靠学生。我以为，郭教授所倡导的教育理念、价值观、方法论，至今没有过时。随着时代的发展进步，随着人民群众对更加公平、更为均衡、更高质量、更具特色、更多选择的好教育的向往，生本教育也需要与时俱进，以新的探索回应社会的殷切期望。

三、生本教育：一种生生不息、没有止境的育人探索

把以生为本、面向人人和为党育人、为国育才更好地结合起来，把让每一个学生全面而有个性地发展与为党为国为民族培养各行各业高素质的时代新人统一起来。

以生为本，就要进一步充实“一切为了孩子”的育人目标，完善人才培养目标内涵。

以学生发展为本的目标，要进一步明确德智体美劳全面发展的目标，明确重点发展核心素养的目标，突出关键是发展思维的目标。儿童发展有短期目标和长期目标，有智力品质与非智力品质，有核心素养与非核心素养，有共性与个性，需要判断是非对错，区分轻重缓急，权衡利弊得失。

以生为本，就要把鼓励独立思考、自主探究与学会沟通、强化合作、建设学习共同体结合起来。

未来社会将是学习化社会，学习将更为便利，学习将随时随地随个体需要而发生，学会自主选择、独立思考十分重要；但学会合作、沟通、讨论、分享，仍然是高质量学习的有效途径。

以生为本，就要把先学后教、以学定教上升到教学设计方法论高度，凸显学生学习主体地位，倡导单元教学和项目式学习，提升学习

效果。

以基于互联网思维再造学与教模式为例，其中互联网思维是指用户思维、简约思维、极致思维、迭代思维、流量思维、社会化思维、大数据思维、平台思维、跨界思维等。

要拥抱、匹配互联网的特质，从自学走向群学、协作、分享，建立学习共同体。（翻转课堂、混合式、项目式教学）

课程内容从知识结构变为问题结构，要关注如下几个问题：

①问题牵引。依托网络学习平台，精心设计核心问题，提前进入课堂，引发自主学习。核心问题能够调动学习者的学习兴趣及动机，而非核心问题只会促进学习者翻阅教材中的定义。

②任务驱动。要设计单元学习任务，如学历案。

③互动生成。注重利用网络、课堂、小组，自主或合作探究。

④过程评价。学习效果从对记忆的检测走向对理解深度的评估。理解的五个维度为解释、领会、应用、分析、创造。

⑤环境支持，如网络平台、各种学习工具、资源包、案例……

以生为本，就要抛弃固化思维模式，倡导成长型思维模式，构建成长型思维课堂。

什么是成长型思维课堂？美国霍普金斯大学教育学教授玛丽·凯·里琪，基于著名心理学家卡罗尔·德韦克创立的思维模式理论，阐述了成长型思维课堂（教学）的理念与技巧，提出成长型思维课堂文化的四个基本要素：

①学生公平享有高阶学习的机会；

②教育者有意培养学生的心理技能，如毅力、心理韧性、坚韧不拔的品质等；

③学生理解大脑的神经网络；

④教育者给予学生符合成长型思维模式的反馈和表扬。

以生为本，就要建立以核心素养为导向的科学质量观，改变以分数为主要标准的片面质量观，建立德智体美劳全面培养体系，实现基础教育的高质量发展，促进学生德智体美劳全面发展，做有理想、有本领、有担当的时代新人。

以生为本，就要积极运用信息科学技术和脑科学等发展成果，使教学设计更加符合脑科学所揭示的认知规律，使课堂氛围更加有利于思维拓展与深化，使学生的诊断、帮扶更加精准，评价更加符合实际，更具激励功能。

以生为本，教师自身发展极为重要。教师应当努力成为终身学习者，自觉学习新理论新知识，及时掌握新技术新方法，持续更新观念，与时俱进，当好学生成长的启发者、指导者、陪伴者、引领者。

以生为本的教育，首先要聚焦教育教学活动，聚焦课堂，聚焦教与学的方式，这是毫无疑义的。但是，生本教育，同样需要在学校中营造浓郁的生本文化，如校园环境建设要更加凸显学生的主人翁地位，呈现更多学生身边的榜样，创新更多学生可以参与的活动，包括劳动、服务等，让孩子们有家的感觉。另外学校的规章制度、管理方式也应体现生本文化的要求。

这就是我心目中的生本教育。

为培养国际化人才架设桥梁[①]

编者按：随着全球经济一体化时代的到来，基础教育的国际交流、相互借鉴与合作日益加强。国际化的背景已然对我国中学的人才培养模式产生了深刻的影响，需要我们用历史的、未来的、世界的、民族的眼光来审视中国的基础教育，知己知彼才能在融通古今中外的基础上开拓创新，与时俱进。在不久前由教育部中学校长培训中心主持召开的"国际化背景下中学人才培养模式新视角"主题研讨会上，与会专家、校长就此进行了广泛的交流，现摘编部分发言内容以飨读者。

开放的中国需要大批具有国际视野、国际胸怀和国际交流能力的国际化人才，而国际化人才的不足已经成为制约中国经济发展和履行大国义务的重要因素。中国基础教育必须自觉承担起自身的历史任务和时代责任，强化自身的国际化人才培养功能。

华南师范大学附属中学在长期的办学实践中，自觉地思考着如何强化国际化人才的培养功能，并从改革基础课程、拓宽交流渠道、参

① 原文刊载于《中国教育报》2009年2月4日。

加国际竞赛、建立国际合作等方面进行了大量的实践，初步构建起一个让学生走向世界的培养格局。

第一，通过基础课程改革，充实课程内容，开拓学生的国际视野，体现基础教育国际化的发展方向，提高基础教育的国际化程度。

随着人类逐步进入全球化时代，中国现行的基础教育课程体系对国际社会介绍的深度和广度已经不能满足培养国际化人才的要求。我校从20世纪80年代中期开始构建校本课程体系，与我国现行的基础教育课程相互补充，通过开设选修课让学生对世界文化、国际社会有更加广泛、深入的了解和认识。在高中一、二年级，教师为学生开设了“时事纵横”的选修课，师生共同对朝鲜核危机、中美关系、经济全球化与中国积极发展等问题进行研讨；在为高中各年级开设的“欧洲文化入门”的选修课中，师生共同研究古希腊和罗马文化、文艺复兴与宗教改革等问题；在“国际关系研讨”的选修课中，通过学习地缘政治学、国家利益论、相互依存论等知识，学生对领土纷争、外空争夺、金融危机等国际现象有所认识。

第二，通过各种活动方式，拓宽学生对外交流的渠道，让学生增加接触世界文化的机会，增强国际交流的实践体验。

除了以课程为载体开拓学生的国际视野、培养学生的国际情怀之外，我校还通过多种活动拓宽对外交流的渠道，让学生有更多直接接触世界文化、参与国际交流的机会。如，学校以外国文化产品为载体，引导学生通过使用现代资讯工具——互联网，在接触和使用外国文化产品的过程中，加深对世界文化的了解和认识；通过组织学生参加国际旅游、外国游学、夏（冬）令营等活动，加深学生对世界文化的了解和认识；通过与国外学校建立姊妹学校关系，在开展国际交流、合作中提高学生的国际交往能力。

第三，通过组织学生参加国际性的科学、文化、体育、艺术等方面的竞赛、展览、论坛活动，提高学生的国际交往能力和竞争能力。近年来，我校学生五度入选中国代表队，分别参加在美国、英国、意大利、马来西亚等国举行的国际性青少年科技创新交流与竞赛活动，展示了中国中学生的风采。近十年来，我校学生中有五十多人次入选学科奥林匹克国家集训队，并取得了显著的成绩。

第四，通过建立各种国际深度合作关系，为学生架设走向世界的桥梁。2003年，学校开办了国际部中法高中班，与法国圣马克中学结成友好合作关系，每年定期互派学生到对方学校交流学习，在语言及融入法国生活等方面极大地开拓了学生的视野。2004年，学校与英国北方大学联合会成立了华南师大附中国际基础课程中心，联合开设国际基础课程；2009年，我们计划开设美国大学预修课程，满足学生日益增长的赴美留学需求。学校努力通过建立国际深度合作关系，为学生架起走向世界的桥梁。

肆

教师专业发展是学校发展的『第一工程』

大家常说，有好的教师才能有好的教育。朴素的语言揭示了教师是教育质量的决定性因素这一教育内在规律，也道出了社会大众判断学校办学质量高下标准的共识。

学校教育功能众多、任务繁重，从学科教学、品德培养、良好行为习惯养成到心理调适，无不需要教师倾注心血、严格要求、悉心呵护。教育目标的达成，很大程度上取决于教师思想观念、道德境界、业务能力和个人修养，所以说，教师素质是教育品质高低的决定因素。

每所学校的发展，都有自己的目标定位。发展目标确定之后，怎样组建一支数量充足、结构合理、充满活力，且高素质、专业化、创新型的教师队伍就成为实现办学目标的关键。大家知道，人才是第一资源，对学校而言，教师就是学校的第一资源。把第一资源建设好的工程就是关乎学校长期稳定发展的“第一工程”。教师的成长周期长，中间还要经历不同的发展阶段，因此首先要把好入口关，尽可能选择真正热爱教育事业、有良好发展潜质的年轻老师。不同学科教师专业发展需求有不同，不同发展阶段教师专业发展需求也不同。这就需要制定系统地促进教师专业成长的规划与制度，使处于不同发展阶段的、有不同需求的教师都得到有效的关注和帮助，让他们在职业生涯的漫长道路上不断进取并获得成长，在成就学生的同时成就自己。

学校是人才培养的专门机构，培养一批批优秀学生，与造就一支优秀的教师队伍，都是学校育人的题中应有之义。

信念是师德之首
——在第一季第二期“师·说”上的讲演

大家好！

在中秋节和教师节即将来临之际，广州市教育局在雄伟壮观的广州图书馆举办第一季第二期“师·说”分享活动，可喜可贺！本季“师·说”的主题是“从爱出发·为信念而来”，我以为，这一主题抓住了当前师德建设中的关键问题。

改革开放以来，党中央反复强调，百年大计，教育为本，教育大计，教师为本。习近平总书记说，做好老师，要有理想信念。那么什么是人民教师的理想信念呢？我认为，它包括政治信念，比如中国共产党领导的中国特色社会主义是实现中华民族伟大复兴的必由之路；包括道德信念，比如人生的意义在于奉献，而不是索取；包括教育信念，比如教育家顾明远先生的四句教育箴言：“没有爱就没有教育，没有兴趣就没有学习，教书育人在细微处，学生成长在活动中”，这就是顾老先生的教育信念。人民教师能不能落实好立德树人根本任务，能不能担负起为党育人、为国育才的光荣使命，除了专业知识和专业技能这些必要条件之外，起决定性作用的正是他们对教育地位与功能、对教育规律与学生成长规律的深刻理解和坚定的教育信念。

什么是信念？信念就是人们对一定理论、一定主张、一定规律、一定事物的确认与信奉，信念是行动的基础，也是一个人对自己行为得失对错的判断准则。教师的教育信念是教师对教育的价值、意义、基本理论、规律、原则和规范的认识，它伴生着对教育强烈真挚的情感和献身教育的坚定不移的意志。

联合国国际教育发展委员会前负责人、教育学家库姆斯说过，使教师成为优秀教师的，不是他的知识和方法，而是教师对学生，对自己，对教育目的、意图、任务所持有的信念。俄国教育家乌申斯基说过，人类教育最基本的途径是信念，只有信念才能影响信念。

不难理解，坚定正确的信念对于教师的专业成长具有决定性的意义。确立坚定正确的教育信念，需要确立正确的人生观、价值观、幸福观，需要激发对祖国的爱、对教育事业的爱、对孩子们的爱，在远远望着孩子们茁壮、健康成长的身影中，享受着人生的美好和幸福！有一句广告词说得好：不是看到希望才选择出发，而是走下去才能看到美好。让我们坚守育人初心，坚定爱的信念，用智慧和汗水托起明天的太阳，用创造去迎接中华民族更加美好的明天！

提炼教学思想是教师专业成长的必由之路

这次启动仪式，是广州中学“第一工程”的组成部分，是推动教师成长的重要举措，是本学年学校育人工作的重要任务。

一、中小学教师成长的基本路径

职前培养—入职培训—岗位成长（新手—熟手—能手—高手）、学习、吸收、积累—模仿、借鉴、试行—独立自主、熟悉全程—全面胜任、渐具风格—提炼成型、自成一家—示范引领、扩大传播。

由此可见，适时地提炼教学思想，深化对学科教学规律的认识，形成个人的教学主张，进而形成个人的教学风格，既是促进教师自身专业成长的有效方法，也是教师自我成长的必由之路。

二、什么是教学思想

教学思想通常指教师个人对学科教学规律、学生认知规律的基本认识，是有效实现教学目标、有效提升教学质量的策略思想和教学主张。其通常包括对学科知识体系的认识，对学科育人功能的理解，对学科素养、关键能力的理解以及培养策略、个人喜爱的基于某种价值取向的教学策略方法等。

举例如下：

1. 丁有宽小学语文教学法

丁老师从20世纪50年代开始践行小学语文教学改革，经历多个阶段，形成“以记叙文为主，读写结合，培养读写能力”的实验项目，总结了六条经验：一是以读带写，以写说读；二是从篇着眼，从句入手；三是打好基础，从“有法”到“无法”；四是从仿到作，由放到收；五是从述到作，由说到写；六是因材施教，典型引路。之后，丁老师持续搞实验研究，不断深化小学语文教学改革，成为有广泛影响的语文教育专家。

2. 李吉林情境教学法

李吉林老师是儿童教育家，全国语文教育专家，长期任教于南通师范第二附属小学。她是“情境教育”的创始人，她的教学主张有情境“五以”操作要素和语文教学促进儿童发展五原则。情境“五以”操作要素：以情为纽带（师生真情交融，书生引发共鸣，生生真情合作），以思为核心，以儿童活动为途径，以美为境界，以周围世界为源泉。语文教学促进儿童发展五原则：①以培养兴趣为前提，诱发主动性；②以指导观察为基础，强化感受性；③以发展思维为重点，着眼创造性；④以陶冶情感为动因，渗透教育性；⑤以训练语音为手段，贯穿实践性。李吉林老师将“情境”定义为“形真、情切、意远、理蕴”的情境。

3. 顾泠沅的数学变式教学法

顾泠沅老师是上海的教学改革家，20世纪一直研究中美教育的不同，提出“寻找中间地带”的主张。他提出数学教学的两种变式——概念性变式和过程性变式。概念性变式又包括改变概念的外延的概念变式和改变一些能混淆概念外延的属性，如举反例的非概念变式，认为变式教学是有效的数学教学的中国方式。

概而言之，教学思想就是围绕学科教学如何激发学生学习动机，如何实现课程目标，如何提升教学质量，如何提高教学效率，如何创新教学方法而提出的有学理依据的主张。

三、如何提炼教学思想

①梳理个人对本学科教学目标、育人功能的理解；

②总结个人对过去的学科教学方面的经验、教训及得到的启示；

③思考个人最欣赏的有效教学方法、策略、风格的特点，找出自己的教学主张；

④尝试从教育学、心理学、管理学、教学法的理论出发，去概括自己信奉的教学主张，力求“自说自话、自成体系、自圆其说”；

⑤提炼教学思想不可能一蹴而就、一次成型，需要一个不断实践、不断提升、不断完善的过程。

我完全相信，只要教师们坚持不懈地学习新的学科知识和教育理论，坚持不懈地从实际出发开展教学改革或教学实验活动，坚持不懈地总结提炼自己的教育教学经验并使之上升到体系化或理论化的高度，就一定能在专业成长的道路上不断攀登新的高峰，实现成为教育教学行家里手的梦想。

包容开放的环境是教育家成长的重要因素①

2014年12月9日至10日，第二届“中国未来教育家成长论坛”在深圳市宝安区举行，吸引近千名来自全国的教育专家聚集宝安，以“营造教育家成长的自由生态”为主题进行深入对话。中国教育学会副会长吴颖民在闭幕演讲中表示，这样的一种鼓励冒尖、鼓励创新、鼓励独立见解的独立、多元、包容、开放的环境，以及对失败抱有宽容之心的环境是我们教育家成长不可缺少的环境因素。

尊敬的各位领导、各位代表：

下午好！

这次由中国教育学会和宝安区人民政府共同主办的第二届“中国未来教育家成长论坛”即将落下帷幕，两天以来，我们围绕着营造教育家成长的自由空间开展了多种形式的活动，既有我们大专家的主题报告，像陶西平先生谈教育家和教育家精神，他不仅谈到教育家的精神，更重要的是从社会发展的大背景出发，谈到我们应该如何去迎接

① 本文根据吴颖民2014年在第二届“中国未来教育成长论坛”上的讲话整理。

未来社会对人才的挑战，并从这个高度来谈我们今天的学校该怎么去办，从而谈到我们的校长应该怎么成才。大会邀请的人才专家通过从人才成长的一般规律来谈了教育家成长的规律。我想这些演讲对每一个期望自己成为教育家的校长和教师、局长有诸多启发。在江苏省教育厅厅长的报告中，我们从一个省的范围看到他们如何去培育教育家，了解到他们所实施“苏派”这样的教育家工程，对于未来教育家的成长发挥了巨大的作用。还有我们江苏教科院教科所的孙所长所分享的他对教育家成长规律的研究，也给了我们很多启发，这是高端的报告。

主旨报告高屋建瓴，引领我们思考实践的方向；大会所开设的很多分论坛，邀请了很多名家、名校长、名教师来分享他们的成长经验、办学经验，相信会给大家很多启发，因为他们所办的学校都成为大家仰慕的学校，他们的教育教学成就是社会公认的，可信度很高，使我们看到了很多真实可学的样本。今天下午我们倾听“花开的声音”对话，我觉得生动有趣，非常鲜活，我们见到的是真人，他们展现的教育智慧让我非常感动。

面对这么多这么优秀的教师，我们应该更多地向他们请教学习。所以感谢这次论坛，精心安排这么精彩的活动，从主旨报告到论坛分享，再到最终的对话，以多种形式来探讨教育家成长的话题。

中国教育学会从2012年开始办这个论坛，第一届的主题是“时代呼唤教育家成长”，拉开了我们讨论教育家成长的序幕，两年来，这个话题不断地深化，也可以说不断地发酵，不断地引发大家的思考，所以就有了第二届论坛，此次论坛主题是“营造教育家成长的自由生态环境”，我觉得应该抓住了当前我们全社会关注的“教育家成长”这个话题，一个我们可以深入探讨，以及亟须解决的关键问题。为什么这么说？我们回顾一下中国改革开放30多年，在各行各业里面，成长得最快的、最有成就的、最有影响力的是什么领域？哪些“家”是有世界影响的？教育家，政治家，科学家，艺术家，企业家？现在中国如果说在世界上最有影响的，我想只有企业家，当然，国家领导人和政治家不在这个范围之内，不属于我们讨论的范围。为什么中国的企业家现在有许多在世界上非常著名，中国改革开放这几十年来给企业家的成长创造了非常好的成长空间，中国在进行体制改革，做得最彻底的是经济体制改革，是走在所有改革里面的最前沿，所以我想，从企业家的成长，我们看到了其他领域专家成长的道路。

有宽松的环境就有杰出的人才，中国实际上不缺优秀人才的种子或者苗子，中国比较缺少让这些优秀人才脱颖而出茁壮成长的环境氛围和土壤。所以我们今天讨论这个话题，我觉得非常有价值，中国教育学会跟宝安区人民政府一起合作来做这样的论坛，我觉得非常有意义。这个话题不仅关注到教育家成长的环境，能不能有更多的教育家获得更好的成长，而且关乎我们孩子的未来，我们教育的未来，也就是我们国家的未来，陶西平先生在做报告的时候说，有什么样的教育就有什么样的孩子，有什么样的孩子就有什么样的未来，我想从这个意义上来说，我们讨论的这个话题可能决定着我们民族的未来。经过两天的讨论，大家逐步形成共识，今天讨论的自由空间主要是外因，实际上内因也非常重要，这次内因不是我们讨论的主题，但是也涉及内因问题，像今天下午，我们的“四大名旦”来展现她们的风采，我们看到了她们个人的努力，所以我想内因很重要，比如我们讲信念，要有坚定的信念和信仰，比如我们讲独立思考，有自己的理念，比如我们讲有苦干和实干的精神，比如我们讲要有坚强的意志面对困难，同时我们要持之以恒，永远在学习、在向前奔跑的路上，内因是没有疑问的，我也相信我们中国的教师和校长群体当中，有非常多的优秀的种子和苗子。但是我们恰恰缺少让那些优秀的种子和苗子成长的自由的生态，这是我们讨论这个问题最有价值的地方。什么是自由生态？好像在这次论坛上并没有作特别好的界定。那么什么是教育家成长的自由生态？据我的理解，既然讲生态，就离不开生态的几个要素，即通常讲的阳光、雨露、空气、土壤。如果从阳光、雨露、空气、土壤来说的话，自由生态是一种什么样的环境呢？什么是教师、教育家成长自由空间的阳光呢？我的理解应该是从中央到地方各级政府对教育家这个群体成长的关注以及所采取的一系列的重大决策，大家看到，现在从中央到地方都非常关注这个问题，过去我们讲学校以人为本，我们经常讲以学生为本，但是我们今天讲学校以人为本已经悄然地加进了对教师发展的关注，我们不仅讲对学生促进个性健康快乐的成长，也包括如何让教师更好更健康地促进专业成长，让教育工作者、教师、校长们活得有尊严，事业上有长进，最终成名成家。我想我们关于人的关注已经是全方位了，从只关注学生到既关注学生也关注教师的成长，我们对以人为本这种育人理念有着更全面的理解。这种全方位的关注就是我们的阳光。从中央到地方对教育家成长、对教师成长的关注，以及所采取的重大决策，这就是阳光。

什么是雨露？雨露是大家在干旱的时候，在口渴的时候所渴望得到的水。水滋润万物，雨露就是这样。一个好的成长环境必须有雨露，那么雨露到底是什么？我的理解就是适合教师、校长、教育家群体成长的制度安排和非常有利的财政支持。什么是很好的制度安排？它包括培训制度、进修制度，以及培训老师继续教育的拨款、时间、空间等资源，实实在在。如果没有这样的制度安排，没有这样的财政支持，教育家的成长是不能够实现的。

什么是空气？空气是整个的氛围。李希贵校长强调要做自由呼吸的教育，自由呼吸当然空气要新鲜，但我讲的空气更重要的是一种环境氛围，一种鼓励冒尖、鼓励创新、宽容失败这样的环境，鼓励大家去探索，去摸索。可惜的是，每年的中考和高考放榜的前后恰恰是校长和教师最纠结的日子，他们不知道这个成绩单政府怎么看，如果说这种环境继续下去，会有更多的教育家成长起来吗？不可能。这样的一种鼓励冒尖、鼓励创新、鼓励独立见解的独立、多元、包容、开放的环境，以及宽容失败的环境是我们教育家成长不可缺少的环境因素。

什么是土壤？土壤一定是具体的，它包括什么呢？包括政府和学校的关系，今天上午，来自青岛、北京的代表都讲了他们所推动的改革，第一条是要理顺政府和学校的关系，而理顺政府和学校的关系有几个关键词是不可缺少的，松绑、赋权、自主、宣传、加免等，如果说有健康的政府和学校的关系，区域的领导有正确的政绩观、教育观，学校有比较充分的办学自主权，校长重视教师的专业成长，社会对于什么是好教育，什么是好学校，什么是好校长，什么是好教师，什么是好学生有正确的评价体系，我想，这个就是适合教育家成长的土壤。没有这样的好土壤，教育家也成长不起来。我们今天讨论这个话题，如果我们从阳光、雨露、空气和土壤这个方面去思考和探索的话，相信一定会有丰硕的成果。但是教育的变化不可能一蹴而就，教育的改革也不可能因为我们一两个论坛就完全变革，它是一个漫长的过程，一个缓慢的过程，需要逐步转变人们的观念的过程，但是没有迈开双脚的开始，就永远达不到终点，所以这样的一个起步是非常有意义的，就是这样的一种理念使我们走到一起，一起来探讨这么一个非常有意义的话题。

最后感谢各位的共同努力，我们希望这个话题能够持续展开，持续深化，我们为中国未来教育家成长继续努力，创造他们更好成长的自由生态，谢谢大家！

理想信念是成就卓越教师的第一要素①

感谢北京师范大学教育家书院邀请我来参加“我的教育信条”讲会营！虽然这一次来北师大参加活动有点评和讲演的任务，这让我感到有压力，但参加这样的活动非常有意义，对我来说是一次很好的学习机会，所以我非常乐意来。

这次活动的主题是“我的教育信条”，由此我想了一下，我能讲点什么呢？我想到了一句话，那就是“理想信念是成就卓越教师的第一要素”。我想用这句话和今天的主题做一个呼应。

理想信念是成就卓越教师的第一要素。首先，今天这样的论坛特别有意思，聚焦校长、教师的教育信条或者说教育信念，我觉得非常重要也非常及时。因为现在教育的理想信念的问题，是戳中中国教育当今痛处的一根针，也是解决中国未来教育发展提升质量的一把钥匙。

谈这个话题，我想起了两个人的两句话。第一句话是俄国教育家乌申斯基说的，他说人类教育最基本的途径是信念，只有信念才能影响信念。我非常认同这句话！我们经常讲教师要言传身教，只有言传

① 本文根据吴颖民2018年在北京师范大学教育学书院“我的教育信条”讲会营上的讲话整理。

身教才能真正产生好的效果。就是说言传身教，教师一定是真正信的，如果你只是讲，你不做，你知道但是你不做，你肯定没有真正信奉。只有你知道、了解、理解，然后还去践行，才说明你是真信，不是假信。这种言传身教的教师专业角色，才能让他的教育对象真正信服，所以只有信念才能影响信念。

另外一句话是联合国国际教育委员会的前负责人库姆斯说的。他说，使教师成为优秀教师的，不是他的知识和方法，而是他对学生，对自己，对教育的目的、意图以及他的教学任务所持有的信念。一个教师成长为优秀教师，绝对不是他读了多少书，有多高的学历，有多能干，有多少方法，而是他对教育的理解，他所持有的对教育规律的信念。

这两句话，我觉得对今天我们谈教育信条特别有帮助，所以我把它们重复一遍，来表达我对今天这样一个讲会营的意义和价值的理解。

从我们国家的情况来看，理想信念也是这几年我们国家讲得最多的，我们稍稍回顾一下，2012年，习近平主席就提出中华民族伟大复兴的中国梦，就是中华民族要实现伟大复兴，要建立坚定的信念：我们要复兴，而且我们能复兴，而且我们有时间节点。要用我们自己的制度，用我们的理论，用我们中国的道路，用我们中国的方案，去解决中国的问题。后来这一信念就演绎成为“四个自信”：道路自信、理论自信、制度自信、文化自信。自信也是信念的一种表达方式。我们中国特色社会主义道路是可行的，我们这种制度是优越的，我们的文化不仅源远流长，而且也是与时俱进、能解决问题的，等等。

这就是信念在起作用，信念对我们今天中国的发展来说太重要了。大家回想一下，今天我们纪念改革开放40周年，40年前是什么情况？我印象太深了，改革开放初期，那时候我刚到华南师大附中工作，开始当班主任，后来当团委书记、管学生工作的教导主任，再后来是副校长，那时候教师、学生思想中都有这些问题：社会主义行不行？社会主义的优越性在哪里？共产党会不会犯错误？小平同志讲中国特色，究竟能否行得通？当年提出到2000年要翻两番，要实现小康。为什么过去我们干社会主义那么多年，“文革”结束的时候，我们国家的经济却到了要崩溃的边缘？社会主义究竟行不行，大家都在怀疑。但是这40年下来，我们证明了中国特色的社会主义道路是可行的！所以今天我们讲“四个自信”，其实是非常有底气的，讲中国梦就是有这样的信念。同时我们有教育梦，中共十九大提出要让每个孩子都能享有公平而有质量的教育，这是我们教育未来的发展目标，这就是我们坚持的发展教育的信念。

我们的学校，我们的育人目标，要包含五个“人”：凝聚人心、塑造人格、开发人力、培养人才、造福人民。这样的育人目标，也是党和国家对学校办学功能、育人职责的非常明确的要求，这是学校应当建立的信念。

讲到好教师时，习近平主席又讲信念，“四有”好教师，第一条是理想信念，好的学校第一条也是理想信念，一个国家、一个民族要立足于世界民族之林，首先要有理想信念。一以贯之，一脉相承，都讲理想信念。所以我觉得当今的中国、当今的教育一定要有理想信念。今天我们谈信念，也是党和国家非常关注的问题。从另外的角度来看，这几年我们的教育的问题出在哪呢？我认为也都出现在缺少理想信念上。为什么现在应试教育这样的倾向始终不能很好地解决？校长们懂不懂应试教育不好，懂不懂片面追求升学率，不能促进学生德智体美劳全面发展？当然懂！这种做法当然不好！学生体质下降，负担过重，近视率上升，肥胖率增加……这一系列的问题，以及学生厌学、校园欺凌等现象的发生，反映了教育整个的生态并不健康。但是为什么不去改变呢？没有坚定的信念，违心地随大流，功利心作怪！教育是什么？学校是什么？学校应该给孩子们提供什么样的教育？校长和教师都懂，但是没有勇气坚定不移地去践行，更多的是屈服于世俗的压力，屈服于功利化的指标，或者是自觉不自觉地去追逐某些荣誉，如高上线率、高升学率等。迫于压力去做那些有违教育规律，不利于孩子们全面健康成长的事，说明我们的教育信念并不坚定。

教师知不知道应该让孩子们有更多的时间学习其他的课程，全面发展，身心健康，有个快乐的童年？教师知不知道应该让孩子每天天亮起床最想的事情就是上学，认为学校充满乐趣，是最喜爱的地方？当然懂，但是我们又自觉不自觉地不断给学生施加压力，布置很多作业，希望孩子多挤点时间来学习自己的学科，这种功利心是明显的。教师们懂不懂孩子们需要全面的营养，需要有各种各样的活动，让孩子们在长身体，长知识，形成人生观、世界观的时候，有一个全面的成长环境？当然懂，但我们还是违心地去做不利于学生全面发展的事情，显然，问题还出在理想信念上。

我觉得，解决现在的教育问题，整个社会如何真正高质量发展，尤其是我们的教育如何更公平，更有质量，我们的教师队伍，我们的校长，一定要在确立正确的教育信念上下功夫。所以，今天举办这样一个讲会营，这样一个论坛，讲教育信念、教育信条，我觉得意义重大，也非常及时。

这些年，我们不断地强调教师的专业发展，我觉得是对的。教师的专业发展概括起来，就是三句话。第一句话，更新专业知识；第二句话，拓展专业能力；第三句话，强化专业精神。我觉得在促进教师、校长的专业发展里，最后这句话最重要，也是我们当前最缺失的。更新专业知识的问题，比较好办，只要有更多、更方便、更个性化、更具选择而且更丰富的课程，就解决问题了。现在普遍推广自主选学，比较方便解决知识更新问题。拓展专业能力，关键是建立新的能力胜任模型，建立新的教学、教育、管理的能力标准，通过自学、培训、考核，也比较好解决。比如目前还在推动的教师信息化能力提升工程，解决的就是能力拓展问题。现在越来越多新技术进入教育领域，教学工具越来越“傻瓜”，用起来越来越方便，从发展趋势看，拓展专业能力问题也不难解决。最难解决的是强化专业精神问题。教师们如何理解基础教育的职能？如何遵循教育规律和青少年成长规律？什么是好学校，好课堂，好教师，好学生，好活动？像这样的问题都会有很多认识不清的地方。

所以，我觉得教育信条就是我们所说的教育信念，是对教育事业、教育基本原则、教育规律的一种认识，而且是确信不疑的，一定包括方方面面，比如对教育的理解，对校长的理解，对课堂的理解，对学生的理解，都可以概括为你的教育理念。所以今天我们这么多校长、园长和教师的概括，虽然都是从不同的侧面去谈你对教育的理解，有些是对学校功能的理解，有些是对教育现象的理解，有些是对好的教学活动的理解，有些是对好教师的理解，我觉得完全可以有非常丰富多彩的表述，但所有这些表述一定要抓住本质。

我比较欣赏一些教育信条，比如叶澜老师讲的“学校是生命场”，我觉得“生命场”这个概念很好。学校应该是教育的生命场，学校里面都是有差异的人，是活生生的人，都有自己的天赋。就这个问题我想加上一句："学校是教育的生命场，不是考试的集训营"，这样来理解学校，可能大家对学校的功能以及现存教育的弊端就有一个比较深的认识。学校是教育的生命场，生命影响生命，灵魂温暖灵魂，人格塑造人格，信念影响信念。但是我们现在经常把学校变成一个考试的集训营，训练你如何考试，如何拿高分，我们的课堂也是为这个服务的。我们看到很多教师在课堂上提出问题，只要学生接近他设计的标准答案，就马上说太棒了，大家鼓掌！而不是继续追问：有没有不同意见？还有没有补充？如果我们的课堂是充满问题的，"有没有不同意见""还有没有补充"成为教师课堂的口头禅，课堂一定会更加生动，思维一定会更加活跃，学生一定会增长更多的智慧，而不仅仅限于逼近标准答案。很多地方的课堂，我们看到的场景是，老师把学生逐步引导到说出标准答案就戛然而止。教师以任务完成、时间不够为由不再追问，深化思考。这样的课堂看上去很热闹，实际上对发展思维没有太大的意义。

又比如，我们讲到什么是好学生，我想好学生也应该有自己的标准。什么是好学生？好学生不是那些回答了许多难题的学生，而是提出了许许多多有质量问题的学生。如果我们的学生观是这样子的话，我们就会欣赏那些整天有各种各样问题的学生，而不会太看重或太欣赏考高分，问题难不倒的学生。这就是教育观，我们的课堂既要解决问题，也要生成问题。这是我对课堂的认识，对学生的认识。

还有一句话，我们经常讲，学生不是等待填满的容器，而是需要点燃的火把。像这样一个信条，我觉得很好地诠释了我们应该如何对待学生，我们是不断地往他身上填满东西，还是激发他内在的潜能，让他燃烧起来，让他体现他自身生命的价值。在认识社会、认识世界的过程当中认识自我，在认识自我的过程当中不断地发现新的世界，进而有改善世界的愿望。所有这样的观念都应该成为我们的教育信条。

所以，今天我们讲校长的专业发展，讲教师的专业发展，讲教育信条也都是这个目的，就是通过提炼我们自身的教育主张，提炼我们对教育规律的认识，促进我们自身的发展，抓住专业精神这个关键，抓住确立理想信念，才能抓住真正成为优秀校长、优秀教师的金钥匙。

今天有机会来到北师大，来向各位前辈学习，也向各位兼职研究员、合作研究员和专家学习，非常荣幸。我想如果以后再有这样的机会，天气再冷我也愿意来，谢谢大家。

新时代师德修炼之我见

师德是什么？老生常谈中，教师的天职是教书育人，为人师表；好的教师就是既要言传又要身教，身教重于言教。我以为，老生常谈中已经把师德是什么这个问题回答得一清二楚。既能教好书又能育好人，能够为人师表的教师，就是好教师；在教育教学中既善言传又重身教，而且身教重于言教的教师，就是好教师。这种体现在好教师身上的品德修养，就是师德。习主席用“四有”来形容好教师，来概括好教师的显著特征，我认为很精辟、很中肯，也很通俗。

理想信念、道德情操、仁爱之心，均属师德范畴，好教师首先要师德好，渊博学识、高超技能是第二位的。树立高尚师德，师德内化，能成就教师个体，严格的自我要求、自我修炼，能加速个人成长；师德外化，能成就他人（包括同行与学生），榜样力量必然产生巨大的育人效应。

教育工作是一个系统工程，从宏观角度讲，学校、家庭、社会都在做教育，都通过不同形式、不同途径、不同场景对学生施加影响，只不过学校是教育的专门机构，需按照学生年龄特点、接受能力、知识体系等系统地、全面地施加影响，而家庭和社会则通过日常生活不知不觉地、潜移默化地施加影响。只有学校、家庭、社会协调一致、形成合力，才能形成良好的、健康的教育影响。从中观角度讲，学校也是一个系统，肩负着立德树人，培养拥护中国共产党领导的中国特色社会主义建设者和接班人的重任，只有全面贯彻教育方针，坚持德育为先、五育并举，才能培养出德、智、体、美、劳全面发展的时代新人。从微观角度讲，教师上课，总是围绕具体的学科内容来展开，有知识技能的要求，但结合学科内容融入爱国主义等价值观，实事求是的科学精神，诚实守信、团结合作的品德作风是不可或缺的共性要求。每位教师都应确立全局、系统观念，为营造良好育人生态贡献力量。

教师是人，是社会公民，是从业人员，是专业人士，更是学生楷模，因此新时代教师的师德包括四个层面的内涵。

一是为国育才的理想信念。教师要有教书育人、报效国家的远大理想，要遵循规律（教育规律、人才成长规律、青少年身心发展规律），要有培育人才的坚定信念，要有科学的学校观（大学有人才培养、文化传承、科学研究、社会服务四大职能，中小学有人才培养、文化传承两大主要职能）、教师观（教师既是教育力量又是教育对象，既知人善任又能促进成长，德才兼备才是好教师）、学生观（学生既是培养对象又是依靠力量，既是客体又是主体，成长过程犯错、失误难免，具有无限发展可能性）、质量观（显性成绩与隐性习惯动机并重，五育全面发展，政治立场、价值观念与学术成绩、身心发展平衡等，也就是中央提出的“把立德树人成效作为检验学校一切工作的根本标准”）等正确观念。

二是专业人士的道德操守。教师是专业人士，要坚守专业道德，包括为国家为民族培养可靠建设者、接班人的责任感，独立思考、不唯书唯上、注重实践、实事求是的科学精神，不好大喜功、不弄虚作假、不剽窃他人成果的诚实品质，熟知学生身心发育发展规律、善解人意、善于沟通表达的专业能力，大局观念、团队合作的协作精神，终身学习、与时俱进的人生态度等。

三是职业忠诚的行为规范。教师是一种社会职业，从业人员必须履行职业规范，如敬业爱岗、尊师爱生、尊重包容、耐心细致、言传身教等。

四是优秀公民的做人底线。教师也是社会公民，好公民要爱国敬业、遵纪守法、和谐友善、诚实守信等。

正因为我一直认为教师是人，是有七情六欲的平凡人，教师既是从业人员，又是专业人士，是有被理解、被尊重、被认同、被欣赏需求的人，所以师德教育特别需要理解、尊重、欣赏、温暖、激励。在我当校长的学校里，队伍建设、师德教育，除了学习文件、熟知规矩、制度规范、防微杜渐之外，更注重树立榜样，宣传榜样，让学生推选“最喜爱的老师”“最具魅力班主任”，表彰“月度人物”“年度人物”“青年才俊”，让榜样人物分享心得经验，邀请模范教师来校分享；关心教工身体、家庭、婚恋、子女教育，把党和政府对教师的关心爱护传达给每个教工，用温情温暖人心，用榜样激励上进等。但是，教师是人，人无完人，总会出现这样那样的问题，也需要提醒、督促、约束，甚至惩戒，所以，厚爱必须和严管结合起来。我们除了要落实“教师行为十项准则”等相关规定外，还细化了教学常规要求和课堂规范，细化了班主任工作以及教师全员德育的要求，使教师全面育人有章可循。一方面是充满温暖和希望的人文关怀，另一方面是令行禁止的严格要求。客观上，教育的基石地位越高，对教师素质的期望值也越高，对教师的培养、教育和管理就必须越到位。事实证明这些都是十分有效的开展师德教育的做法。

师德教育中，学校领导以身作则的榜样作用是巨大的。校长的教育思想是否端正？对办学业绩的追求是什么？是学生德智体美劳全面且可持续的发展，还是能考高分上好大学、为学校长脸贴金？对于违反教育规律的功利性短视行为，是津津乐道，还是视而不见、任其泛滥，或是勇敢抵制、坚守专业精神？在对待荣誉、利益、过失、责任等问题上，是推功揽过、勇担责任，还是争利推责、贪图名利？尤其是在功成名就、光环笼罩的时候，是不断进取、勇于创新、与时俱进，还是满足现状、故步自封、自我陶醉？这些，都拷问着校长的灵魂，都检测着校长作为“老师的老师”的真实师德。某种意义上讲，校长的办学思想、价值取向、管理行为、荣辱观念，就是真实生动的师德师风教育。

钟南山院士既是当代名师又是教育名家。无论是在英国留学期间，用自己的身体做实验，探究一氧化碳吸入量对人体伤害规律的献身精神，还是坚持日常门诊对每一个病人一视同仁、耐心细致的大医风范；无论是2003年“非典”疫情时的据理直言、挑战威权，还是2019年新冠疫情时的勇敢逆行、专业坚守；无论是在广州医科大学开学典礼、毕业典礼上的讲话，还是在平时给学生讲课、指导中的言传身教，无不处处体现出为国为民的崇高精神境界，无不处处彰显着高尚师德、人格魅力和高度的责任感、使命感，体现出对学生、徒弟、后辈的榜样力量。人格魅力是一种润物无声的，号召力、穿透力极强的教育力量。有人格魅力的思想观点、行为举止、品格素养就是我们期待的师德。

又如从广州到贵州支教的袁闽湘校长，在广州大同中学任校长期间，不妄自菲薄，不怨天尤人，充分相信和依靠教师与学生，坚持推动小组合作学习的课堂模式试验，推动三维标准的课程教学改革，取得喜人成果，为城乡接合部学校发展闯出新路。到贵州支教时他担任全职校长，不仅凡事亲力亲为、与教师们同甘共苦，而且传播先进教育理念，制定“12345678”行动法，使任职学校迅速改变面貌。我认为这也是新时代的师德楷模，好教师、好校长的学习榜样。

师德修炼，应贯穿在做“四有”好教师的努力之中；师德修炼，应贯穿在学校教育教学和日常管理之中；师德修炼，应贯穿在处理国家利益与地方利益、整体利益与局部利益、眼前利益与长远利益、学校发展与学生发展、学生当下发展与未来发展关系的实践之中；师德修炼，永无止境，应贯穿在肩负民族复兴光荣使命的奋斗征程之中。愿与各位同仁共勉！

为师之道，立德为先[1]

为青少年学生的国家认同、文化自信奠基，是每一位教师的神圣职责。

立德树人是教育的根本任务，教书育人是教师的神圣职责。育人的根本在立德，育人先育德也是教育的客观规律。习近平总书记提出，为党育人、为国育才，就是讲要培养有大爱大德大情怀的人。我的理解，大爱大德大情怀，说到底就是对祖国和民族的高度认同，就是对祖国母亲的最深沉的爱，就是对自己国家和民族历史文化的自信与自豪。

做人之德，有大德有小德。大德就是国家认同，就是家国情怀，就是文化自信，就是理想信念。没有大德，小德修养就可能陷入细节纠缠，甚至困境。

党中央强调，人民教师要以德立身，以德立学，以德施教，以德育德，这既揭示了育人规律，又阐明了师德建设规律。

以德立身，我的理解就是教师的核心素养，首先是师德师风，就

① 本文根据吴颖民2022年底在华南师大举办的粤港澳大湾区师德论坛上的发言整理。

是理想信念。正人先正己，达人先立己，没有良好师德就没有教育他人的资本和底气，即使语言生动、表达完美也难以真正“沁人心脾”。

以德立学，就是教育首先是教做人，教育下一代认识并认同自己的国家、自己的民族，如果对国家、民族都不认同，哪来的爱国主义？哪来的国家意识、民族自尊心？更谈不上民族自豪感！

中华民族是一个延续了五千年文明史而从未中断过的伟大民族，中国是世界上的文明古国之一，有着悠久历史和灿烂文化，尤其是在数学、文学、哲学、天文学等众多领域，都曾经创造了领先世界的成就，都曾经占领了那个时代的高峰，是值得每一个中华儿女骄傲的。尽管近现代中国在列强侵略下落后了，但仍然是文化底蕴深厚的伟大国家。增强文化自信不是要夜郎自大，而是要教育青少年一代，即便目前我国还并不富裕、不少领域还比较落后，但绝不能丢掉自信，尤其是文化自信。

自从教育发展成为一个专门行业以来，先贤们就反复告诉我们，教育就是信念影响信念，就是灵魂塑造灵魂。教育者如果没有高洁的灵魂和坚定的信念，就不可能让受教育者确立坚定的信念和高洁的灵魂。

2022年“五四”前夕，习近平总书记到中国人民大学考察时语重心长地对教师提出了殷切期望，他说，“培养社会主义建设者和接班人，迫切需要我们的教师既精通专业知识、做好‘经师’，又涵养德行、成为‘人师’，努力做精于‘传道授业解惑’的统一者”。这是习总书记从党和国家事业发展后继有人的战略高度，围绕“为党育人、为国育才”的“国之大者”，对新时代教师队伍建设提出的时代命题和职业要求，为广大教师承担新时代育人使命提供了行动指南和根本遵循。

在香港回归前夕，以培侨中学、香岛中学为代表的一批爱国学校，一直坚持对学生开展爱国主义教育，让学生了解中华五千年的灿烂文化，增强民族自信和文化自信。香港回归之后，这些学校继续发扬爱国主义教育优良传统，在推动香港融入国家发展大局、促进粤港澳大湾区融合发展和人心回归方面，作出了积极贡献。澳门濠江中学和澳门劳工子弟学校，同样是回归前后高举爱国主义教育大旗的爱国学校杰出代表。这些学校的教师们那份深厚的家国情怀，那种对国家和民族的强烈责任感，那种不畏艰险践行对学生的国家意识、文化自信教育的使命感，是值得大家敬佩和学习的！

让我们一起努力，加强自我修养，做好“经师”和“人师”的统一者，更好地肩负起时代重任吧！

热爱是最好的老师　忠诚是最好的师德

——在广东省师德巡讲论坛上的发言

广东省师德巡讲活动主办方邀请我参加师德巡讲活动，我感到忐忑不安。活动方说我2007年当选“广东省十大师德标兵”，退休之后又荣休未休，继续奋斗在基础教育改革创新的第一线，应该在教师的师德建设上继续发挥榜样作用。我推托不了，只能硬着头皮、厚着脸皮来和大家作个交流，请大家包涵！

记得2007年被评为“广东省十大师德标兵”时，我在颁奖大会上作了一个发言，题目是“我是一个兵，更是一杆标”，讲的是对校长角色的理解，也就是说，校长在学校中不仅是冲锋在前的改革尖兵、身先士卒的劳动模范，而且应当成为一支标杆，方方面面都要成为教师的榜样，成为学生的楷模。

今天的发言，我谈两个观点，一是热爱是最好的老师，二是忠诚是最好的师德，请大家指正。

第一个观点是“热爱是最好的老师”。一般来说，只要热爱、专注、投入，就能够学会、学好、学成。这里讲的是教育规律、教学规律、学习规律。做好老师也是一样，只要热爱，就可能成为好老师，这是最重要的前提条件。在座的都是校长、主任、老师，大家都想成为好校长、好中层、好老师，我告诉大家，只要热爱，真心热爱，始终热爱，在成为好校长、好中层、好老师的路上就没有障碍！

以我个人为例，在我的四十余年的职业生涯中，也有多次转行的机会，但我始终没有离开教育，干一行爱一行才能专一行。

热爱是最好的老师，还表达了另外一层意思，就是你作为老师，要始终热爱教育、专注于教育。热爱教育，就要爱学生，爱学校，爱同事，爱学科，爱钻研，爱琢磨，爱学习，爱创新，不自满。你对职业的热爱，对学习的热爱，对专业的热爱，对国家和民族的热爱，就是在育人，教书和育人就不会两张皮，你就是学生最好的榜样。为人师表，你就是学生学习的榜样，会引导学生专心学习，专注自己感兴趣有特长的领域，持之以恒发奋图强，成为最好的自己，长大以后，就成为像你这样的人。有歌词写道“长大后我就成了你”。所谓“亲其师，信其道”，就是这个道理，这就是榜样的力量，因为你热爱自己的工作，不断努力成为教育的行家里手，你就成了学生学业发展、生涯发展的榜样，你的教育教学效果就是好的。

第二个观点是“忠诚是最好的师德”。很少有人这么说，一般都说高尚师德是敬业爱岗、关爱学生，是诲人不倦、终身学习，是以身作则、耐心包容，是廉洁从教、克己奉公。我为什么将“最好师德”归结为“忠诚”呢？我讲的忠诚，第一层内涵，是遵从内心，表里如一。当老师时，要经常问自己：当老师是不是自己内心的选择？是不是真心喜欢当老师？对得起孩子、家长的信任吗？自己负责任吗？自己值得信赖吗？当校长时，要经常问自己：主政的学校是让学生、让家长、让党和国家放心的吗？是最值得托付的学校吗？我讲的忠诚，第二层内涵，是不忘初心，始终如一。上华南师大时，我就下决心，做个好老师，让别人刮目相看。几十年来我初心不改，不论是当老师还是当校长，既忠于职守，又忠于初心。我讲的忠诚，第三层内涵，就是信守承诺，言行如一。我们选择教师职业，决定当老师，入职宣誓就有忠诚党的教育事业，学而不厌、诲人不倦，关爱学生、为人师表的内容。牢记你的职业选择，牢记你的入职宣誓，你就会不忘初心，忠于誓言，知行合一，善始善终，你就会敬业爱岗、爱生如子、以身作则、为人师表，你就会学而不厌、诲人不倦，始终保持青春活力，当好学生的良师益友，你就会把对个别学生的教育引导与为党育人、为国育才联系起来。我们并不只是帮助个别学生提高成绩或者改变陋习更好成长，而是在为国家为民族培养一批批合格建设者和可靠接班人。这种信念、这种立意、这种格局、这种境界，不就是最好的师德吗？

今天，中国经济社会正转向高质量发展的新阶段，教育的地位日益提升，教育的重要性、影响力日益彰显，教师的重要性自然不言而喻。能不能如期实现民族复兴的伟大梦想，教育的地位与教师的素质具有决定性的作用。今天，政府高度重视教育，百姓期待更好的教育，教师的地位和待遇也日益提高。作为教师，我们要扪心自问：我们是否受之无愧？我们值得家长托付，值得孩子信赖吗？

我个人从教四十余年，回顾职业生涯，如果说是一个样本——不敢称为榜样，从一而终，善始善终，无怨无悔，靠的是初心不改，不忘父辈的教诲，不忘老校长的教导和期望（不要只是甘当教书匠，要努力争当教育家），不忘学生们的鼓励，不忘同行的支持与帮助，当然也不忘当初的誓言。从我踏进华南师范大学的校门，看到主教学楼顶的“忠诚党的教育事业”八个大字，就暗下决心，一辈子当老师，当个好老师。在往后的几个人生节点，也是这种信念在支撑我作选择。所以我说，忠诚是最好的师德。

全员参与小课题研究是促进教师专业成长的好路径[①]

一、迈向教育现代化，必须促进教育转型升级，实现教育的高质量发展

经济发展模式转型，推动高质量发展，其对教育高质量发展的启示如下图所示。

经济发展模式转型对教育高质量发展的意义

① 本文根据吴颖民2019年秋在广州中学教师教育科研专题培训会上的发言整理。

二、实现教育高质量发展，必须建设一支高素质、专业化、创新型教师队伍

教育高质量发展所必须建设的教师队伍的特质如下图所示。

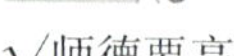
√师德要高

√观念要正

√思想要好

√业务要精

√知识要全

√能力要强

√思维要新

√方法要巧

教师队伍的特质

三、建设高素质、专业化、创新型教师队伍，必须让研究成为一种工作状态

《中国教育现代化2035》提出：夯实教师专业发展体系，推动教师终身学习和专业自主发展。实践证明，研究可以促使教师终身学习和专业自主发展，主要原因如下：

①研究就是要发现由题，提出内题，解决问题；

②研究必须不断补充知识，更新知识，促进学习常态化；

③研究就是追根溯源，探寻规律，深化认识；

④研究需要积累素材与数据，学会从统计意义上看问题；

⑤研究需要概括、提炼与论证，提升逻辑思维能力；

⑥研究常常带来教学思想与教学方式的改变；

⑦研究成果必将增强教师工作的成就感和幸福感。

四、让研究成为一种工作状态，必须建立适合校情的激励机制

1. 为什么是小课题

教师参与小课题研究，可以促进教师专业成长。小课题具有如下特征：

①短（研究周期短）；

②小（切入点小，易行）；

③精（针对性强，易深化）；

④悍（题目小但价值未必小）。

2. 怎样让教师全员参与

实现教师全员参与小课题的路径如下：

①鼓励教师个人申报课题，限制组合申报，避免大而全；

②纳入教师个人专业成长规划和工作业绩考核范畴；

③设立学校学术论坛，让教师“唱主角”；

④设立学校教育科研资助、奖励制度；

⑤评选教师读写“年度人物”；

⑥将教师参与教育教学研究的表现、成果列入学术积分，使之成为教师晋升、获奖的重要影响因素。

吸引优秀教师加盟是优化教师队伍的重要条件，而让在岗教师焕发活力，持续成长，持续胜任岗位更是提升办学质量的可靠保障。

致敬“最美班主任”

——在2022年广州市“最美班主任”颁奖典礼上的致辞

各位领导、各位来宾、各位校长、各位老师：

大家好！

首先，我要对今天获奖的“最美班主任”表示衷心的祝贺！也衷心感谢市教育局对我的邀请，使我能有机会见证这一美好时刻，近距离感受“最美班主任”的学识魅力和人格魅力！

用“最美”来定义中小学校班主任工作的杰出代表，是对获奖老师工作成效和业绩的极高评价，也表达了对获奖老师的殷切期望！我认为，“最美班主任”是德艺双馨、内外兼修的育人楷模，是沐浴阳光、春风化雨的能工巧匠，是真正读懂孩子、能够走进学生内心、展现教育魅力的心灵导师。“最美班主任”展现了优秀教师心灵之美，展现了德育工作的规律之美，展现了班级建设艺术之美和优秀学生集体形象之美！实在了不起！

班主任是中国教育独具特色的岗位，是班级建设的设计者和引导者，是全面育人的统筹者，是家校共育的协调推动者，对学生全面健康成长产生关键影响。我一直对优秀班主任怀有一种崇高的敬意！因为他们特别不容易！面对一个班四五十个学生的不同特点和上百个家长的不同诉求，面对时代变化带来的学生身心发育的提前与变化，面对科技进步对教育提出的新挑战，班主任要兼顾点和面，平等而有区别地教好每一个学生，形成凝聚人心、团结向上的集体，要应对许多新情况、新问题，其工作难度是不言而喻的。

真正读懂孩子，真正能够走进孩子们脆弱而敏感的心灵，真正能够成为学生的朋友，能够卓有成效地影响和帮助每个学生并建设一个充满活力的集体，是一件多么不容易的事情，更是一种充满成就感的挑战！

希望你们继续努力，百尺竿头，更进一步，不断增强学习意识和变革能力，创建更多"各美其美、美美与共"的优秀班集体，为造就一批又一批堪担重任的时代新人做出新贡献！谢谢大家！

人才成长要解决好三个根本问题

伍

青少年时期是一个人长身体、长知识、长见识，逐步形成人生观、世界观、价值观的关键时期。学校教育的职责就是遵循青少年身心发展规律、教育规律和认知规律，采取各种教育方式，帮助孩子们更坚定、更有效地朝着人生目标前进。

人才成长的关键是要解决好三个根本问题。

一是成才的方向和目标，也就是我们常说的“你要成为什么人”。成才的方向找准了，成才的目标清晰了，努力才有意义。

二是成才的动机和动力，也就是要想明白“为什么奋斗”“为谁奋斗”。志向不同、动机不同，动力也就不同。成才是一个漫长的过程，不可能一帆风顺，有顺境也会有逆境，倘若患得患失，则可能事倍功半。

三是成才路径问题，即“怎样才能有效地达成目标，实现人生梦想”。美好的愿景要靠一步一步的努力才能靠近。方向、目标、动力解决之后，路径、策略、方法就显得十分重要。

如何推动教育高质量发展[1]

这些年，整个国家经济社会发展的主题词是“高质量”。教育也是按照这样的一个主题在发展。我们要寻求高质量，高质量是我们追求的目标，也是我们考核的指标体系，但问题在于如何界定什么是高质量，如何追求高质量。我们拼命往前奔跑，奔着高质量去，但是如果我们对高质量的内涵理解有偏差，那么我们即使再努力，也可能达不成目标。

在高质量语境当中，德育、智育、美育、体育、劳动教育是什么关系？在提高质量的这样一个努力方向当中，该如何促进德、智、体、美、劳的全面发展？它们之间应该有什么样的比重？这些都很值得我们去思考。我们要加强学校教育，要加强德育、体育、美育、劳动教育，要加强新课程、新教材、新高考、新中考这种背景下的常规教学研究，一定要正确认识这五育之间的相互关系，我们的责任是全面育人，而不是只在某一个领域去育人。

教育有多种功能。第一功能是人才培养，也就是我们常说的育

① 本文根据吴颖民2022年2月24日在天河区教育局2021年德体艺卫劳工作总结会上的讲话整理。

人。教育的根本任务就是“立德树人”。用四个字概括非常简洁，也非常符合规律，树人就是人才培养，就是育人。前面要加“立德”，这也揭示了我们育人的本质意义。立德是树人的根本，也是树人的前提。

要全面育人，首先必须把理想信念、价值观放在第一位，就是我们培养什么人？他必须是一个拥护我们的价值观，拥护党的领导，拥护社会主义制度的人。其次才是有各种各样的专业知识和能力的人。所以这一点一定要非常清晰，我们都在忙着培养人，但是有没有把培养人的第一要义、首要目标弄清楚，这一点必须要加深理解和学习。我们的使命是为党育人，为国育才，也就是说我们培养的人要能够认同中国共产党的领导和中国共产党的价值观，要能够为国家、民族冲锋陷阵，奉献自己。这就对我们新时代人才培养提出了更高的要求。

我们应该把“立德树人”和“为党育人，为国育才”联系起来。前者是根本任务，讲的是培养什么人的问题；后者是光荣使命，讲的是为谁培养人的问题。至于怎样培养人，习总书记在全国教育大会上的发言提出的“六个下功夫”，说的就是怎样培养人的问题。可见在基础教育里边，我们该用多少精力、花多大的力气去做，尤其是抓好德育工作，我们应该心中有数，因为我们培养的人是德智体美劳全面发展的社会主义事业的建设者和接班人。

孩子们在校期间成长为一个好学生，日后才有更大可能成为一个好公民。那么好学生要奠定什么基础日后才能成为好公民呢？这里涉及课程设置和培养方式问题。成为一个好学生，是短期目标；成为一个好公民，是长久的、根本的培养目标。

我们要把长久目标摆在更为重要的位置上。也许，好学生守纪律、爱学习，能够遵守各种规章制度，能够参加各种活动，相对比较容易做到。但是我们今天的教育是为了让他明天成为一个好公民，成为社会主义事业的建设者和接班人去努力的，所以必须要有一个更长远的打算。

我们的基础教育有没有着眼让学生未来成为好公民，一定要看学生未来能否胜任三种角色，这是我们思考问题的出发点。我认为，接班人也好，建设者也好，好学生也好，好公民也好，实际上最后他要实现三种角色。

第一种角色，他是幸福的独立个体。我们经常说，每个人都是一个独特的生命个体，都应该拥有得到尊重、追求自我实现的权利，而要满足这种高层次的需要，他应该是能够适应社会的需要，能够持续地自主发展，能够感知幸福、享受幸福的人。

这样的人，不仅要有专业知识、专业能力，能够自食其力，还必须具备社会生活能力（有法治意识和社会公德），要热爱学习、善于学习，能够持续自主地发展。怎样才能自主发展呢？要有目标，有理想信念，能够正确认识自己，能够掌握学习方法，有主动发展的需求，还要有良好的社会情感，这里跟德育有密切的关系。

第二种角色，他是一个称职的家庭人。成年之前，他是家庭中的一员，是合格的子女；成家之后，他既是子女又可能是父母，始终是家庭成员，要能够承担家庭责任，扮演好家庭成员的角色。家庭是一个有血缘关系的群体，家庭关系是最稳定的社会关系或者说人际关系，与人生幸福关系极大。家庭和谐讲究责任感，重要的不再是专业知识，而是如何正确认识自己的社会责任和家庭责任，如何学会沟通，学会合作，学会尊重人、理解人，学会尊老爱幼，等等。成为合格的家庭成员的综合素养，应该是基础教育应当培养的核心素养。

第三种角色，他应该是一个合格的社会人。他能够自食其力，不仅解决自我生存问题，而且能够造福他人、造福社会，因此，他要有一定的专业知识和专业本领，能够创造财富、创造价值，对社会有用。但是，能不能持续成为对社会有用的人，还必须有规则、法治意识和道德修养等。《中小学德育指南》里面讲得很完整，包括政治素质、道德品质、法治意识、行为习惯、健康人格、良好心理，这就是总的德育目标。这个目标也是我们让孩子们走出校门，走进社会之后，能够适应社会生活，能够做对社会有用人的最基本的保证。

如何把这些目标要求融进学校的教育教学当中？加强德育，我们要有主渠道和主阵地，主渠道就是思政课、班会课、团队活动，主阵地包括升旗仪式、各级周会、班级建设、校园广播站、电视台、宣传栏、黑板报等。我们既要加强思政课、班会课、大型活动的教育功能，又要重视学科教学、家庭教育、社团活动、校区文化的育德功能。中央这几年的文件特别强调教师的师德师风和育德能力，针对的是当前学科教学当中轻视德育的倾向而提出来的。如何让我们的学科育人能够更加全面地落地？这里跟我们学校的各种体制机制有密切的关系。要推动全员育人，一方面要加强培训，提高教师能力；另一方面要不断创新机制，尤其是高中学校。随着选课走班的全面推行，全员导师势在必行，而全员导师不仅涉及班主任和全员导师两种机制的关系，更重要的是要提高学科教师当好导师的能力。如何强化职责？如何加强能力建设？班主任的部分职责明显要转移到学科教师当中去。这里面，有许多值得研究的地方。

加强德育，还要充分认识新时代特点和面临的新形势、新挑战。

当前为什么特别强调加强德育呢？我觉得主要是时代变了，物质生活和文化观念变了，学生特点也发生了很多变化，“不适应”的问题突显出来了。

加强德育的第一个问题是加强对学生特点的研究，了解学生的需求，关注学生的需求。时代变了，学生的成长环境变了，学生的身心特点也发生了很多变化，用过去的经验去面对今天的孩子，肯定事倍功半甚至适得其反。我们在座的多数人，成长的时代是物质短缺的时代，是经济比较困难的时代；当今中国进入了物质相对富足的时代，物质需求相对容易得到满足。在这种物质丰裕时代成长起来的孩子们，生活方式跟过去相比有很多不一样，形成的价值观也很不一样，所以我们的教育内容、教育方式也要不一样，否则就可能对牛弹琴、事倍功半。

第二个问题是加强德育，还跟当前我国所面临的国内国际形势有密切的关系。习近平总书记这几年反复讲，我们正处于百年未有之大变局，要把民族伟大复兴的战略全局与百年未有之大变局联系起来，去思考战略和战术问题。

当前，我们面临非常严峻的国际环境，而新冠疫情的发生加剧了复杂局面。面对这样的复杂困难局面，我们要让我们的年轻人能够更多地去思考国家和民族的前途命运大问题，不能只是会享受日益丰富的物质生活，而没有高度的国家、民族责任感。所以，我们基础教育的校长和老师要意识到我们所面临的巨大的危机，西方世界绝对不愿意看到中国的和平崛起并如期达成伟大复兴的目标，他们一定会千方百计制造麻烦，来遏制我们的伟大复兴的进程。如果当下的学校教育没有意识到这种环境下应该如何去加强德育工作，后果不堪设想。这个话可能说得比较严重，但是我觉得应该有这样一种危机感和忧患意识，才能清楚认识加强学生德育工作的极端重要性，才能端正全面质量观，推动学校高质量发展。说到底，就是要深刻认识时代背景和学生特点，不断加强和改进德育工作，让孩子们有更强烈的爱国心和民族责任感。

第三个问题是要更全面、更深刻地认识体育、美育、劳动教育的育人价值。体育也好，美育也好，劳动教育也好，实际上都有很多独特的功能，对于提高教育教学质量有重要的意义。现在的情况是，物质生活更好了，但学生体质并没有更好，体质测评并没有出现同步优化。而体育的问题也制约了学业水平的提高。体育不仅能增强体质，而且能帮助学生宣泄不良情绪，培养意志毅力。老师们通常习惯要求学生集中注意力，而注意力的集中是有时限的，集中与分散是相辅相成的，没有放松也就没有集中。正如锻炼肌肉后需要放松，否则肌肉会失去弹性。我们经常讲文武之道，一张一弛。这些年，学生的问题这么多，就是弦拉得太紧，外部施加的压力过大，学生缺少释放压力和放松精神的途径，这不符合规律，必然要受到规律惩罚。我们对体育的认识也是片面的，现在的体育叫作体育与健康，不仅仅是体能锻炼，还包括如何养成健康的生活习惯、饮食习惯、卫生习惯，保持充足睡眠等。伴随着日益富裕的生活，人们应该有更健康的生活方式，这是体育的内涵，不要把体育的内涵窄化为运动技能的培养。要正确地认识什么是体育，它包括各种健康教育，卫生都在体育这个大概念里面，体育是促进身心健康成长的一个大的教育概念。从学科教学上讲，体育是一门学科。据我观察，在所有的学科教学里面，体育教学是少受关注的。目前不少学校的体育教学很不专业，缺少对学校体育的全面认识。我们现在比较关注的是大课间，大课间很重要，有氛围，有一定的锻炼效果，但是作为学校体育，还要把握学科内涵，理解体育不仅有强身健体功能，还对心理健康、良好人际关系、对意志毅力培养，以及未来的发展与幸福生活都有重要意义。加快社会经济发展的目的，是让我们的生活更美好，而更美好的生活除了物质生活更丰富之外，还有劳动时间减少、闲暇时间增多的特点，会不会、能不能支配闲暇时间以享受体育锻炼等发展个性爱好的机会，直接影响个人对美好生活的感知。要让我们的孩子们在基础教育阶段养成基本素养，让他们学会欣赏，学会创造，学会打发和运用闲暇时间，形成健康的生活方式和锻炼习惯，这些习惯的养成，这些素养的形成，对一个人能不能有幸福生活极为重要。

关于加强美育。现在人们拥有越来越好的物质基础和外部环境，物质生活富足之余，自然会追求更丰富的精神生活，故艺术修养水平的高低也成为人们判断生活层次和修养品味的重要标准。我想强调的是，美育不仅对人的品德修养、艺术修养提升有重要影响，而且对人的思维品质，尤其是创造性思维能力的培养有重要价值。人的大脑有左、右脑之分，左脑主管逻辑思维，右脑主管形象思维，创造能力的大小主要决定于右脑的开发程度。所以说，要提高青少年的创造精神和创造能力，提高中华民族的创造力，必须不断加强和改进美育。

关于劳动教育。中央经过深思熟虑、反复论证，把劳动教育加进学校课程，这是完全正确的决策。进入新时代，我们必须重申马克思主义关于劳动和劳动教育的重要论述。今天，生活富裕之后，已经出现了一系列危险的现象，比如一部分大学生毕业后并没有就业，而是啃老。社会学家研究了历史上无数富贵家族的繁衍变迁，曾经概括了

"富不过三代"的规律，这是值得高度重视的。如何避免这个"富不过三代"规律的惩罚，我们必须认识在我们经济发展和物质生活不断改善的这个时代，要不断加强劳动教育，让我们的年轻人始终热爱劳动、学会劳动、善于劳动，其中也包括如何去做创造性的劳动，如何尊重劳动成果，如何自食其力。劳动不仅仅会推动人本身的进化，推动社会的进步，也是美好生活的源泉。一个人劳动能力强，他一定有比较强的幸福感。劳动能力弱的人，哪怕非常富有，也未必有幸福感。不会做饭，不会整理房间，不擅长家务劳动，离开家人或保姆则只能吃方便面或者叫外卖，这样的人会有幸福感吗？

所以我想，追求美好的生活，追求幸福感，需要有能力，尤其是劳动能力。今天我们强调劳动教育，不仅是要尊重教育规律本身，而且要认识当前大中小学学生群体当中存在的现实问题和危险苗头，敏锐地去感知变化并采取正确的对策。

作为基础教育工作者，我们天天提五育并举、全面发展是不够的，还一定要正确深刻认识各育的价值所在，才能自觉地去推动各育并让它们落到实处。

最后，我想强调的是随着评价指挥棒的变化，我们也必须要重视这几项工作。大家知道，现在学前教育、义务教育和高中教育质量评价指南全部都出台了，而且指标体系非常具体清晰，2022年就要开始全面试行，开展办学质量三年一周期的评价。政策出台之后，每所学校每年要做自评，要按照指标体系写自评报告。希望大家认真去研读评价指南和指标体系，了解以后的学年自评报告包括哪些内容，从现在起要做哪些准备，积累哪些素材。有了评价指南和指标体系，以后学校的办学质量如何，就不是各所学校出光荣榜、拉标语、发信息，自说自话，自卖自夸了，而是通过一套完整的指标体系的达成度测评出来的。这就是全面育人的导向，不只是强调学业成绩。

作为一个经济和教育强区，天河区的基础教育是走在省市前列的，我们应该在抓好学科教学的基础上，更加重视德育、体育、美育、劳动教育，按照全面的质量观去推动发展，这既是对政府负责，也是对我们国家和民族的未来负责。我们要有一种使命感和责任感，真正落实立德树人的根本任务，肩负为党育人、为国育才的光荣使命，这样我们才能无愧于这个时代。

谈谈中小学立志教育①

立志教育是整个学校德育工作中解决动力、方向和目标问题的重要内容，一定不能离开学校教育的其他方面。

首先，立志教育作为一个主题，需要融入学校各种各样的课程当中，不一定要把它单独拿出来，才会显得比较重视或者有效果。真正有效的教育一定是润物细无声的，尤其是在追求五育并举的今天。立志教育是德育工作的一个突出内容，我们需要利用更多的载体，以此促进五育之间更好地融合。如果说我们的立志教育仅仅着眼于班会课、校会这样的活动，那么在内容方面则会显得比较单薄。我们重视立志教育并不代表要将它单列出来，而是要思考我们应该如何抓住解决目标、方向、动力这样一个问题，始终将它融入学生的学习和生活当中。学生是以学习为中心的，所以教育活动要围绕着学习展开，而这个过程就涉及"学什么""怎么学"的问题。在这个过程中一定会有困难、困惑及各种不尽如人意的时候，这时我们就要把动力、意志和目标融入进去，让孩子能够寻找到持续发展的动力，树立一个健康、长远的

① 本文根据吴颖民2020年11月在天河区立志教育联盟第一次研讨会上的讲话整理。

目标，把它作为我们解决学生完成学习任务全面发展的动力系统。

所以，开展立志教育一定要重视强调融合的问题。

有不少校长开始研究与探索和平年代和富裕时代应该如何开展立志教育的问题。有不少专家认为，我们现在正处于物质丰裕的时代，但往往艰苦环境和严峻的生活挑战会让孩子们更有改变命运的发展动力。在物质丰裕的时代，我们的孩子大多缺少一些外在的压力，那么该如何培养孩子们的远大理想呢？这里就有两个问题需要把握住：首先，谈志向问题一定不能关起门来。今天的中国是和平的中国，是不断发展进步的中国，但中国照样有穷人，还有很多值得我们关注的弱势群体和落后的地方，我们不能只看到眼皮底下的环境。有不少校长认为如今很多学生的家庭条件都很好，他们养尊处优，不容易产生这种危机感，这确实是一个问题。但是，如果我们打开眼界，把眼光放长远，这个忧患意识就一定会油然而生。现在，我们中国的发展是不平衡的，我们的小康也仅仅是刚刚解决绝对贫困的问题，尤其是在我们的标准并不高的前提下，远远没有解决相对贫困的问题。在这个问题上，我们还要看到落后、弱势的问题，同时还要看到中国发展的外部环境。我们应该看到在若干年内我们会面临一个逆风逆水的外部环境，尤其是国际上会对中国施加压力。以美国为首的西方世界不愿意看到中国的快速成长，也许手段会有所调整，但他们打压中国的这个目标是不会改变的。所以中国发展的外部环境并不是太平的。

中国人应该有忧患意识，因为我们在很多领域还比较落后，尤其是涉及国之重器的一些关键领域和核心技术，我们尚处于并不领先的地位。所以年轻人该如何立下志向，在这些我们并不领先的领域中立志做贡献，我认为大有文章可做，关键就是要打开眼界，我想危机感、忧患意识就会油然而生。如果日子过得很好，家庭条件很好，在这种环境中的孩子们是不容易有志向的。环境一旦太过优越，就会助长人的惰性，贪图享乐的不良行为就会产生，自然而然就没有志向了。因此，要解决这个问题，就一定要解决学生视野的问题。

其次，要解决在物质丰裕时代孩子的志向问题，还要加强实践。我认为应该让学生多出去走走，在1990年，我就把华南师大附中的学生带去学农，实际上除了响应当时中央要加强国情教育的号召之外，很重要的一个指导思想就是这些国家未来的栋梁之材应该关注社会底层，担当社会责任。他们是否有家国情怀，是否关注弱势群体，是否了解社会底层非常重要，我认为这个实践活动是有效的，所以不能少了这一课，我们要让他们有体验。

再次，刚才有几位校长谈到如何在不同的年段将立志教育串起来的问题。小学确实是不容易做立志教育的，小学低年级的学生才刚入学，没有想太多的事情。我想小学阶段要解决的问题应该主要就是“我为什么要上学”“我为什么要勤奋、要刻苦”。我觉得实施立志教育的契机一定要从学生的现实问题入手，不要一下子就切入太高的东西。他们职业理想的萌发，实际上也是要等到小学高年级才逐步清晰的。学生要谈自己的特长，一定是要先有自己的兴趣爱好和未来志向，才会有职业理想的萌发。理想发展首先是从生活理想开始的，然后才会有职业理想，最后才会有家国情怀的社会理想。我们要根据理想发展的特点，循序渐进地去引导学生。这里有一个东西是可以串起来的，就是价值追问。“为什么一定要上学”“上学有什么意义”“我这么辛苦是为了什么”……这一连串的问题其实就是人生意义的追问。这个意义追问可以有不同的表现形式，这需要我们一步步去引导。价值追问可以作为一条主线，从生活的价值到职业的价值，再到社会的价值，然后再看其他人是怎么看价值的，古人是怎么看价值的，现在的英雄是怎么看价值的，其实从正面的角度看就是寻找榜样。对于小学生而言，主要还是寻找正面的榜样，从古人里面找榜样，从书中找榜样，从身边找榜样，从现实的英雄人物中找榜样。找榜样的过程中还需要解决的问题就是“我为什么要向他学习”“他哪里值得我学习”“他身上最重要的品质或者精神是什么”。你不一定要成为他这个人，也不一定要从事这种职业，但你可以吸取他身上最重要的东西，比如顽强的意志、远大的理想、坚定的信念等。榜样这一点是非常重要的，榜样是最有价值的，我们在教育的过程中始终要紧扣意义在哪里，然后再去做这个事情，我们可以把生活中的许多有教育意义的内容联系起来，把小学低年段和中年段联系起来。

在生活富裕、物质丰裕的时代，如何树立志向是一个问题，但也是一个机会。对于大部分城市的孩子而言，眼界可能比一些贫困地区的孩子要更开阔一些。优越的物质条件也许会让城市的孩子追求所谓的幸福生活和享乐主义，但如果能够利用好的话，就可以激发他们改变落后面貌的志向。问题解决的关键就要看我们怎么去引导。在广州市天河区，解决这个问题的关键是要利用有学问的家庭资源。家境富裕、家长事业有成，应成为激发孩子奋发成才的动力和资源。

最重要的一点，就是一定要把握学生的年级和年龄特点。小学六个年级跨度很大，立志教育做法也不同；初中、高中也是六个年级，每个年级学生的兴趣点不一样，心智发展水平也不一样，一定要根据学生的年级和年龄特点开展立志教育。小学和中学都有起步年级、中间年级和毕业年级。中学有两个起步年级，即初一年级和高一年级，有两个毕业年级，即初三年级和高三年级，这些都是有年级特点的。小学更要侧重于把握各年段的特点，即低年段、中年段和高年段。如何去展开立志教育，还需要不断探索，在实践中找出答案。

努力构建德育为先、五育并举、全面培养的育人格局

——关于加强与改进学校德育的几点思考

一、构建以落实立德树人为根本任务的育人格局

立德树人，就是德育为先，五育并举，全面培养人，培养全面的人。德育为先，就要解决好为谁培养人，培养什么人的问题。

培养什么人，关键是解决好理想信念、政治方向、价值取向问题。德育为先，全面培养是育人格局的完整体系，不能片面，不可偏废。

二、解决好德育摆位的问题

我国是中国共产党领导的、以马克思主义为指导思想的、实行社会主义制度的国家，必然要培养拥护中国共产党领导、拥护中国特色社会主义的建设者和接班人，而合格的建设者和接班人的首要条件是坚定正确的理想信念、政治方向和价值取向。

国际社会主义运动的历史经验反复证明，不解决好接班人问题，就会亡党亡国。国内社会主义建设的历史进程告诉我们，不重视学校

德育，不解决好青年学生的理想信念、政治方向和价值取向问题，人才培养就会走上邪路，社会就会出现动荡，国家建设发展就可能出现停滞甚至倒退。

从20世纪50年代到今天，国家的教育方针表述经历了多次变化，然而把德育放在首位，培养全面发展的社会主义建设者和接班人的任务始终没变。学校作为人才培养的专门机构，担负着培养德智体美劳全面发展的社会主义建设者和接班人的职责与功能始终没变。

古人说教师的使命和职责是传道授业解惑；今人说教师是人类灵魂的工程师，是人类文明的传承者，承载着传播知识、传播思想、传播真理，塑造灵魂、塑造生命、塑造新人的时代重任。

《中小学教师专业标准》中明确提出，“树立育人为本、德育为先的理念，将中小学生的知识学习、能力发展与品德养成相结合，重视中小学生的全面发展”，并对教师结合学科教学、班级管理、团队活动开展德育提出具体要求。

三、构建德育为先、全面培养的育人格局，必须系统设计，整体推进，各尽其责，形成合力

建立书记校长挂帅，分管校长与处室主任、（学部）年级主任、团队干部联席会议制度，定期研究德育工作，是落实德育为先的基本保证。

树立正确的教育质量观，是落实德育为先、全面培养的思想基础。

理想信念、道德品质、价值取向是教育质量的核心要素，平均分、升学率、高优率是方便测量的学业表现，并非教育质量的全部。

只有坚守对国家和民族负责、对孩子终身发展负责的信念和初心，才能合理统筹学校教育资源（时间、空间、经费、师资等），把德育摆到应有位置。

全面理解把握学校德育的内容体系，才能全面提升学生的思想政治道德素养。

学校德育有完整的内容体系，要通过思政课、班团课（活动）、学科教学、校园节日、社会实践等渠道，有计划有步骤地开展主题教育，将德育内容落到实处。理想信念教育、社会主义核心价值观教育、中华优秀传统文化教育、生态文明教育、心理健康教育这五大板块的德育内容，基本上都分散在学科教材中，学校要紧密结合时事和学生的年级、年龄特点，突出主题和重点开展形式多样的教育活动。

加强学校德育，必须强化思政课的核心课程地位。中小学的思政课是落实我国学生核心素养培养目标的重要课程，也是中小学的核心课程。思政课有教材、有课时、有专任教师、有教研、有考核，是实现德育目标的重要保障。

要突出学科地位，明确课程目标（小学、初中、高中的目标不同），统筹课程内容（以政治认同、家国情怀、品德修养、法治意识、文化素养为重点，以爱党爱国爱社会主义爱人民爱集体为主线，系统开展马克思主义理论教育、中国特色社会主义和中国梦教育、社会主义核心价值观教育、法治教育、劳动教育、心理健康教育和中华优秀传统文化教育）。

要遵循学生认知规律，设计课程内容，体现不同学段特点。

小学阶段主要开展启蒙性学习，重在启蒙道德情感，引导学生形成爱党爱国爱社会主义爱集体爱人民的情感，具有做社会主义建设者和接班人的美好愿望。

初中阶段主要开展体验性学习，重在打牢思想基础，引导学生把党、祖国、人民装在心中，强化做社会主义建设者和接班人的思想意识。

高中阶段主要开展常识性学习，重在提升政治素养，引导学生拥护党的领导和我国社会主义制度，形成做社会主义建设者和接班人的政治认同。

加强学校德育，增强德育实效性，必须整合各种渠道、各种力量、各种资源。

课堂是教育教学工作的主阵地、主渠道，除了思政课，各个学科的教学都应挖掘德育因素，结合学科特点渗透价值引领、品德培育，担负起学科育人的应有职责。

学部（年级）主任、班主任、团队干部是学校德育骨干力量，不仅要增强责任感和工作能力，而且要提高待遇、提升积极性。要旗帜鲜明地倡导全员德育，让每个任课教师、每个学校员工都担负起育德育人的职责。

要高度重视家校合作，办好家长学校和家庭教育论坛，定期举办家教讲座，倡导更多平等的、双向互动的家庭教育论坛。

要充分发挥学校环境、学校媒体（广播站、电台、校报、校刊、网站、微信公众号、微博等）、学生社团的作用，发挥环境、舆论的熏陶功能。要充分利用社会资源（图书馆、博物馆、纪念馆、大学及科研机构等），建设社会大课堂。

加强学校德育，增强德育实效性，必须根据学段、年龄、学校特点，不断创新活动设计，不断改进教育方法，在增强吸引力、感染力、亲和力上下功夫。

重视德育，必须时时关注实效性，不能只讲投入，不看产出。喜闻乐见，入耳入脑，潜移默化，润物无声，激情澎湃，正能量满满，触动灵魂，温暖人心……仍然是德育追求的目标。有温度的教育，才是真正的教育，才是有效的教育。建议开展德育活动创意设计比赛，推动德育创新。

加强学校德育，增强德育实效性，必须充分发挥教师高尚师德的榜样力量。习近平总书记反复强调，教师要以德立身，以德立学，以德立教，以德育德。常言道，学高为师，身正为范。教师的高尚师德，本身就是巨大的教育力量。教师的高尚师德，包括坚定的理想信念（教育信念）、追求极致的专业精神、高尚的道德品质、规范的职业行为，这些都时刻影响着学生，一位好老师日复一日、年复一年的言传身教，是最具象、最生动、最有效的德育。

落实立德树人的根本任务，必须坚持德育为先、全面培养的方针，解决好培养什么人、怎样培养人、为谁培养人的根本问题。培养什么人的首要问题，就是解决好理想信念、家国情怀、价值取向问题。培养社会主义建设者和接班人，首先要引导学生信奉马克思主义中国化的理论体系，拥护中国共产党的领导和中国特色社会主义制度，增强“四个自信”。不忘初心，牢记使命，作为教育工作者，就是要不忘遵循教育规律和青少年成长规律，促进学生德智体美劳全面发展，成为社会主义建设者和接班人的初心；牢记为党育人、为国育才，为中华民族伟大复兴服务的神圣使命。让我们共同努力，提高政治站位，端正思想观念，真抓实干，勇于创新，持续优化，让天河区的学校德育工作跃上新的台阶，开创新的局面。

勇担责任，智创辉煌

——在广州中学2015级高中学生集体成人礼上的讲话

老师们、同学们、家长们：

大家好！

今天，我们在五山校区隆重举行广州中学2015级高中学生集体成人礼。换句话说，就是给我们全体高三同学庆祝18岁的生日。在这个美好的日子，我谨代表广州中学全体教师，对同学们说一声：“18岁生日快乐！”18岁，这是多么美丽而又神圣的字眼；18岁，是未成年人与成年人的年龄分界线，它意味着从此以后，你将有更多的社会权利和义务，意味着你将承担更大的社会责任和使命担当，意味着你要逐步地减少对父母的依赖，要更多地增强自主自理自立自强的意识和能力。一句话，18岁意味着你要更好地学会对自己负责、对家庭负责、对社会负责、对国家和民族负责。

举办成人礼，是中华民族从古到今的优良传统，成人礼更是被推崇为礼之始也。《礼记》记载：“凡人之所以为人者，礼义也。而冠者礼之始也。已冠而字之，成人之道也。”也就是说，未成年人为跨入成年，须举行隆重的成人仪式。也就是，男孩子举行冠礼，女孩子举行笄礼，行过礼，未成年的你们将由无须负担太多责任的“孺子”，转变为一名正式跨入社会的成年人，不仅仅要学习“正容体，齐颜色，顺辞令”，更要学会“正君臣，亲父子，和长幼”。

三年前，同学们怀揣梦想，踌躇满志地踏入了广州市第四十七中学（以下简称47中）的高中校园。在新生军训中，同学们经受住了严格艰苦的训练与考验，交出了高中阶段的第一份出色答卷；在体育节校运会上，同学们团结拼搏、奋力争先，挑战身体极限，展现了更高更快更强的奥林匹克精神；在艺术节的舞台上，同学们用嘹亮的歌声、优美的舞姿和充满青春活力的合奏丰富了校园生活的色彩，陶冶了情操，滋润了心灵；课堂内外，同学们尊师爱友、互帮互学，遨游在知识的海洋，汲取着科学的营养；徒步拉练、职业体验、学科竞赛、论文答辩，处处展现出同学们的智慧和勇气，在社会各界和兄弟学校当中，树立起47中学生的良好形象。2017年，47中正式更名为广州中学，同学们一如既往，以自己的良好品行、优异成绩、拼搏精神和学术才华，为广州中学增添光彩，也为自己的高中生活留下了许许多多的美好印记。祝贺你们，也谢谢你们！

还有不到一百天的时间，同学们就将昂首挺胸地走进高考的考场，去迎接作为广州中学首届高中毕业生、作为成年人的你的第一场硬仗、第一场重大的考验。高考竞争，不仅是知识、技能、策略的竞争，也是身体、心理、意志、毅力的竞争。要打好高考这场硬仗，既要有坦然面对、不畏艰辛、不屈不挠的英雄气概，又要有精益求精、一丝不苟、讲求效率的科学精神。我完全相信，经过高中三年学校生活全方位的培养和磨炼，同学们一定会在老师们的精心指导下，在这场重大考验中从容淡定、游刃有余，展现广州中学首届高中毕业生的勇者风采！

同学们！我们伟大的祖国已经迈入了新时代，你们的人生也进入一个新阶段，祖国强盛的美好前景召唤着你们，开放的世界为你们提供了广阔的天地和难得的机遇，日新月异的科技进步也给你们带来严峻的挑战，希望你们把握好人生航船的方向，学会选择，学会坚守，学会抗压，学会担责，学会感恩，学会合作与分享，去创造属于自己的精彩人生！记住，幸福是奋斗出来的！

谢谢大家！

拥抱梦想，奋力前行

——在广州中学2019届高中毕业典礼上的讲话

老师们、同学们、家长朋友们：

大家好！

今天，我们大家欢聚一堂，隆重举行广州中学2019届高中毕业典礼。首先，我谨代表学校党委、行政和全校的师生员工，对全面完成高中阶段各项学习任务，勇敢跨越高考这道人生大坎的同学们表示热烈的祝贺！对为同学们的全面健康成长付出辛勤汗水和宝贵智慧的老师们表示衷心的感谢！也借此机会，再一次对无怨无悔地养育和陪伴同学们成长并对学校工作予以充分理解和大力支持的家长们表示由衷的敬意和感谢！

时光荏苒，转眼间高中三年过去了！这三年，是同学们寻找自我、发现自我、成就自我的三年，是不断奋斗、不断超越、不断进步的三年。同学们经历了新生军训的艰苦磨炼，短短一天就掌握了太极功夫扇的全部要领，在三年体育节、艺术节的活动中显示了本届同学奋勇拼搏、积极向上的精神风貌和多才多艺、勇于创新的能力素养，尤其是2018年年底在天河体育馆举行的我校第二届“星采飞扬”艺术节晚会上，你们的一首《仰望星空》，让全场师生和来宾强烈地感受到高三学子的使命担当和追梦情怀！你们积极投身大学参访、职业体验等社会实践活动，热情参与“最美教师”“最美学生”“最美班级”等创建评选活动，培育了见贤思齐、同心协力、感恩师长的美德。在高三紧张繁重的备考学习中，你们不仅努力落实学部和老师的各项要求，高质量地完成有相当强度的学习任务，而且自觉地遵守学校各项规章制度，学会自主管理，履行应尽义务，直到高考前的一周，同学们都没有放松对自己的要求，学生会值周班工作都坚持到考前在校最后一天！所有这些，都会成为你们人生不可或缺的重要体验和宝贵财富，也都成为你们留给母校、留给老师、留给学弟学妹们的深刻印象和美好回忆！你们高中三年的奋斗时光，机缘巧合我和你们有两年的交集，可由于广州中学多校区办学和领导分工的原因，我常驻凤凰校区，我们见面不多，相识不深；但对你们年级的各方面的情况我还是高度关注的，并给予力所能及的支持。当然，我希望你们能记住在你们的高中生活中，还有一位早已过了退休年龄的老校长在陪伴着你们！

同学们，在“一考定终身”的年代，“知识改变命运”被浓缩成“高考改变命运”，这句话被说了许多年，以致“高考”近乎“命运”的代名词。然而，仅凭一场考试便定义人生的时代已渐行渐远，真正能够改变命运的，不是一场考试、几张试卷，而永远是眼里有希望，心中有梦想。有人说，高考只是一道坎，冲击的过程才有美感；结果，尽可坦然。没有人因一次考试赢得所有，也没有人因一次考试输掉一生！我甚为认同。当下所谓成功人士当中，既有当年金榜题名、如愿以偿考上北大的百度创始人李彦宏，也有考了三次才勉强进入三流本科的阿里创始人马云，探寻他们成功的秘籍，绝非一场考试，而是无数次的奋斗拼搏与坚持，是胜不骄、败不馁、不服输、不认命的坚毅品格！

同学们，高考结束意味着你们行将告别中学时代，去开启一段新的学习旅程。在你们即将离开母校之际，作为你们的高中校长，我想送给你们几句话，既作为希望，也当作共勉。

希望你们坚守做人做事的道德底线，踏踏实实做事，堂堂正正做人。无论是在中国还是在外国升学和工作，都要以实际行动彰显一个有自尊有自信的中国人正面形象。

希望你们始终胸怀理想，勇敢地去追寻自己的人生梦想！人生就像大海上的航船，没有目标就会迷失方向。要自觉地把个人梦想和家庭梦想、家乡梦想、民族梦想结合起来，才会有饱满激情与不竭动力！

希望你们始终保持旺盛的求知欲望和良好的学习习惯。求知欲望和学习习惯，不仅对于在校学生的意义重大，而且对于所有在职人士也影响深远。习近平主席指出："当今世界正经历百年未有之大变局，新兴市场国家和发展中国家的崛起速度之快前所未有，新一轮科技革命和产业变革带来的新陈代谢和激烈竞争前所未有，全球治理体系与国际形势变化的不适应，不对称前所未有。"生活在这样一种充满机遇和挑战的时代，唯有不断学习、持续提升自我才能立于不败之地。

希望你们继续提高沟通、合作、适应能力，始终保持严于律己宽于待人和知恩图报的美德，培育美人之美、美美与共的胸怀，做一个学业上有创见，工作中有建树，生活中有品位，社会上受尊敬，对国家有贡献的时代新人！

谢谢大家！

珍爱青春，放飞梦想
——在广州中学2019届初中毕业典礼上的讲话

老师们、同学们、家长们、来宾们：

大家好！

今天我们大家欢聚一堂，隆重举行广州中学2019届初中毕业典礼。首先，请允许我代表学校行政和全校师生，向全面完成义务教育阶段的各项学习任务、经历了三天中考的严峻考验、顺利毕业的全体初三级的同学们，表示热烈的祝贺！向对同学们的健康成长付出了无数辛勤汗水和宝贵智慧的教师们，尤其是我们可敬可爱的初三教师团队，表示崇高的敬意！向辛苦养育、时刻陪伴和悉心呵护同学们长大成人的家长朋友们，表示衷心的感谢！

刚刚结束的中考，对于同学们来说，是迄今以来你们所经历的最重大、最严峻的考验。因为它不仅决定你是否已经完成了国家规定的义务教育的全部学习任务，而且也将决定你的高中升学去向。不过我要告诉大家，现在看来是最重大、最严峻的一场考试，在若干年之后，当你回望这段成长历程，它可能不过是一次印象不太深刻的经历、一朵不太起眼的浪花而已。

“十年树木，百年树人”，初中三年，是百年树人系统工程的奠基部分，是每个人人生经历极为重要的初级阶段。基础教育的根本任务就是为人的终身发展奠定基础。这个基础，概括来说，就是求知的基础，思维的基础，做人做事的基础，身心健康的基础。一句话，基础教育奠定的基础，是你在未来持续健康发展的不可缺少的知识、能力、素质的基础。这些基础中，有许许多多是以“知识”的形态表现出来的，比如数学的知识、语文的知识、物理的知识、化学的知识等等。然而这些基础当中更重要的基础，是以“习惯”的形态表现出来的基础。比如学习的习惯、锻炼的习惯、思维的习惯、卫生的习惯等等。所以说，好习惯是更重要的基础，换句话说，有好习惯，就有好未来。在这里，我要特别提醒同学们，高中阶段要学习的科目会更多，学习的难度也会更大，但一定不要忘记，培养好习惯、形成好作风这一重要任务。

同学们，你们正值青春年华，拥有人生最美好、最宝贵、最值得珍惜的时光。在这段时光里，你们可以无忧无虑地沉浸在知识的海洋，全身心地投入追求新知、发现自我、认识自然与社会的努力之中。初中毕业，距离成才与成功，距离成为一位对社会有贡献有作为的人，还很远很远。因此，珍惜每一天的宝贵时光，让它更充实，更有效益，更有价值，是你们的责任，也是你们成为同龄人中的佼佼者的必由之路。脑科学的研究表明，人与人之间，在智力上和天赋上的差距并不明显，而且时间对于每一个人也都是公平的，没有差异，但是日积月累的努力程度上的差异，每日每时每分所产生的效益的差异，却造成了成年之后人与人之间的巨大差别。每天努力多一点，把别人不经意浪费掉的时间都用到有价值的地方，你一定会比别人更优秀。我希望每一位毕业生都牢牢地记住这一点。

在英语的语境当中，“毕业”这个词，既表达了结束，又包含着开始。初中毕业，意味着初中阶段学习任务的完成和高中阶段学习旅程的开始。对于同学们来说，未来具有无限可能性，每个人都应该有自己的梦想，都应该不知疲倦地去追逐自己的梦想。考上自己心仪的高中，可能是不少人现阶段的梦想。能够如愿以偿考上自己心仪的高中，固然值得高兴，但就算没能考上自己心仪的高中，也不要太过气馁。因为考上什么样的高中，对于你们未来的发展，并不具有决定性；起决定性作用的，是你们追逐梦想的不可动摇的信念和决心，是让自己变得更好的强烈愿望，是把命运掌握在自己手上，脚踏实地的、坚持不懈的努力。你未必可以主宰考上什么样的学校，但是做什么样的努力，以什么样的心态面对挑战，这完全可以由自己决定。在影响一个人发展水平高低的诸多因素当中，主观努力这一因素始终是第一位的。

未来三年，也就是高中三年，将是你们受教育历程中极为重要的三年，它既是基础教育与高等教育的衔接阶段，也是决定人生未来走向的选择阶段。高中阶段，既是基础教育的最高阶段，又是高等教育的准备阶段。三年后，你们将要做出对整个人生影响深远的决定，那就是报考哪一类型的大学和选读哪个领域的专业，换句话说，就是要对未来从事的职业做一个选择。入哪一行？做什么事？过一种怎么样的职业生活？三年后的决定举足轻重！所以高中三年，除了要学好国家规定的课程以外，你们还应该广泛涉猎各个领域，接触各行各业，品味各类课程，从而在认识世界，认识自然，认识社会的实践体验过程中，加深对自己的认识。认识自己的兴趣爱好，认识自己的天赋才干，认识自己的强项和短板，认识自己的职业倾向和适合发展的方向，逐步找到个人的兴趣爱好、个人的优势智能与社会发展需要的结合点。能不能找准结合点，能不能正确地找到未来职业生涯的发展方向，是实现人生幸福的重要节点。从2017年开始，广东已经启动了高考改革，2018级的高一新生也开始了选课走班。所以，你们也到了要静下心来，思考未来人生走向，思考职业选择和规划职业生涯的时候了。

同学们，心中有梦想，前进才有方向，胸中有理想，脚下才有力量！我衷心地祝愿每一位同学珍惜青春，放飞梦想，认定目标，奋力前行！也祝福在座的每一个家庭，每一位来宾在追逐个人梦想和实现所有中国人的共同梦想——中国梦的奋斗当中，拥有更加美好的未来。谢谢大家！

给学生上一堂"生命大课"[①]

2020年春节，中国人民经历了一场特殊的战争。在这场没有硝烟的战争中，没有局外人，大家都是当事人。我们置身其中，都如经历了一次社会大考。在这场大考中，我们扮演了什么角色？我们的个人表现如何？我想，如果把这些问题抛给学生，他们会有不同的答案：有的同学注意到医护人员的献身精神，有的同学看到军人和干警的勇敢表现，有的同学则感受到公交车司机或企业家的热心和爱心，等等。不管从哪个视角，都可让同学们展开讨论，让他们分享自己的看法：什么让他们感动落泪？什么让他们义愤填膺？我想，在这种灾难面前，个人的感悟和思考会比单纯的说教更有意义。当然，在这一过程中，教师应引导学生思考三个问题。

一是关于生命的价值问题。这次疫情夺走了很多人的生命，包括我们的许多医护工作者们。从新闻中我们看到，这些医护人员并非不知道病毒的厉害，但他们还是义无反顾甚至是奋不顾身地投身到抗疫一线，因为他们深知自己作为医护人员在当前疫情中所肩负的责任。

① 原文刊载于《中小学德育》2020年第3期。

他们为保护更多人的平安而失去生命。他们的生命价值获得了最大体现。作为教师，我们要引导学生思考：如何去珍惜生命？既然生命对每个人来说都是最宝贵的，生命的意义又到底在哪里？生命的价值应体现在什么地方？如此等等，让学生学会科学认识和辩证看待生与死的人生课题。

二是关于生活的意义问题。什么样的生活才是幸福的生活？我想千万人有千万种答案。但每种答案的背后，一定都体现着一个人对生活意义的认识问题。作为教师，我们要引导学生思考：什么样的生活才是我们理应追求的幸福生活？作为在现代文明中陶冶长大的孩子，我们应该建立怎样的人生观和幸福观？如此让学生思考生活的意义问题，培养自己的文明品格。

三是关于生态的认知问题。这次疫情对人类来说又是一个沉痛的教训，或者说是人类因为破坏生态平衡而付出的又一个巨大代价。这再次让我们认识到，我们人类虽然是地球上最高等的动物，但在病毒面前又是那么脆弱和渺小。这让我们警醒，不尊崇科学，不敬畏天地，大自然还会给我们以惩罚。正如恩格斯在《自然辩证法》里所论述的：我们不要过分陶醉于我们人类对自然界的胜利，对于每一次这样的胜利，自然界都对我们进行报复。因此作为教师，我们应引导学生科学看待环境、自然和生态，我们应更深刻地意识到必须遵循自然规律，与大自然和谐相处，并更加自觉地建设生态文明。

我想，学校教育固然主要传播科学知识，但这次疫情告诉我们，帮助学生重新认识生命、生活和生态的意义，建立科学的生命观、幸福观和价值观，上好人生的这一场“大课”，也许是其更重要的意义所在吧。

守望相助，共克时艰

——2020年3月广州中学开学典礼视频讲话

老师们、同学们：

由于新冠肺炎疫情防控，我们今天通过网络在线的形式举行这场别开生面的线上开学典礼，大家都好吗？

2019年底开始出现的新冠肺炎疫情，使大家2020年的春节和寒假完全变了模样，我们整个国家经济社会运行的众多行业停摆，党和政府的工作重点迅速转移到疫情防控上来。我们看到，2020年1月23日武汉以壮士断腕的决心，毅然封城，减缓了疫情扩散的势头；1月24日也就是除夕夜，全国数支医疗队紧急奔赴武汉，疫区就是战场！医疗队员与家人离别的悲壮场景至今都让人感动不已；1月25日也就是春节当天，中央政治局召开会议，习近平总书记亲自指挥疫情防控。随后，我们又看到了火神山、雷神山医院拔地而起，看到了人民军队医疗队闻令而动，如同天兵天将一般速降武汉，看到了热心企业慷慨解囊、鼎力相助，看到了志愿者们挺身而出、勇敢奉献，看到了华侨华人心系祖国、尽己所能捐赠紧缺物资，更看到了全国人民守望相助、令行禁止、万众一心、众志成城的自觉行动。当下这场疫情防控，是一场没有硝烟的战争，是一部写满科学真理与经验教训的百科全书，是一幅记录每个当事人精神姿态的巨幅画卷，是一面鉴别真善美、假丑恶的特殊镜子，是一场角色众多、形象各异、台词通俗而深刻的舞台大戏，也是一门包含多学科知识的体验式的社会大课，更是一场对所有人进行的公民素质大考。我们都是当事人，不是局外人！人生历练，不可多得！事物都有两重性，疫情也不例外。人生经历一场重大疫情本不是好事，但重要的是要善于把现实危机转化为自我教育、自我提升、自我发展的契机。

令人欣慰的是，这段时间里，同学们都能按照疾控部门的要求，少出门、多锻炼、勤洗手、不聚会，管好自己就是对疫情防控做贡献；同时，按照学校要求，自主学习、自觉锻炼，按时完成各项学习任务。不少同学在日记中写道，作为祖国的未来，我们每个人都应该认识到自己的责任，尽所能，不添乱，在有限的空间内做最有意义的事情。更难能可贵的是，我校星空合唱团的同学们，在老师的指导下，以云合唱的方式录制了《以生命的名义》的歌曲视频，献给奋战在抗击疫情前线的各路英雄，传递了满满的正能量，充分展现了广州中学学子的爱心与才华！感谢合唱团的同学们！感谢韦静文老师！

在这场没有硝烟的战争中，白衣天使义无反顾地冲向疫区，成为最勇敢的逆行者，他们与时间赛跑，与病毒抗争，与死神争夺危重病人，有的甚至献出了自己年轻宝贵的生命！他们是我们时代最可爱、最值得尊敬的人！医护人员把生命献给他们心爱的以救死扶伤为天职的医学事业，献给抗击突如其来重大疫情的伟大斗争，他们的英勇献身彰显了生命的最高价值！还有那些夜以继日奋战在抗击疫情一线的公安干警、社区干部、公交车司机、媒体记者、快递小哥以及一大批默默无闻的志愿者，他们都用生命共同谱写抗击疫情的英雄赞歌！生命的意义是什么？生命的价值在哪里？相信经历了这场灾难，同学们会有新的思考、新的答案。

同学们，疫情就是命令，防控就是责任。在这场重大战役中，我们看到了在习近平总书记的坚强领导下，全国一盘棋，万众一条心，体现了中国巨大的紧急动员能力和组织协调能力，彰显了中国特色社会主义制度的独特优越性和中华民族的凝聚力。我们国家果断且强有力的疫情防控措施和防控效果，得到世界卫生组织和国际社会的高度评价，为世界各国疫情防控树立了榜样！当然，通过这场疫情防控，我们也要看到，我们国家治理体系当中还有许多需要优化和改进的地方，尤其是公共卫生防疫体系还不健全，应对重大疫情的能力还不足，包括基础医学研究在内的科学研究还很欠缺，公民的卫生习惯和防疫意识还亟须培养，公民的法治意识、道德观念等基础素质还需要加强，全社会保护野生动物、保护自然生态的意识要进一步增强，舆论管控、信息公开、权威发布等机制还需要改进。所有这些需要加强与改进的领域，都是同学们未来可以大显身手、大有作为的地方，国家和民族的希望寄托在你们身上！经历了这场重大抗疫战争之后，相信同学们对于生命的意义、生活的意义、生态的意义有了更深的认识，对于国家治理体系的持续优化和治理能力的不断提升有了更多的思考，从而不断地明确自己追求的人生幸福与理想。

老师们，同学们，当前疫情防控的形势依然严峻，为了确保同学们的生命安全和身体健康，降低对在校同学们学业的影响，省市教育部门决定从今天开始全省中小学正式开学，但开学不返校，全面开展网络在线教育教学。对老师和同学来说，全面实行在线教育教学是新的挑战，有一个学习适应的过程。不过我认为，这也是一个加快我校智慧校园、智慧课堂建设，创新教育教学模式，创新学生学习方式的极好机会。老师们要更自觉更努力地掌握现代教育信息技术，加快掌握在线教学规律，遵循在线教学特点，不断创新教学设计和教学策略，加强线上学习指导，不断优化在线教学效果。同学们要不断增强居家学习的自觉性，提高自主学习、独立学习的能力和信息素养，学会合理利用网络学习资源，努力提升网络探究、交流、合作、分享的能力，不断优化在线学习效果。同时要坚持五育并举，尤其是增强网络道德修养，高度重视劳逸结合、动静结合，加强体育锻炼，合理安排作息，注意用眼卫生，控制好使用电子产品和观看电子屏幕的时间与间隔。要积极参与家务劳动，提高生活自理能力。由于在线教育教学有一定的局限性，学校根据学科特点，对学科课程和课时做了必要的调整，还请老师们、同学们和家长们理解。

老师们、同学们，学校生活总有惯性，假期短了不习惯，假期长了也不习惯，大家渴望回到在学校讲课、听课那既忙忙碌碌又自由自在的日子。此时此刻，有一首歌特别契合当下的情景，这首歌也是我喜欢的，大家猜得到是哪首歌吗？对！就是女歌手那英在2013年央视春晚演唱的《春暖花开》，歌中唱道：如果你渴求一滴水，我愿意倾其一片海；如果你要摘一片枫叶，我给你整个枫林和云彩；如果你要一个微笑，我敞开火热的胸怀；如果你需要有人同行，我陪你走到未来。春暖花开，这是我的世界；生命如水，有时平静，有时澎湃；穿越阴霾，阳光洒满你窗台；其实幸福，一直与我们同在。

歌词很美，给人温暖，给人希望，更给人力量！我们坚信，阴霾一定会过去，阳光一定会照进来！疫情终将被战胜，春天必定会到来！

让我们同心协力，共同抗疫，守望相助，共克时艰，平安健康地迎接在美丽校园相聚的那一天！

谢谢大家！

珍藏记忆　砥砺前行

2020年，既是一个多灾多难的年份，也是一个喜讯频传的年份，是值得铭记的年份。当前，国际上，新冠疫情蔓延，防控形势严峻；中美关系紧张，多边关系重整，正面临百年未有之大变局。至2020年7月，疫情防控常态展开，稳步推进经济复苏，中央坚定兑现脱贫诺言，国家经济在排除干扰中迎难而上，正朝着实现中华民族伟大复兴目标奋进！

在抗击新冠肺炎疫情最艰难的日子里，全国范围内启动了史无前例的线上教育，老师和同学们都面临全新挑战，所有人都在思考，都在摸着石头过河。我们的校园静悄悄，但我们的脑海不平静，我们的教学没停歇。所有人都经历了一场社会大考，都上了一堂生命大课。抗疫期间，老师和孩子们在哪里？他们在想什么？他们在做什么？这本书为我们推开了一扇小窗，透过它，我们可以窥见在这个特殊时期，一所扎根岭南、位于湾区、以所在城市命名的中学，如何指引学生穿越时代的氤氲，思索个人、集体、民族、人类的未来，一群青少年如何自我激励，向阳生长。

本书收录的是广州中学2019级高中创新一班在2020年2至5月疫

情期间的学习生活实录，全书收录了37篇文章，采用全方位立体化叙述形式，通过白描方式还原了班级课程教学和管理工作。同学们在疫情期间以日记、诗歌、散文等形式创作，真实记录了他们的所想所为，涵盖了学习与生活的各方面，有一蔬一饭之记载，一草一木之感念，亦有对青年理想的追寻，对家国情怀的探讨。内容丰富，角度新颖，个性鲜明，精彩纷呈。

这也是广州中学"激扬生命、成就梦想"办学理念融入抗疫期间师生学习生活的剪影。2017年，广州中学在整合原广州市第四十七中学资源基础上横空出世，把"让每一个生命都绽放精彩"作为办学愿景，"仰望星空，脚踏实地"的校训浸润在学校日常教学生活工作中。通过本书得以窥见，老师带领同学们始终坚持强身健体、勤奋学习、践行合作、勇于创新、担当责任，一个个全面发展、个性鲜明的中学生形象跃然纸上。"十年树木，百年树人"，我们完全可以期待，今日播下种子，洒下汗水，栉风沐雨，明日必定枝繁叶茂，粗壮挺拔，长成栋梁之材。

这些独特经历和故事，当然也是一段少年人生的珍贵剪影，他们不能在时代的洪流中成长而不见洪流。白驹过隙，光阴似箭，倏忽少年便成人，将这段青涩真诚、共渡难关的特殊记忆结集成册，除了保存记忆，我们更加祈盼，此间的少年，许久以后穿过岁月的长廊再回眸，仍然满怀赤子情怀，不忘初心，砥砺前行，愿这舞象之年的光和彩，烛照少年一生。

是为序。

研学旅行在推动教育改革中的价值①

各位领导，各位来宾：

上午好！今天会场的盛况让我有种意外的惊喜，这种盛况也充分表达了我们国家老百姓对教育改革的热切期盼，对孩子们有更加美好的学习生活、学校生活的期盼。在正式讲话之前，我先表达一个意思，我特别赞赏花都区教育局及花都区文化广电旅游体育局和广东省研学旅行协会共同来举办大型发布会，也对联盟的成立大会表示赞赏。我觉得尽管花都不算是在我们国内非常著名的老牌旅游目的地，但是它即将成为新的引人注目的旅游目的地。不仅如此，区委区政府和教育局还非常敏锐地意识到，我们如何通过旅游和教育的深度结合，来推动教育改革，来办人民满意的教育。所以他们迅速地和有关的大学专家合作，开发研学旅行课程标准，建立评价管理的成套规章制度和模式。这不仅需要有敏锐的眼光，而且需要有巨大的决心。

花都在这么短的时间里能够推出这套标准，并且在今天这个地方，我们召开一个全国性的研学旅行行业联盟成立大会，这真的了不起。所以首先我要代表我们广东省研学旅行协会，也代表发起创办广

① 本文根据吴颖民2019年在研学旅行创新教育模式发布会暨全国研学旅行行业联盟成立大会上的讲话整理。

东省研学旅行协会的广东省中小学校长联合会，向我们今天与会的各位领导、各位来宾、各位专家，表示热烈的欢迎和衷心的感谢。今天这样的一个会场，给我一点时间来谈谈研学旅行究竟是如何在教育改革当中发挥它的作用的，我觉得我非常愿意来跟大家分享。

我们今天与会的许多单位、代表和专家，可能都强烈地感受到研学旅行对于国民旅游可能带来的巨大影响。我觉得景区、旅行社以及有关的民宿等一系列单位，更要关注研学旅行在教育中的价值，只有更好地去把握研学旅行对推动教育改革的价值，才能够真正很好地承担作为景区，作为基地，作为旅行社以及相关的一些行业在研学旅行方面如何做好服务，如何更好地促进孩子们的健康成长。所以这一点是我今天要讲的最重要的目的。

研学旅行反过来讲是“旅行研学”，用旅行的方式，用行走的方式，到学校以外的一个新的情景当中，用研究的方法、用考察的方法、用实地探究的方法去学习，它是一种教育的方式，又是一种旅游的活动。从教育改革的角度上讲，它有五大价值。

研学旅行的第一个价值是课程建设的价值。课程就是我们常说的学什么教什么。中小学有一整套课程，这套课程里面有国家课程，有地方课程，有校本课程；这套课程里面涉及多个学科，有文化课，也涉及音乐、美术、体育、通用技术等多个学科。从大类来说，它有德育，有智育，有美育，有体育，有劳动教育。这些课程就构成了学生的学习内容。我们要培养什么人？首先就要从课程建设入手。

习近平总书记反复强调，教育的根本问题是培养什么人，怎样培养人，为谁培养人的问题。培养什么人的问题由什么决定？由课程决定。你学什么东西，开什么课，开多少，如何考核，这就决定了人才培养的规格。中央决定把研学旅行纳入学校教学计划，有时间有经费有师资有评价，这就对研学旅行课程提出了很高的要求。也就是说我们的课程体系不仅仅都立足于校内，立足于有课本的学习内容，还要把我们对传统文化的了解，对美丽山川的了解，对很多历史文化遗址的了解，当然包括对各种各样的革命传统的了解，都纳入学习的内容。

将来课程的内容，既可以结合课本，即规定的课程，又可以建立新的地方课程，还可以成为学校的课程。这就是地方和学校的自主权，所以要推动三级课程的建设。国家的课程代表国家意志，地方的课程代表社会和地方的要求。还有学校的校本课程，我们培养什么人，我们希望学生有什么样的素质能力，学校也可以设计自己的课程。

所以研学旅行对推动学校课程建设有巨大的作用。我们可以丰富课程的形态，丰富课程的内容，丰富学校的特色。研学旅行对于学校人才培养的课程体系的建设，有巨大的意义和空间。景区、图书馆、艺术馆、剧院，各种各样的地方，如果想要吸引更多的学生去的话，就要想办法如何把旅游资源变成课程，变成学生可以学习的一个学习单元，一个学习内容，才可以跟学校在这个领域有更多的合作。不是说单纯来我们这，住得好吃得好，不是这样子的。

学校在意的是景区的活动在教育上有什么价值，能让孩子们知道什么，获得什么，我想教育部门应该从人才培养的角度，思考如何去完善课程体系，企业、景区以及其他相关部门如何为学校提升人才培养的质量去服务，让学生学习的内容更多样，更受学生的关注。我想这个是研学旅行的第一个价值，即课程建设的价值。

研学旅行的第二个价值是推动教学改革的价值。有了学习内容之后怎么教？怎么学？传统的课堂教学，更多的是老师讲学生听。研学旅行这种教学方式，是要离开学校、离开课室，要走向自然、走向景区、走向社会，甚至走向贫困山区，走向某些少数民族地区去研究这些地区的一些特点，去挖掘它们内部的文化底蕴。那么这种教学方式就跟课堂教学不一样，在现场更多的是学生主动去寻找去探究，教学方式变了，老师讲学生听这种传统的班级授课制的教学形式也就改变了，可以更灵活。

在博物馆是一种教学方式，在旅游景点是一种教学方式，可以考察地质地貌的现场，比如森林公园、湿地，那就是另外一种教学方式。教学方式会更加多样。我讲这一点，对于改革我们的教学方式，创新教学模式，意义重大。因为离开了课堂，就更有多样化的学习情境和学习场所，学生的聪明才智和学生参与的机会就会更多，它就打破了原先的教学方式。更加生动活泼的参与式、讨论式、启发式等教学方式，就可能成为一种常态，这非常有价值。研学旅行会反过来推动我们传统的课堂教学，这是研学旅行的第二个价值。

研学旅行的第三个价值是推动评价改革的价值。研学旅行这种走出校门、走出课堂的学习方式，会激发更丰富的学生表现。研学旅行是看学生在过程当中表现出的意志毅力、团队精神、合作能力，而不是只是认知，只是纸笔。这样我们评价的视角会更加多维度，评价的方式一定更加多样，所以研学旅行对我们推进综合素质评价有非常重要的意义。

过去我们最看重的就是考试成绩。今天如果学生手册、毕业证书仅仅说明学生学了几门课，考试考多少分，相信已经不能全面地反映一个学生的综合素质。所以研学旅行对我们创新评价模式，更加全面地去观察、去评价、去引导学生的发展，意义重大。研学旅行的评价一定是跟传统的纸笔考试、课堂学习的这种评价是不一样的。我们探索综合素质评价，让综合素质评价在学生升学以及以后的发展当中发挥作用，那它的价值可能就会更大。

现在一些比较有吸引力的单位招聘，一般不是只看简历，就算看简历也一定不是只看你的排位，你的考试成绩，一定要看你除了学习之外，还做了什么事情，你有什么兴趣爱好，你有什么能力表现，你有什么其他方面的特长。所以评价一定是要多元的立体的，是一个丰满的形象，而不只是干巴巴的冷冰冰的几个分数。这些对于我们全面去评价人意义重大。这种评价会带来教育的改革，带来人的素质的提高，所以不能小看研学旅行带来的价值。

研学旅行的第四个价值是研学旅行会加快、推动我们各种实践基地的建设。基地建设除了有博物馆、图书馆这样的地方，还有很多地方可以作为学习的场所。像很多很好的旅游目的地，一些景区，如果去丰富它们的教育内涵，就能为学生在这里学习提供更多的帮助，而不只是玩乐。我觉得研学旅行对推动景区升级，推动基地的发展有很大价值，让更多平时没有被人注意到的有教育价值的地方产生新的价值。

有很多原来的景区、旅游目的地，我们也可以新建很多这样的基地，关键是如何挖掘基地中可以作为教育的要素，去丰富它的内涵，让学生在这里有更加多样的体验，不仅玩得开心，还能增长知识，还可以增进对国家和民族的感情，真正发挥立德树人的作用。所以我觉得研学旅行对于推动基地的建设也意义重大。我觉得这一点我们今天在座的多位代表，实际上是可以有所作为的，譬如可以思考如何让这项工作更有文化内涵，让这项工作对孩子们素养的全面提升有更大的帮助。

研学旅行的第五个价值就是队伍建设的价值。研学旅行对我们现有的教师队伍而言是一个巨大的挑战。教师要用新的方式去组织教学，要用多元的视角去实施评价，要用“走出去”的方式来推动我们的教学改革，对教师的挑战很高。这里边包括外出组织研学活动可能产生的风险，对于学校来说有更大的责任，对于老师来说可能会有更大的压力。当然，要求教师组织学生走出课堂，走出校门的教学方式，对教师来说是一个挑战，也是一个锻炼和提升。

但是开展研学活动只依靠我们现有的教师是不够的，还需要更多的研学旅行导师。旅游行业原本就有一大批导游，导游本来就是做这方面工作的。导游队伍可以和学校的教师合作，去帮助教师落实好研学旅行这种新的教育教学模式。研学导师队伍一定是多元的，它一定是包括现在学校的教师、导游，还有其他可以跟研学旅行密切结合的新的一些人，包括博物馆、图书馆的讲解员，他们都完全可以成为研学旅行的导师。

研学旅行对于整个教师队伍的建设，对于吸引更多人来参与教育改革，来服务孩子们的成长，也具有不可低估的作用。所以有课程、有教学、有评价、有基地、有队伍，我们整个教育教学就会更加生动活泼，全社会就可能更加关注青少年的成长，可以说意义非凡。所以教育工作者、学校的校长和教师，社会各界尤其是文化旅游产业的所有从业人员，需要共同努力，为推动研学旅行事业的健康发展，为落实立德树人的根本任务，为推进素质教育，为创新我们的人才培养模式，提高教育教学质量，培养德智体美劳全面发展的社会主义建设者和接班人共同努力。

校长、教师培训是一门大学问

陆

中国的教师教育，过去一直重视师范生教育，很少关注在职教师的再教育需要。

1978年改革开放以来，中国社会发生了巨大的变化，世界也发生了新一轮的科技革命，新技术层出不穷，新知识也呈现爆炸式增长。20世纪90年代，中央提出了“跨世纪园丁工程”，开启了教师教育创新发展的新篇章：开始重视整个教师队伍的培训与素质提升，针对中小学校长和幼儿园园长的专门培训也正式启动。21世纪初，全国纷纷启动“千百十”“百千万”人才工程，开始培养骨干校长、骨干教师，教师专业发展开始成为学者关注和研究的方向，并真正落实到各级政府的议事日程上来。实际上，我国学者对于教师职业生涯发展规律的研究起步较晚也欠深入。

2000年，华南师范大学开始涉足对全省基础教育的校长、教师培训，设在华南师范大学的广东省教育科学研究所承担了广东首批基础教育“百千万”人才工程指导中心工作。2006年，华南师范大学成立中小学校长培训中心，开始承接地方政府委托的校长培训项目。2010年，华南师范大学正式成为“国培计划”国家级培训承接单位，并出色地完成了教育部委托的多个校长、教师培训任务，在校长、教师专业发展研究方面取得不少理论成果，在校长、教师培训实践创新方面也走到了全国高校的前列。

精心设计　精细管理 做有特色高质量的“国培”①

2010年华南师范大学有幸参与教育部“国培计划”，通过参与，我们加深了对《国家中长期教育改革和发展规划纲要（2010—2020）》以及《教育部关于大力加强中小学教师培训工作的意见》文件精神的理解，深刻地领会了“国培计划”的意义和使命，为下一阶段更好地执行“国培计划”奠定了更加坚实的实践基础。我们将华南师范大学执行2010年“国培计划”的情况和特点概括如下。

一、承担和完成“国培计划”任务基本情况

华南师范大学是第一次承担“国培计划”任务，共承担了7个子项目，其中5个示范性项目（初中数学培训团队，高中数学、英语、化学骨干教师，幼儿园骨干教师）和2个中西部项目（湖南初中历史骨干教师、海南初中语文骨干教师）。参训学员覆盖25个省、直辖市和自治区，人数多达467人。项目总体满意率很高，7个项目平均值

① 原文刊载于《中小学教师培训》2011年第9期，系与王红合作撰写。

是97.38%。其中5个示范性项目中有两个项目的总体满意率都达到了100%（初中数学培训团队和幼儿园骨干教师项目），所承担的2个中西部项目中的湖南初中历史骨干教师项目的总体满意率也为100%。

以上几个数字说明，我们华南师范大学第一次参加教育部的“国培计划”就勇挑重担，这是教育部对我们华南师范大学极大的信任和鼓励；为了不辜负教育部对我们的重托和信任，我们举全校之力在2010年12月底之前保质保量圆满完成了任务。借用宋永刚副司长到我校就“国培计划”进行调研时所说的话来讲，“国培计划”学员层次高、素质高、期望高，对于承担“国培计划”任务的高校有很大挑战，华南师范大学经受住了这次挑战；“国培计划”的宗旨在华南师范大学得到了很好的贯彻，“国培计划”的精神在华南师范大学得到了很好的落实。

二、实施“国培计划”所收到的成效

这次“国培计划”的成效非常大，表现在很多方面，其中最主要的方面可以用“人才”和“人气”两个关键词来概括。

（一）人才

所谓“人才”，是指通过“国培计划”，实实在在收到了为基础教育培养骨干教师和种子教师的成效，是非常实在的中小学教师队伍建设的“人才工程”。

通过学习，学员们普遍在理论、师德、专业知识和技能、视野与思维、反思与研究能力等各方面都得到了很大的提升，学员们普遍认为“国培计划”的学习很“解渴”，学到了他们想学的东西，用学员们自己的话说，“‘国培计划’就是不一样”，“一开始担心工作忙不想来，但是才学了两天就已经有很大的收获，如果真的没来就后悔了”。

（二）人气

所谓“人气”，是指通过“国培计划”，激发了社会各界对中小学教师队伍建设、教师教育的高度关注，凝聚了教师队伍和教师教育的人气。

1. 教师队伍自身的人气

“国培计划”是国家对教师发展与成长高度重视的务实之举，大大激发了参训教师被国家高度关心关怀的光荣感、幸福感，也激发了他们回到工作岗位后，把所学所思更好地在自身教育改革实践中加以运用的使命感，同时还建立了学员之间的专业网络，形成了教师专业发展的共同体，消除了教师专业发展的无力感和孤独感，激发了更多教师参加“国培计划”的愿望。

2. 高校关注教师教育的人气

通过实施“国培计划”，我们感受到了高校对基础教育教师队伍素质提升的使命和价值，不仅增强了我们参与“国培计划”的动力，吸引了更多专家学者关注“国培计划”、参与“国培计划”，也吸引了更多专家学者关注教师发展、关注教师教育，使从事教师教育的队伍人气大增，有一种扬眉吐气的感觉。

3. 社会各界关注“国培计划”及教师教育的人气

这次“国培计划”不仅引起中小学以及高等学校对教师教育的关注，更引起社会各界对“国培计划”以及教师教育的关注，《中国教育报》《中国教师报》分别刊登了我们对“国培计划”的宣传稿件，《南方日报》还专门就“国培计划”对我们学校做了专访，引起了社会的广泛关注。

三、实施“国培计划”所积累的经验

尽管我们的工作还未能做到尽善尽美，还存在改进的空间，但也还是积累了一些愿意拿来和大家分享的经验。

（一）学校领导一定要高度重视

学校领导重视的关键在于不仅把它当成一项任务来完成，更重要的是认识到“国培计划”对于学校社会形象和声誉以及锻造学校师范教育内功的深远意义。一方面，作为国家“211”工程大学，我们一定要在来自全国的中小学教师心目中树立我们华南师范大学愿意实实在在为他们服务的良好形象；另一方面，我们也认识到这种高端的教师培训项目是促进学校教师教育水平和层次提升的良好契机。

（二）建立统一的统筹工作机制

在“国培计划”实施之前，教育部师范司的领导就非常强调统筹协调对项目质量保障的意义。为了加强教师教育和服务基础教育的功能，我们学校在2009年底新成立了基础教育培训与研究院，专门负责统筹全校的教师培训以及其他服务基础教育的资源，这次我们学校承担的“国培计划”就是由基础教育培训与研究院统筹协调实施的，发挥了很好的统筹协调和质量保障功能。我们的做法是，以“统筹协调、分工合作、各有侧重”为原则，由基础教育培训与研究院出面代表学校统筹资源并联合协调各相关业务学院，基础教育培训与研究院重点负责项目申报、方案审核、后勤服务、项目管理、项目考核评估以及课程实施过程中的通识课程模块等方面，各学院重点负责学科方案设计以及学科培训模块的落实和实施，不仅让各个学院从烦琐的项目事务管理工作中解脱出来，更重要的是保证了各个项目质量和品质的标准统一性，保证了管理协调以及学校资源整体调配的高效与顺畅。

（三）要有丰富的实践资源

对中小学教师的培训必须要贴近中小学的实际情况，为此，要有充足的中小学校以及来自中小学第一线的教师作为培训的实践资源。在这方面，我们华南师范大学具有得天独厚的条件。一方面，负责统筹的基础教育培训与研究院，同时也是广东省的中小学校长培训基地，中小学校资源非常丰富，基础教育培训与研究院院长兼任华南师大附中校长，更为参训学员提供接触最优秀的实践资源大开方便之门；同时，广东省中小学教师继续教育专家委员会秘书处也设在该学院，中小学名师等实践专家资源库也基本上能够“一网打尽”，这都是培训项目质量保障的坚实后盾。

（四）勇于创新，创设温馨、关注个体的学习环境

在课堂教学组织形式上，我们摒弃了传统的“秋田式”课桌摆放形式，摆放成方便小组教学的“圆桌”形式，让学员随时能够面对面交流以利于学习共同体氛围的形成，并且，我们尽量把授课环境布置得温馨舒适，把每一个学员的名字都摆在桌面上，方便教师与每一个学员沟通，让每一个学员都能感受到被关注、被尊重，让学员感受到学习不仅是严谨、严肃的过程，而且也是温馨、舒适和令人愉悦的过程，从而以非学术性的氛围来增强学术性学习的效果。

（五）实行双班主任制

班主任工作是决定教师培训成败的重要因素，为了保证对学员的通识与学科进行双重指导，我们配备了分别具有通识与学科专长的两名班主任，同时我们还特别强调班主任专业化，要求班主任既要懂得

学习共同体构建的基本规律、掌握一系列学习共同体构建和引导创建良好学习氛围的策略，又要懂得教师教育规律，能够掌握引领教师专业发展的策略和技巧。要尽可能选派具有亲和力又有专业水准的优秀教师作为“国培班”的班主任，通过双班主任的合作，使学员既能得到教育专业的指引，又能得到学科方面的指引，满足了教育理论与学科知识发展的双重需要。

（六）注重教师团队的选择

为了避免一线实践教师过于关注操作性细节而流于肤浅，以及高校理论专家过于关注理论的抽象深奥而脱离实践，我们在选择教师时所坚持的原则是：选择具有反思能力的实践专家以及关注并熟悉中小学教育改革实践的理论专家。根据这样的原则，我们选择的教师普遍受到学员的欢迎。

（七）强调学员参与，充分发挥学员资源的价值

组建学习共同体的目的就是让学员参与，不仅强调在课堂上的参与，而且在编辑简报时也让学员投稿参与，使简报不仅作为工作汇报和反映培训动态的途径，更重要的是成为学员发表言论和表达思想的平台。

（八）动态管理，快速反应

在管理过程中，既要严格执行当初制订的课程方案，又不过分拘泥刻板，如果学员有新的合理要求，能够及时对课程方案进行调整，动态优化，以满足学员需求为本，而不能以方案为本；同时，能够对学习过程的某些环节快速反应，给学员以冲击和震撼，比如，“国培计划”培训简报的制作，我们做到了学习的第二天就出简报，并且快速对学员的问题进行专家解答、动态互动。

（九）课程设置既强调学科，又强调“有针对性的通识”

“国培计划”骨干教师除了对专业知识和技能有更新与提升的需求，更有拓展教育理论思维、为教学风格的形成奠定教育思想和教育理论基础的需求。为此，必须加强通识模块的教学，但是为了避免通识模块陷入过度理论化的状况，必须强调通识模块的针对性。比如培训中我们开设了“幼儿教育的功能及对幼儿教师专业发展的要求”专题，从某一种教育的功能出发思考从事该专业的教师应该具备什么素质，为教师专业发展提供了基本的原则和思路，既有理论分析，又有实践指导，学员们认为非常有启发，非常渴望多开设类似的课程。

（十）设定学习任务驱动目标

为了让学员有明确的学习目的，我们提出了一个总体学习目标要求，即“带着问题来，带着改革的冲动回”，我们要求每一个学员都带着工作实践中的疑问来参加培训，同时以推动课堂改革能力提升作为培训目标的切入点，所有的核心课程（专题讲座）都围绕一个总的目标来开设：让学员学会在自己的课堂中发动教学改革，要求每一个学员回去时都设计一个课堂改革的小试验，并在自己的工作实践中去落实。通过这样的任务驱动，学员们学习的目标很明确，效果也就很好。

四、需要改进和努力的方向

当然，“国培计划”的实施，我们还存在有待完善之处。我们将进一步强化实践性体验学习环节，不仅让学员以局外人的身份参观学习，在真实的教育情境中可以对问题有更深入的思考和体会，还拟增设同课异构来分析不同的教学理念和策略。积极与地方教育行政管理部门做好沟通，特别提请他们重视“国培计划”项目，配合做好学员的选拔和沟通工作。对参加过“国培计划”的教师们给以科研方面的支持，并发挥他们在当地的引领、示范作用，以放大和延续“国培计划”的成效。希望今后能有更多后续的跟进环节，使学员能够在培训后的教学改革实践中得到进一步的指导，例如建立首席专家工作坊，使培训的效果具有可持续性。

教师专业发展的学科建设是教师教育转型升级的关键①

在推动中小学教师专业发展方面，高等院校扮演着非常重要的角色。在这里，我想就如何促进教师教育尤其是教师专业发展谈一谈我的看法，主要讲三个问题：充分认识新时期教师教育领域的新变化、新挑战，充分认识推进教师专业发展学科建设的必要性、迫切性，充分认识教师培训课程标准、课程体系建设在教师专业发展学科建设中的基础性地位。

一、新时期教师教育领域的新变化、新挑战

改革开放以来，我们国家发生了巨大的变化，教育也发生了巨大的变化。世界在变，我们的国家在变，学生在变，学校在变，教师在变，家长也在变。确实，我们的教育发生着深刻的变化。首先，学校教师资源比过去更加充足了。过去，很多学校要补充一个大学毕业的老师都非常困难，而现在，应聘的大学生不可能全部得到聘用，而

① 原文刊载于《未来教育家》2016年第12期。

且在城市里面，不少学校还要挑名牌大学毕业生，挑更高的学历。现在学校对于教师的需求开始从数量的依赖型向质量的依赖型转变，由“有教师”转向“要有好教师”，这是我们教师教育领域的一个重大变化。

在教育变革方面，大家都看到教育发展速度不断加快。现在学校教育的许多新的课程、新的教育教学方法、新的经验层出不穷。这种变化的速度使得师范院校对于新教师的培养无法适应学校实际需求。很可能一个刚毕业的师范大学生，储备的某些知识和技能就已经过时了。所以，今天的师范教育、教师教育不仅要看重职前的养成，更要重视职后的持续更新。也就是说，教师不仅要具备一些基本的知识、基本的技能、基本的专业理念、修养，而且要有持续学习提升的意识和能力。

在教育的目标方面，也发生了一种价值的转变。基础教育，尤其是广大的中小学，教育的目标正在由过去更多的“关注知识传授”转向“关注思维能力培养”。对于学生的“预设性期望”正在向“生成性期望”转变。要非常重视课堂这种生成性的知识和体验，而教师必须伴随学生的生长性的成长而持续成长。因此，教师教育也就要由之前的“师范主导型”向“职前和职后并重型”转变。

由于教育对教师培养的这样一个新的挑战、新的要求，使得职后的教师专业成长受到了前所未有的重视。这些年，教育部也出台了一系列的政策：1999年第三次全国教育大会召开，进入21世纪以来，整个国家对教师队伍的成长有着巨大关注，标志性的文件就是《跨世纪园丁工程》。2002年，国家实施教师资格证制度；2010年，国家启动“国培计划”，做示范性的教师培训项目。后来，国家又颁布了《国培计划课程标准（试行）》，让教师培训有了更多的标准依据。2012年，国务院颁布了《关于加强教师队伍建设的意见》，对于推动教师职业成长提出了一系列的方针政策，比如中小学教师的专业标准、校长的专业标准、中小学和高等院校教师师德建设文件等。这些文件的密集出台，体现了国家对教师（包括校长）职后成长的高度重视，对教师队伍的高度关注。

教师职业成长受到极大的关注，教师队伍建设也呈现许多新的特点，我认为可以用七个“化”来表达。

1. 重心后移化

三四年前，在广州召开了一个和今天类似的教师培训者研讨会，那时候更多的是高等院校和县级培训机构负责人参加。我在那个会议上提出了“四年”和“四十年”的关系。“四年”指的是四年的本科师范教育，“四十年”指的是近四十年的教师职业生涯。如果一个师范毕业生入职标准年龄是22岁的话，到60岁退休，职业生涯将近四十年。如果我国的延迟退休计划实施，恐怕教师的职业生涯将超过四十年。显然，解决好四年的教师资格培养与促进在职教师近四十年的职业成长，复杂性和艰巨性是不可同日而语的。四十年的职业成长的长期性、复杂性，决定了要关注教师的专业成长，必须更多地关注职后这一方面。所以，教师教育的重心，一定是要后移的。当然，教师要成为一位专业人士，他的起步、他的资格培养同样非常重要。但是对于教师职后的成长规律，我们的认识还是相当粗浅的，因此，深刻把握教师职业成长规律，对于改革和改进本科师范教育，具有更大的学术价值。

2. 参与全员化

今天对于教师成长的关注，不仅仅是校长和教师本人，全社会都在关注，从政府、高等院校、各级教育培训机构、广大中小学，到企业、各种团体，包括媒体、网站都加入了关注教师在职专业成长的队伍当中。

3. 投入常态化

我做了几十年的校长，从1983年开始做中学校长，2000年之后又参与了大学的领导工作。以前中学的财务预算和会计制度里根本没有教师培训的科目，所以教师外出学习培训、参加学术活动没有专项经费，要在学校预算里的其他经费里开支。现在国家级的培训每年有20亿元左右的经费，省级的培训经费大都有“亿”以上的预算。像广东现在每年有5亿元的省级财政经费用于教师培训。

4. 需求刚性化

过去，教师培训往往作为锦上添花的软性需要，今天教师培训已经成为不可或缺的刚性需求。教育部已经出台了教师资格的注册制度，五年一注册、五年360学时的继续教育任务，师德建设有了具体的要求，校长、教师有了专业标准；职称改革，中小学设立了正高级教师职称。教师教育课程标准、课程体系正在完善，这个是为了满足教师专业成长需要的。所以，今天教师培训已经不是个体的、可有可无的要求，而是已经成为教师专业成长的刚性需求。

5. 队伍学术化

过去，从事教师培训的队伍基本上是进修学校、高等院校的相关机构和教师，而且这些人员基本上是做职前培养的。现在，这些学校更多地参与到教师职后专业成长中，这支队伍正在不断地成长、壮大，学术水平也不断提高。因为教师的专业成长，是一个专业、一个学科、一个非常博大精深的研究领域。没有一支高素质的队伍的参与，这样一项关系整个教育质量持续提升的重大工程是不可能做好的。

6. 影响扩大化

目前，全社会对于教师的职业形象、教师素质的提升特别关注。谈及教育的话题，特别是学生群体出现的一些负面事件，人们往往会追问学校出了什么问题，教师是怎么回事。人们也习惯把现在社会上发生的许许多多现象与教师的素质、学校的教育联系起来。

7. 功能常态化

过去教师教育更多的是做一些补偿性的工作，现在已逐步转变为一种常态化的持续的充电提升。当然，在职教师培训完全可以反哺到师范教育上来推动师范教育的改革创新。

二、推进教师专业发展学科建设的必要性、迫切性

首先，各级教育行政部门和广大的中小学中，基本上没有专业人士在推动教师专业发展。我们讲“教育大计，教师为本”，教师的质量决定教育的质量。但是现在从教育行政部门到学校，真正熟悉教师专业发展、能够掌握规律、能够科学地推动教师专业成长的专业人士是极为缺乏的，高等院校也没有培养这样的专业人员来供我们选择。这是现实对我们提出的迫切需求。

其次，在高等院校中，以在职教师专业发展为主要研究方向的专业队伍也没有很好地形成。有一些专家已经在这方面有了一些成果，我也看到了一些很好的研究成果已经正式出版。但是总体而言，这样的力量还远远不多，还不强。在高等院校也好，在科研机构也好，从

事教师培训的教师的学术地位还不高，在一些地方还被列入学校创收的“菜篮子”工程，这种现象严重妨碍教师教育事业的发展。

教育部“国培计划”的文件正式提出：鼓励支持有条件的高等院校开展教师专业发展学科建设。教育部已经看到了教师专业发展学科建设的必要性、紧迫性，已经开始推动、倡导这样的进程，高等院校也意识到加快教师职业发展学科建设的重要性。只有通过学科建设的路径，才可能让我们呼吁多年的“教师培训专业化”落到实处，能够让从事教师培训的教师、专家的学术地位得到承认。一个工作领域在高等院校里面有没有学术地位，有三个很重要的标志性条件：①有没有重大的科研课题；②有没有影响力广泛的重大学术成果；③有没有学科和学位点。在高等院校里，学科和学位点是刚性的，是决定性的。所以，要让教师的专业发展得到很好的推动，相关研究得到很好的深入，一定要加强学科建设。不仅要有重大课题，要有学术著作和成果，而且要把它落实到学科、学位建设上，这样才能真正巩固在高等院校里从事教师专业发展事业相关教师的专业地位和学术地位。

2012年，华南师范大学在管理学一级学科下正式设立了教师发展与管理的二级学科，为推动教师培训的科学发展争取了一定的学术空间和支持，同时创办了内部刊物——《教师发展研究》，作为从事这个领域专业人士的交流平台。目前，已经招收两届教师发展与管理专业的硕士研究生。

为什么要强调学科和学位点？关于学科建设，我要特别强调，职前和职后有巨大的不同。在现在教师教育的概念里，既有职前的师范教育，又有职后的培训和教师的专业发展。目前，职前的学科和学位点是比较完整的，教育学领域的很多学科和专业承担着培养师范生的任务。但是，师范教育对于职前的教师资格培养来说还是有局限性的，刚毕业的师范生是一个准教师，也是一张白纸，是对教师行业还没有亲身体验的一群人。而在岗的教师是真正意义上的教师，有职业的体验，有职业发展的需求。不难理解，对于在岗教师的培养就比“一张白纸”的师范生要显得更为复杂，尤其是职业生涯那么长、个体差异那么大，而且随着国家的进步，对于教师的要求又不断地更新变化。如何促进教师的专业成长？如果我们不能深刻认识和把握教师职业成长这个领域的学术性，也就不可能很好地去推动在职教师的专业发展。所以，必须承认职后教育和职前教育的差异性，推动教师职业发展这门学科的建设，保证教师的在职培训、在职成长得到更好的指导，这是一件非常有意义的事情。

三、教师培训课程标准、课程体系建设在教师专业发展学科建设中的基础性地位

课程标准、课程体系、能力标准这些内容在学科建设中是基础性的。没有这样的标准，没有这样的体系，学科建设就不可能落到实处。非常可喜的是，国家正在推动培训课程的标准化，推动培训课程的标准制定。一个专业要有自己的基础学科体系，要有相应的知识体系、能力体系。所以，加强课程标准、课程体系建设对于学科建设、对于专业的建设是最基础的，加快这样的建设非常重要。要强调PCK（Pedagogical Content Knowledge，学科教学知识）是师范教育学科的基础性知识体系，教师培训的课程标准、课程体系、教师能力标准体系同样在教师专业发展学科里面具有基础性的地位，也是教师专业发展学科建设应该首要关注的内容。

所以我们呼吁，众多高等教育院校、教师进修学校、教师培训机构一起努力，大力推动教师专业发展的学科建设。俗话说：“独行速，共行远。”我们要携起手来，特别是要利用好教师培训者联盟这个平台，共同推进教师专业发展学科建设的进程，希望教师培训者联盟的成立，成为我们推进教师专业发展学科建设的新起点。

不为名所累，只为成行家

——在黄埔区“三名”工作室授牌仪式上的讲话

充分认识建立“三名”培养机制——包括设立“三名”工作室、确定“三名”培养对象、实施“百千万人才工程”等——是加强基础教育校长教师队伍建设的重要举措和成功经验，对于培养基础教育领航领军队伍，促进基础教育高质量发展，具有重要意义和深远影响。

成为“三名”，是好事也可能是坏事，我们要看到“三名”的两重性。被关注、被培养对个人成长很重要，但毕竟是外因，只是重要影响因素。自己想成为什么样的人，能不能成为同行信服的、学生和家长信赖的、社会认可的名家，取决于自己的目的、目标和努力程度，这是内因，是决定性因素。

所以，成为“三名”工作室主持人或培养对象，是荣誉是动力，也是压力是考验，培养他人，是将自己“逼上梁山”。“被学习”是一种重要的、有效的自我提升的方式，被培养当然是难得的学习提高机会。

怎样才能更好成长呢？成为名家有没有规律？在成为“三名”工作室主持人或者培养对象之前，大家都是骨干校长、骨干教师、骨干班主任，有很好的发展基础。成为“三名”工作室主持人或培养对象，意味着要超越自己，再攀高峰。这就需要设立新目标，要更清醒地认识自己的优势和短板，要比过去更加努力。当然，了解名家成长规律，对于明确目标、少走弯路、有效成长和进步，是有价值的。

因为名校长的成长比名教师、名班主任更为复杂，但名校长成长规律和名教师名班主任成长规律有共同之处，可以借鉴。所以，我着重谈一谈名校长成长的规律问题。

名校长成长有没有规律可循？我国不少学者都曾开展过关于名校长的成长规律研究（我在2014年作为项目负责人也承担了国家人文社科重点课题研究），概括而言，有四种主要观点，即影响因素说、成长过程说、成长阶段说、成长规律说。我认为，影响因素说和成长规律说对名校长成长有较强指导作用。

影响因素说认为影响因素有主观因素，也有客观因素。主观因素主要有教育情怀、教育理念、专业知识、工作经验、管理能力、教学与科研能力、沟通与表达能力、团队合作能力、创新能力、个人努力等。客观因素主要有上级重视关心程度、政策支持、办学自主权、学校内部环境和外部环境（包括外部评价标准）、有效培养等。

成长规律说主要有以下观点：教师专业化发展是名校长成长的基本条件，丰富的学校基层管理经验是名校长成长的实践基础，先进、明确的教育理念和学校发展愿景是名校长成长的航标灯，反复学习和反复实践的紧密结合是名校长成长的催化剂，勇于改革、不断创新是名校长成长的突破口，政府大力支持和公众的认可与帮助是名校长成长的外部条件。

换句话说，名校长的成长是一个校长专业化发展的过程，是学习与实践相结合的过程，是校长主动发展、自我超越的过程，是利用外部资源优势积累的过程，也是在个体与集体互动中（校长与领导班子、校长与学校、校长与社会）发展的过程。所以，我的建议是：

第一，去掉功利心、虚荣心，重“功夫习得”，轻“名利获取”。功利心、虚荣心，是成长成才成家的拦路虎。为名为利去奋斗，总会患得患失，动机不纯总会削弱意志毅力，妨碍目标达成。古今中外，正面和反面的例子不胜枚举。去掉功利心、虚荣心，提升个人的学识魅力和人格魅力；要成为名家，师德修养、人格魅力是前提条件、必备品格。

第二，重视反思、重视提炼，完善系统主张。你们都有一定工作经验和业绩，要更上一层楼，就要更加注重反思，要善于琢磨，善于总结，不要怕否定自己。没有人天生不犯错，没有人能不学自明。只有善于琢磨善于总结，才能不断取得进步。

另外，名家之所以知名，总有独特之处。也就是说，教育名家总有自己的独特教育主张。要将零碎的、不成体系的教育思想、观点、经验，上升到相对成型的、简洁明了的、理性表达的教育主张，是需要一个反复推敲、持续提炼的过程的。“罗马不是一天建成的”，一个人的教育教学主张也不是一次成型的。

第三，敢于实践，敢于探索，智慧总是从实践中来的，从成功经验和失败教训中来的，没有实践体验，认识总是肤浅的。

名校长、名教师、名班主任都是教育实践家，或者说教育实干家。只说不做、夸夸其谈，成不了大事。循规蹈矩、因循守旧，也不可能自成一派，建功立业。

第四，学会分享，善于传播。教育、管理经验，教育改革成果，育人成功经验，没有什么专利可言，不分享不传播，就没有太大价值，也不是名家所为。成人之美，成就他人，就是成就自己。分享也是一种学习，是一种“被学习”的过程。比如接待来访客人，每次的介绍都有新内容、新认识、新观点；担任“三名”工作室主持人，接受跟岗学习、传授经验、指导学员，既是传播自己的教育思想，也是自我提升。中国乒乓球队几十年长盛不衰，重要经验是开放、分享，不自我封闭，不畏惧挑战，有更多强大的对手，你才会得到提升并超越自我。

第五，始终抱着谦卑心态，对新事物好奇，对新知识好学，对新技术善琢磨，这样才可能实现自我超越。每个人的经验总有历史局限性，时代在进步，科技在发展，对象在变化，质量标准也在更新，如新课程、新教材、新高考、新评价，不敏感不好学，就会被超越甚至被淘汰。

名气、名誉、名声是一种资源，它有两重性，给你平台和机会，给你压力，也给你动力。俗话说“人怕出名猪怕壮”，讲得有道理，蕴含着辩证法思想。正确对待“三名”——名誉、名声、名气，把它当成学习成长动力，不为名所累，只为成为真正行家，你才有机会声名远播，帮助他人也成就自己。

大爱若能言

——我对华东师范大学教育部中学校长培训中心的爱

人们常以“大爱不能言”来形容一种言语所不能及的恢宏深沉之爱。这种爱，不用常常挂在嘴边却又长久潜流心间；这种爱，不用常常说与人听却又每每回荡在耳边；这种爱，体现在走远之后的时时驻足与回望中；这种爱，体现在回应精神家园般感召的不由自主与情不自禁中；这种爱，体现在即便跨越千山万水也要分享成功、失败与荣耀的情系情牵中……

这，便是我对华东师范大学教育部中学校长培训中心（以下简称“校长培训中心”）的爱，不用华丽的言词、不用盛大的赞美，只是这样朴素的体验，从心间流淌到笔尖……写给校长培训中心。

斗转星移、光阴荏苒，20年的时间不过是弹指一挥间，然而，校长培训中心却成为中国中学校长们历练自我、追求卓越的神圣殿堂和精神家园，从西部边陲到东南沿海，从长空大漠到潇湘秀水，无数的中学校长从这里走向成功，从这里走向辉煌，他们的成功与辉煌证明了校长培训中心是一片孕育智慧的沃土，是一片激发灿烂的星空！

与校长培训中心的缘分始于短短三个月的集中学习，然而这短短三个月的缘分却演化成一种延绵不消、厚重无言的大爱，每当在学习中收获知识、开启思想，并为我的工作、学习和生活带来灵感与智慧的启迪的时候，都会引发我不由自主地精神回望……

校长培训中心的魅力源于它高端不俗的定位和精心设计的课程模式。到校长培训中心学习的校长绝大多数都是来自全国各地在工作中成绩卓然的骨干中学校长，这就决定了校长培训中心独特的精神追求，它致力于打造卓越、崇尚奋斗、拒绝平庸，激励校长们以不断探索的精神去追求教育的智慧和真谛。为此，校长培训中心的专家学者们为学员精心设计了多元、立体的综合课程体系，不仅有理论的讲授与传播，更有深度的实践学习环节；不仅有专家学者与校长们之间的沟通与交流，更有学员同伴之间的相互的碰撞与启迪；不仅有提升与拔高、“上可接天”的教育素养理论学习，更有夯实与务实、“下可入地”的以学校实践问题为切入点的探究性课题研究，学员们在集体创作与合作研究中体会着思维的乐趣与学习的幸福。

在理论学习过程中，教授们并不仅仅注重对某一个具体的教育理论的讲授，而是强调通过对理论的深度思考引导校长们从日常繁忙工作事务所形成的表面化、现象化的思维习惯和思维方式中走出来，让他们养成理论分析和理论思维的习惯，让他们在沉静的思考中去梳理、形成和深化自己的办学理念，从而为校长们成为有思想的、有理论的教育家型的校长奠定基础。在学校参观的环节，校长培训中心遴选了各种各样、多种模式、多种类型的学校供学员观摩学习，让校长们在观察中去反思，并且指导校长们运用所学到的理论去分析、去诊断所看到的问题，学以致用。开展同伴之间的讨论与合作学习一直是校长培训中心所秉持的学习传统，而这也往往成为灵感和智慧碰撞与激发的源泉。由于学员们来自不同的省份和地区，在讨论中，自然会有对问题的不同理解和基于不同情境形成的思维，但大家并不局限于相互之间通过说服达成共识，而是更看重讨论过程中所激发的思考和启发。当大家进入合作完成基于实践的课题选题，在教授们的指导下去查阅文献并合作撰写论文时，论文中所呈现的种种真知灼见和闪光的思想更体现出高度团结、倾力合作的团队精神的力量与魅力。学员们也正是在这种合作学习的过程中体会到了学习的快乐及友情的珍贵，他们的心因精神和智慧的同频共振而紧紧凝聚在一起，凝聚在校长培训中心的周围，成为中心坚定不移的“粉丝”。

毫无疑问的是，校长培训中心不仅是校长们追求智慧、追求教育真谛的神圣殿堂，更是校长们的精神家园，所以校长们在学习结束多年以后还常常感念在校长培训中心的点点滴滴，在有难题、有需要的时候就会想到校长培训中心、就会到校长培训中心寻求帮助。同时，当中心有难题、有需要的时候，校长们也总会倾力相助。这种精神家园的打造绝非虚假与肤浅庸俗的关系所能达成，它是校长培训中心多年来为校长们提供有价值的引领和帮助、为校长们排忧解难的真诚所铸造而成的，是校长培训中心的教授们长期以来与校长们平等对话、相互取长补短的平和、真诚与谦逊所积淀成的，更是校长培训中心在学员们学习结束以后也一如既往地为学员们继续提供指导和帮助、为学员们在实际工作中影响力的扩展出谋划策，甚至不辞辛苦派专家参加学校的周年庆典的真诚所积淀出来的……

精神的回望让我重温了培训时的幸福与快乐，也激发了我对校长培训中心卓然独立之姿态的敬佩。我相信，每一个从校长培训中心走出的学员都会保持它赋予我们的精神力量，以追求卓越的执着、以分享生命的真诚来抒发对它的持久而厚重的大爱！

柒 成就他人就是成就自己

教育，是培根铸魂的伟大事业。教师职业，是成就他人的职业。只有让你的学生（教育对象）获得更好的发展，才能体现你的职业价值。在基础教育阶段，让青少年学生在自己的教导下，德智体美劳各方面都得到发展，成为有理想、有本领、有担当的时代新人，这是教师最大的成功与幸福。

2006年之后，由于工作安排的调整，我开始接触中小学校长和教师培训工作。当年，华南师大成立了中小学校长培训中心，校长兼任培训中心的主任亲自挂帅，我兼任副主任。由于长期在中学担任校领导职务，我对校长的办学理念、知识结构、管理能力、领导素质有比较多的思考与理解，深刻体会到校长对于学校发展的重要性。我也乐于和校长探讨办学治校的棘手问题，分享对教育热门话题的看法，谈得比较多的还是校长的知识结构与核心素养问题。几年来，看到参加培训的校长经过学习，在理论修养、知识结构、办学理念、传播能力、领导才能等方面的变化，我感到由衷的欣慰，有一种特别不一样的成就感。

影响并改变一名校长，要比影响并改变一名学生难得多！但如果做到了，那意义就大得多，影响也会大得多！所以，但凡有校长让我为其著作写序，我都乐意为之，因为成就他人就是成就自己，所以我不觉得是麻烦，是累活，而是幸福的事情。

育树如育人
——广州市育才实验学校“树”课程的序

育才实验学校是一所著名的民办初级中学。近年来，在高质量完成国家课程的基础上，育才实验学校致力建设开发校本课程，打造学校办学特色。育才实验学校以“树”来命名校本课程的体系，寓意颇深。

据育才实验学校邹连文校长介绍，“树”课程从构想到落地将近一年，很不容易。这一举措，既反映了育才实验学校对民办教育转型升级挑战的敏感，也彰显了育才实验学校打造自身品牌特色的决心。

育才实验学校自2000年建校至今，一直都在求索创新，努力寻求为学生提供更有价值的教育。在通用课程之外，育才实验学校积极研发校本课程，拓宽学生视野，发展学生兴趣爱好，提升学生思维品质。

育才实验学校着眼于培养“有国际视野的复合型人才”，“树”课程顶层设计立意高远，涵盖知识领域宽广，课程宗旨是希望让每一个学生都成为一棵参天大树，根深叶茂，枝干挺拔，既根植传统文化沃土，做堂堂正正的中国人，又面向未来世界，在全球化浪潮中游刃有余，努力满足学生多样化的个性发展需要。

树根课程是基础课程，培育坚实根基。其深扎土壤的树根就是基础课程，培育学生良好的学习品质，打下扎实的知识基础。

树干课程是拓展课程，张扬个性特质。其支撑全树的树干就是拓展课程，培养学生良好的道德情操，养成高尚品格，构建学生多元的学习能力，开发潜能，张扬个性，形成高雅气质。

树枝课程是研究课程，强化思维能力。其自由伸张的树枝就是研究课程，促进学生终身的持续发展，形成创新意识和核心竞争力。

树叶课程是精品课程，树立品牌意识。其形态各异的树叶就是精品课程（主题活动），给学生提供全面学习和展示的平台，促进学校多元文化的形成和积淀。

十年树木，百年树人。我相信，假以时日，育才实验学校的“树”课程会茁壮成长，荫泽育实学子。我希望育才实验学校的“树”课程：一朝培土植木，三年冠冠如盖，五载花开争艳，十岁硕果累累！

祝育才实验学校越办越好！

在丰富的教育实践中沉淀和成长

——吴小兰校长《疏花简叶一枝兰》的序

开卷有益，尤其是阅读一线教师和校长们的专著，经常能让我获得关于教育的新感悟、新启发。广州市回民小学校长吴小兰，将多年的教育经历提炼成文并结集成书，取名为《疏花简叶一枝兰》，书名散发出教育文化的气息。

书中包含四个部分：对话学生、课堂深处、自我发展、本性管理。每个部分，均有生动有趣的故事和精彩的经历，反映出作者深厚的教育情怀，引人入胜。

阅读本书，发现在内容方面具有这样几个特点：

第一，教育经历丰富。书中记录了作者二十多年执教生涯中的精彩往事，包括她和学生的交往故事、课堂教学故事、求学进修经历，以及从事学校行政管理工作的心得体会等。这些真实而独特的教育经历及其片段，像熠熠生辉的珍珠被从时间的长河中拾起，装扮着锦绣的教育画卷，令人羡慕，也足以开启人的心扉。

第二，教育情感细腻。作者以女性独有的缜密心思和敏锐触角，捕捉了许多教育生活细节，每一个细节都饱含深刻的教育情感：对学生的爱、对课堂的爱、对教育工作的爱，春风化雨，润物无声。而细腻的情感教育相对于单一的知识传授展现了更为崇高的教育境界。

第三，教育理念鲜明。在作者丰富的教育经历和细腻的教育情感背后是鲜明的教育理念，包括科学的儿童观、先进的教学观、前沿的教育观等。这些科学、务实的教育理念的形成，显然离不开作者长期扎根一线的辛勤耕耘和漫长的求学经历的启发，离不开她对教育理想的执着追求，离不开她对教育真谛的艰苦思索。故在教育理念背后透露的是作者精益求精的教育精神，以及用最真诚的关怀树立学生信心、涵养学生品质的教育担当和教育品格。

教育经历、教育情感、教育理念，均离不开丰富的教育实践。名师，就是在丰富的教育实践中不断沉淀和成长。

古代圣贤提出“立德、立功、立言”“三不朽”。今天的教师也应努力追求三立：“立德、立人、立言。”而出版个人专著，则是教育工作者“立言”的体现。本书是吴小兰校长多年教育工作经验的结晶，充满了教育智慧和才华，显示出吴小兰作为广东省名师工作室主持人正努力前进在“立德、立人、立言”的正确道路上。

党的十九大报告提出：建设教育强国是中华民族伟大复兴的基础工程，必须把教育事业放在优先位置，加快教育现代化，办好人民满意的教育；努力让每个孩子都能享有公平而有质量的教育。

要实现这样的目标，关键之一是教师。

我们国家和社会应更多地关注和扶持教师成长，拓宽他们的专业发展道路，帮助他们实现自我价值。

让我们一起努力！

阳光教育，大有可为

——林黎华校长《行走在阳光教育之路上》的序

我认识林黎华校长，是从2015年开始的。当年广东省中小学新一轮“百千万人才培养工程”第二批教育家培养对象正式开班，林校长是这一批的学员，而且分到我任导师的这一组。我们的交流也就逐渐频繁起来。我也到过她任校长的广州市第九十七中学几次，有听课，有座谈，有参加论坛，有个别交流，从不同方面了解她的办学思想和办学实践。在我的印象中，她是一位有梦想且勇于追梦的人。

不久前，林校长给我发来她新近完成的一部书稿《行走在阳光教育之路上》，嘱我写几句话，我欣然应允。翻阅这部三十多万字的书稿，全书理性而系统的思维，清晰而完整的内在结构，独特而深刻的论述，让我敬佩和感动。她的专业素养、敬业精神和教育情怀，给我留下了深刻的印象。

如何引领学校特色发展，是林校长近年来一直思考与践行的关键主题，也是她近年来一直研究探索的重大课题。学校的特色发展，既是校长引领学校发展的内在要求，也是学校知名度、影响力持续攀升的必由之路。学校办学质量的提升与特色发展可以说是推动学校进步的两个轮子，缺一不可。质量是立校之本，质量提升也是学校教育的永恒主题。关于办学质量，已有较多达成共识的标准。特色是强校之路，特色发展一定是因校制宜、因校而异的，不同起点、不同定位，处于不同时空的学校，完全可以有不同的发展道路与发展策略。致力于学校的特色发展，是校长教育领导力的重要表现。广州市第九十七中学近年来的快速发展，与林校长致力于学校特色发展的办学思路是密不可分的。

在林校长的话语体系中，有两个词特别耀眼，一是“生态”，二是“阳光”。“生态”，建生态校园，林校长从环境生态、德育生态、课程生态和课堂生态四个维度，去培养生态文化，打造生态校园，使之成为“生命乐园、理想学园、幸福家园”，使学校教育更加遵循教育规律和青少年成长规律，把“绿色”发展理念落到实处。

“阳光”，办阳光教育，像阳光普照大地、催生万物一样，基础教育像阳光一样，关照每一个生命，温暖每一个学生，给予生命智慧和信心。培养阳光青少年，让每一个孩子都笑容灿烂、阳光自信、充满活力；造就阳光教师，让每一位教师怀揣梦想，充满激情，勤于学习，勇于实践，重于研究，善于总结，不断提升专业素养。

“生态学校、阳光教育”的核心理念，以及在此核心理念引领下的教育实践，使广州市第九十七中学逐步形成了自己的特色文化、特色研训、特色团队、特色管理、特色课程、特色课堂、特色评价，从而推动了学校的特色发展。

广州市第九十七中学近年来的快速发展与进步，展现了一位教育家型校长的独特功力，该学校的特色发展之路，也为面上学校如何实现跨越式发展提供了一个生动样板。我期待着林黎华校长在基础教育的办学实践中，创造出更加令人瞩目的成绩，收获更多的理论成果！

是为序。

永葆对教育对孩子的那份爱

——詹雯校长《纳年纳月纳时光》的序

我向来认为一位好校长要有自己的教育理想，要懂得更好地引领学校向前发展，在我眼里，詹雯同志就是这样的一位好校长。

2018年，她担负着重任从广州出发，前往贵州毕节纳雍进行为期三个月的支教活动。令我没想到的是，她一次又一次地申请延期，在纳雍待足了三年，才回到广州。

当年，她出发去支教的时候，带着激情与热爱，带着广州先进的教育思想与教学方法；归来时披着一身的星华，和从纳雍得到的更多的热爱。

贵州省毕节市纳雍县是广州市天河区教育结对帮扶的地区，作为天河区教育顾问，我一直关注着作为天河教育人代表的詹雯同志在纳雍组织的教育活动和开展的各项工作。在担任纳雍县教育科技局党组成员、副局长期间，她先后用三个月的时间深度调研300多所中小学，探索出教育帮扶“六个三”模式，成为纳雍老师口中的“女铁人”“女超人”；她为纳雍县打造了9间价值180万元的“梦想教室”，让更多老师、孩子拥有“敢做梦”的底气；她组织开展“星火计划”“正面教育”等培训56场，点燃了9000多名教师的内心火花；她牵头在纳雍县四中开设“希望班”，44名学生高中三年的费用全部由广州爱心团体捐赠，还牵线爱心人士资助50名优秀贫困学生直至大学毕业；她引进社会捐赠财物折合人民币达1400万元，带领组团帮扶教师聚焦把脉纳雍县第四中学，令其2019年高考本科率提升了10%以上，极大地推动了当地教育发展……

唯有大爱能推动詹雯同志在纳雍深深扎根，并为此奉献付出。

2019年12月，借助广州市天河区的优质教育资源，她主动请缨担任纳雍天河实验学校的首任校长，担起了易地扶贫搬迁1600名学生的教育重任。詹雯同志促进了纳雍县第一小学等7所学校、1所幼儿园组建成资源共享、专业互促、组团发展的“7+1”鸽子花开学习共同体，激励233名教师携手同心，追求教育梦想，帮助贵州教育事业更上一层楼。她还先后促成纳雍县72所中小学、幼儿园和广州市天河区59所学校签约结对，组织开展校际交流达13 000人次；把近100名孩子带到广州进行短期研学，增长孩子们的见识。

这位来自新疆阿克苏的姑娘在纳雍被学生们亲切地唤为“校长妈妈”，用心血浇筑起纳雍的一方教育天地。如今，她已回到了广州市天河区，但她对教育、对孩子的热爱仍留在纳雍的土地上。她留下了一所易地扶贫搬迁样板学校，留下了一间名校长领航工作室，留下了一群有梦想的老师，留下了一种“天河精神”，成为东西部扶贫协作的典范。

我在广州市天河区工作、生活了四十多年，也有着三十多年的校长工作经历，深知这种职责背后是怎样的艰辛和付出。育人的事业需要理想，需要情怀，需要智慧，更需要淡泊名利的坚守和坚持。校长是学校的领路人，要打好育人大厦的稳固根基，推动学校持续健康发展，理想信念和意志毅力不可或缺。詹雯同志在贵州支教期间所表现出来的对教育的深厚感情和不畏困难的意志毅力，令我十分感动，也十分敬佩！从她身上，我仿佛看到了中国教育更加美好的未来。前些时候，我从报端获知她被评为“全国扶贫攻坚先进个人”，真为她高兴，我认为这是实至名归的。

我一直认为，最有机会成为教育家的是校长和教师，因为学校是一片育人的沃土，具备了办学育人的充要条件；如果校长能够全面正确地贯彻党和国家的教育方针，遵循教育规律，创造性地把自己的教育理想和社会对人才素养的需求结合起来，坚持长期实践，不断总结提升，拿出有普遍意义、有说服力的办学成果，就可能成为新时代的教育家。同样，如果我们的一线教师能够长期坚持师德修炼，不断地更新教育知识，持续地探索学科教学规律，注重反思和提炼自身教学思想，不断提高教学质量，努力形成独特教学风格，也完全可以成为教育家型的教师。

最后，我衷心地希望詹雯同志能永葆对教育对孩子的这份热爱，永葆对育人奥秘的好奇和渴望，坚定且有韧性地探索办学育人规律，坚守自己的教育梦想，朝着教育家的方向勇敢前行，让更多的孩子能够接受更好的教育、健康成长。

是为序。

燃烧自己，照亮他人
——邹俊校长《我愿成为孩子脚前的一盏灯》的序

在中学校长队伍当中，女校长为数不多，而在这个男校长居多的群体里，能够站稳脚跟、有所作为的女校长，自然不同凡响！邹俊校长就是这样一位有追求、有个性、有作为的女校长。好多年前，在一次校长培训期间，我认识了邹俊校长。没想到三年前我受聘广州中学校长，和邹俊校长成了同事，都是区属完全中学（指既有初中学段，又有高中学段的学校，以下简称“完中”）的校长，对邹俊校长的办学追求有了更多的了解，对她为人处世的方式也有了更多的感知。前些天，邹校长拿了她准备出版的新书给我，让我写几句话，我才比较系统地了解了邹校长的从教经历和办学追求。

很高兴在邹俊校长的这本书里看到了回归教育本真的教育叙事。邹俊校长见证了改革开放以来广州教育的发展进程，她是亲历者、参与者，也是推动者。更重要的是她对每一段经历做了深入的思考，总结了自己在教育中的得失，坚定了自己的教育追求，逐渐形成了自己的教育思想。无论是家庭教育的潜移默化，还是中学时期的教师引领，相信都能给广大的家长和教育工作者很多启发。读着这本书，我仿佛看到了一个初出茅庐的年轻女教师成长为一所完中校长的励志经历。

没有人天生就能成为名师，更没有哪位教师天生就能成为好校长。要成就事业，就要有奋斗目标，有扎实行动，有顽强意志，有正确策略。邹俊校长1988年大学毕业，被分配到广州市第八十九中学任教师，她工作勤奋、能力突出，迅速成长为学生喜爱的好教师，接着被评为市优秀教师、省教坛新秀，十来年时间里，她从普通教师成长为学科组长、校办主任、校党委副书记。之后，她又被调到其他学校任副校长、校长。天道酬勤，没有超常的付出，就不会有超常的进步。2012年，邹俊校长回到第八十九中学任校长，确立以“至德致知”为校训，把立德树人作为人才培养的目标，把引领学生遵循规律追求真知作为重要共识，把“培养富有绿色情怀的，科学素养凸显的新时代龙的传人”作为办学特色，努力在培养创新人才方面下功夫，以点带面，促进了学校教育的“德育为先、五育并举”这一根本任务的落实。学校的持续发展也成就了邹校长个人的持续成长。

令人羡慕的是，邹校长生长在一个完整幸福的家庭，健康和谐的家庭氛围，以身作则的父母榜样，孕育了邹校长端正的品行、善良的心地、好学的态度和自律的习惯。我以为，家庭教育的重要性远远高于我们的想象，但并不是说知识分子家庭出身的孩子素质就一定高，其实也不乏父母没有什么文化，而孩子很有出息的例子。成材的孩子，通常都有一个和睦的家庭，勤劳、朴素、善良的父母往往就是孩子最好的榜样和精神导师。因此，“望子成龙、望女成凤”的家长们，除了要严格要求孩子，还应当努力以身作则，成为孩子敬佩、学习的榜样。

在邹校长的书中，她对小学生活、中学生活的深情回忆，给我留下了深刻印象。我相信，正是中小学时代的学校生活，成就了今天的她，奠定了她教育理想最初的形态。中小学教育为孩子成人成才奠定基础，内涵丰富、影响深远，绝对不容小觑。读书时中小学教师留下的美好形象和难忘记忆，往往会成为年轻教师的成长动力和发展愿景，成为年轻校长对教师的基本要求与办学目标。在孩子们成长的特定阶段，教师和孩子们一路同行、同甘共苦，教师、校长的片言只语和个性特点，学校生活的难忘经历，组成了我们对母校的记忆。而母校的记忆，又常常促使我们去思考：怎样创设丰富多彩的校园生活？怎样生成有温度、有感情、有信任的师生关系？怎样促进教师和学生既有共性又有个性地发展？这些都是对校长办学智慧的极大考验。当然，优秀校长的成长，还必须十分注重理论修养和开阔视野，其中，参与培训是一种好形式。但是，最要紧的是养成读书和思考的习惯，养成观察和比较的习惯，养成独立思考和坚守信念的习惯。

听着邹俊校长娓娓道来的教育叙事，看着她步伐坚定的成长历程，回望这些年来广州教育的发展进步，我对孩子们的健康成长满怀祝福，也对中国基础教育的明天充满期待！

信息素养是当代教师的核心素养
——刘文彪校长《互联网+时代地理教师的微能力与胜任力》的序

1978年秋季，我从革命老区汕尾市的山区学校调到广州，一直在华南师大附中和华南师大工作，虽然这两所学校都是在广州市天河区的辖区内，但由于隶属关系的原因，学校和天河区属的学校联系不多，自然没认识几位区属学校的校长。2017年，我受聘担任天河区教育顾问和新创办的广州中学的首任校长，和天河区属学校的校长们联系、见面的机会就大大增加了。天河区是广州市的核心区，既是经济最发达的经济强区，也是教育发展迅猛的教育强区，这里有一大批爱学习、善思考、有追求的优秀校长，刘文彪校长就是其中的一位。虽然和刘校长认识只有几年时间，但他为人正直敦厚、坚守一线教学、对新事物敏感、爱读书爱思考的品性和习惯，给我留下了深刻印象。

前些天，刘校长通过邮件给我发来他的新作《互联网+时代地理老师的微能力和胜任力》，让我为这本新书写序。盛情之下，我不好推托，尽管我很明白自己对这个领域并不熟悉。我仔细浏览了他的书稿，心里有不小的惊喜！惊讶的是作为事务缠身的中学校长，刘校长不仅坚持日常的地理学科教学，而且对学科教师适应时代进步要求的新技能作了深入研究，这是难能可贵的；欣喜的是刘校长作为地理教师，对教师胜任力研究的方向是互联网+环境下教师的信息素养这一新领域，这是当今学科教师队伍关键能力中相当缺乏的方面，足见刘校长的眼光独到、嗅觉敏锐。

刘校长的书稿从以知识爆炸和互联网应用为标志的信息时代特征出发，分析了信息技术对教育教学和管理的广泛影响，提出了教师适应信息时代需要的“微能力”的概念，并从数字资源的获取与评价、微课的设计优化、技术支持的课堂导入、课堂讲授、总结提升、方法指导、展示交流、评价量规设计与运用、课堂测试与练习、探究性学习活动的设计、发现与解决问题等方面，去定义地理教师的“微能力”，可谓自成体系。从书稿中我强烈地感受到刘校长涉猎领域之广，无论是全球教育的未来发展，还是教学理论的众多学说，无论是教育信息技术的新进展，还是智慧校园建设的新生态，他都时时关注、仔细琢磨。至于书中引用的众多新名词新术语，更是让我惊叹不已！

自从互联网技术出现之后，基于互联网应用的新技术层出不穷，大数据、云计算、区块链、人工智能……让人眼花缭乱、应接不暇。以信息技术为代表的新技术，正在改变着人们的生产、生活方式，重塑人类的社会生态，也深刻地改变着人们的学习方式、交往方式和学校的教育教学方式。如果我们的教育工作者，尤其是学校校长，不能敏锐地意识到新技术对学校教育和学科教学所带来的严峻挑战和难得机遇，不能不失时机地把握机会去推动智慧校园建设、提升教师信息素养、开展智慧教育的实验研究，学校就不能切实地担负起培养能够完成民族复兴大业的时代新人的重任，也不可能满足广大人民群众接受更好教育的美好愿望。衷心祝愿刘校长的新作能够对提升中学教师，尤其是中学地理教师的信息素养产生积极影响，能够对学校智慧教育的广泛探究产生推动作用！衷心祝愿刘校长在运用信息技术创新地理教学、优化学校治理、提高办学质量方面不断取得新成果！

是为序。

文化是学校的根和魂

——林文良校长《诚真教育——做一个有思想的校长》的序

有人说，有梦想就有希望，只要心怀梦想，一切都有可能发生。2004年，伴随新课程改革的脚步，一群爱做梦的湛江师范学院附属中学（现岭南师范学院附属中学，以下简称“附中”）人，在林文良校长的引领下，怀揣梦想，行走在漫漫的课改征程中，孜孜以求地寻觅着教育理想家园。

如何让学校特色教育的内涵得以延伸？如何让学校的事业得以持续健康发展？基于自身的教育理想和对校情的把握，林文良校长提出了“文化兴校”的办学思路，着力打造有附中特色的、以“诚真”为价值追求的育人文化，并以此育人文化引领学校的发展，推动教育教学改革，但其最大的障碍是教师头脑中根深蒂固的旧观念。没有先进理念指导的教改是盲动，而等到教师观念完全更新后再推动教改则是被动。林文良校长选择了边学习边行动，联系改革实践持续学习提升的策略，既不被动等待，又不盲目急进，坚持知行合一推动改革，取得了令人刮目相看的成果。

按照林文良校长的理解，诚真文化的内涵就是“共养至诚风尚，普行至真教育”。所谓“共养至诚风尚”，是指学校要以文化的视角来审视教育，教育不是纯粹的教，亦不是纯粹的学，它应该是通过构建文化场来影响人，即落实文化育人的过程。诚真文化对附中人的意义，不仅在于它提供一种无以替代的归属感及精神纽带，而且从深层次上塑造了现代附中人的群体性格，即坚守“彰显真我，坦诚相对，各扬其善，各彰其美，各适其位，有情有信，和谐融洽”。这样的文化性格反映到教育教学中来，就形成了教师团队的三大价值追求，第一是追求敢为人先的创新精神，第二是追求理性务实的求是品格，第三是追求包容和谐的博爱胸怀。

文化是学校的根，也是教育的魂。林文良校长从学校实际出发，打造“诚真”文化，以先进文化引领教育、教学和管理工作，走出了一条通过观念更新、文化再造从而提升核心竞争力、实现办学质量跨越发展的新路子，实在可喜可贺！林文良校长认为，以“诚真”文化引领课堂，就要打造一种具有六大关键特征的课堂，这就是对话的课堂、开放的课堂、探究的课堂、建构的课堂、感悟的课堂、快乐的课堂。这也是林校长“自由与平等，理解与倾听，信任与尊重，开放与分享”优质课堂观的具体体现。

当下，学校之间的差异和差距是客观存在的事实。究其原因，有人归结为生源差异，有人归结为管理水平，有人归结为队伍素质。而林校长认为，学校文化、思维方式、价值取向等深层次的原因才是影响学校办学质量的主要原因。地区之间、学校之间的竞争，本质是文化的竞争。对一所学校来说，没有深厚的文化底蕴，没有先进文化的引领，没有文化创新的持久推动，就会成为竞争的落伍者。老子说：“天下莫柔弱于水，而攻坚强者莫之能先也。”世界上最柔软的事物是水。但水一旦汇聚成大水、洪水，那种力量是无坚不摧的。近20年来，林文良校长一直坚持自己“文化铸品牌”的梦想，带领附中人聚焦课堂，不断优化教学方法和教学手段，丰富教育理念和教学策略，行走在新课改的路上，在学习中研究，在研究中实践，在实践中反思。

林文良校长这本《诚真教育——做一个有思想的校长》，正是附中课改征程的智慧行囊，附中人“文化铸品牌”卓有成效的见证，每一步都是沉甸甸的，每一步都掷地有声。

读罢林文良校长的《诚真教育——做一个有思想的校长》，我有一种明显的感觉：在诚真文化的影响下，附中教师的教育理念已在悄然地发生着变化，“以学生为主体”和“以学生发展为根本”的教育思想已渗透到教师的教育行为中。

《诚真教育——做一个有思想的校长》也让我感受到林文良校长文化强校的那份自信、深沉和睿智。他坚持“科研兴校”，倡导“课堂即研究”“问题即课题”式的研究，产生了“短、平、快”效应，很好地促进了学校的教学改革和学校发展。

我衷心地期望林文良校长坚持“文化强校”的探索，在更广的领域、更深的层面开展教育教学研究和实践，取得更多更新更具特色的成果！

路漫漫其修远兮。新课程改革的路还很长很长，但我相信，只要心怀梦想，坚持大处着眼，小处着手，持之以恒，远方必将山高水长，一路风景也必会催生学校教育新的希望。

是为序。

位卑未敢忘国忧

——麦志强老师《梦未央：四十五载教育生涯回望》的序

我和老麦是有着四十余年交情的老朋友了。我们是同龄人，我比他大两岁，他称我老吴，我叫他老麦。几十年来，尽管彼此的身份多有变化，但彼此称谓不变。

前些天，老麦给我送来一沓厚厚的书稿，这是他2015年底正式从工作岗位退下来之后“闭门造车”的作品。在这本近似回忆录的书中，他对四十多年的职业生涯做了全程回顾，提炼了他对中学语文教育的思考与感悟，记叙了他在当语文老师和班主任期间与学生们相处的故事，还记录了他当校长和总经理期间经历的重大事件和心路历程。老麦请我帮他写序，我开始有些犹豫，我才疏识浅，怎么能够给一个大学教授，尤其是中文系毕业的专家的著作写序言呢？但后来，我还是答应了，毕竟有四十余年的交情，而且许多故事和场景我都亲身经历，也有话可说。

打开书稿，我一口气读了几十页，兴趣盎然，爱不释手。这本书，记录了他四十多年的职业生涯，可以说是一本工作随笔集，也可以说是一部回忆录。20世纪70年代至今，是中国变化最多、发展最快的四十余年，我们共同参与、共同经历、共同见证了许多历史事件，往事历历在目，读起来特别亲切。

说起来，老麦算是一个传奇人物。他从“徒有虚名”的高中毕业生起步，到广州市第一师范学校进修了一年，就留在广州市第六十一中学（华南师范学院附属中学，在“文革”后期改此校名）任语文老师。1978年，广州市第六十一中学校名恢复为华南师范学院附属中学，他继续留在学校任语文老师。时任校长王屏山先生并没有因为这批年轻人学历不高而将他们调离，反而为他们提供进修学习的机会，鼓励他们努力上进。老麦一边工作，一边进修，经历了脱产进修和本科函授，用了整整七年时间拿到了本科文凭。那时候，他上有老下有小，一边工作一边读书，个中艰辛可想而知。

难能可贵的是，在这段时间里，他不仅勤奋工作，努力进修，还积极思考中学语文教学和班主任工作的改革，一直在探索如何解决中学语文教育绩效低下和班主任工作不适应改革开放时代要求的问题，就中学语文教学改革和班主任工作改革写了不少文章。

后来，华南师范大学教科所所长李锡槐教授点名要把他调到大学去。一个函授本科毕业的老师要到大学从事研究工作，这在当年也是不多见的。此后，老麦在中小学德育方面的研究成果颇丰，也成了这个领域中小有名气的专家。2002年，华南师范大学启动基础教育对外合作办学，筹建教育发展集团和教育发展中心，他应我的邀请加入了这个行列，为华南师范大学在广东省内深度服务基础教育、创办新型优质中小学，做出了不可磨灭的贡献。他不仅积极推动华南师范大学在基础教育领域的合作办学，还亲自担任过公办学校和民办学校的校长。

人生经历有这么大的跨度，涉足常规教学、理论研究、行政管理、产业拓展等领域，这在教育战线里边也是不多见的。我佩服他的勇气和智慧！

老麦是一个有教育情怀的人。尽管当年踏入教育行列不是自己的主动选择，但是，一旦入了行，他就初心不改，一走到底。他热爱中小学教育，和学生亲密互动，也热爱大学的理论研究，重视人才培养；既献身教育事业，也推动教育产业。他不仅对中学语文教育有独特深刻的思考，而且对中小学的德育改革创新也有独到的见解。面对中小学中的应试教育倾向，他坚守育人为本，决不做出伤害学生长远利益的功利化行为。对于发展教育产业，他反对唯利是图，反对投机取巧，决不做违反教育规律、影响品牌声誉的事。在道德良心和职业良心问题上，老麦是有底线意识的。

老麦是一个有教育智慧的人。他的语文课堂深受学生的喜爱，他所教过的学生对他念念不忘。他担任校长期间，坚守教育信念，善于调动教职员工积极性，遵循教育规律，强化学校文化建设，办学业绩显著，业内口碑良好。

老麦是一个有责任担当的人。风口浪尖，他从不退缩。南国学校两次移交，都引发动荡局面，他坚守一线，直面家长和教师的过激行为，坚定而耐心地做好解释工作，妥善化解危机。他担任教育发展公司总经理期间，面对合作学校动荡、投资方欠薪欠费、教师队伍不稳等困难状况，从不推诿责任，也不让领导操心，压力自己扛。

老麦还是一个勤学习爱思考的人。担任中学语文教师期间，他就思考探索语文教学改革的问题；担任班主任期间，他就思考探索在改革开放背景下班级管理建设的改革问题；在教科所工作期间，他就研究中小学德育改革课题，指导基层学校探寻德育创新之路。在工作的同时，他还发表和出版了诸多文章和著作。担任教育发展公司总经理期间，他更是不断思考师范大学如何更好地服务基础教育，如何让师范大学对外合作办学行稳致远，民办教育如何才能持续健康发展等问题。在这些方面，他也给了我许多启发和建议。

老麦此本新书展现了改革开放以来中国基础教育的发展变化，让关注广东教育的有心人可以窥探华南师范大学附属中学乃至华南师大系列附属学校发展的某些场景，欣赏到其中一些值得回味的故事。愿大家喜欢这类有背景、有故事、有思考的作品。

是为序。

附　录

一面旗帜与她的时代使命
——华南师范大学附属中学校长吴颖民访谈录

自1888年诞生的格致书院沿革下来，华南师大附中历经百年砥砺，百年沉淀，成为广东基础教育的一面旗帜，成为我国基础教育的一个优质品牌，成为一所享誉海内外的名校。

对于华南师大附中，每个人的解读可能都不尽相同。

在广东的老百姓心目中，她就是中学里的“北大”“清华”；在骄傲的高分学生心目中，她就是一个必须要攻克的“高地”；每年中考结束后，她就是初中毕业班老师们用以衡量教学质量的标杆；每年高考结束后，无论这所学校有没有出“状元”，她必然是“状元”话题的中心；当然，在同行中，除了羡慕这所学校的优质生源，更多的是自觉又或者不自觉地去用自己的办学成绩和这所学校比较。

一百余年历史的华南师大附中星光熠熠，著名音乐家冼星海，岭南画派开创人高剑父，新中国第一个破世界纪录的运动员陈镜开，中国科学院院士邓锡铭、姜伯驹、蔡睿贤，中国工程院院士钟南山、黄耀祥、岑可法……中国革命先驱熊锐、廖承志、谭天度……1977年恢复高考以来，华南师大附中的高考本科率平均达到98%以上，其中考取重点大学的约占85%，广东省历届高考“状元”也多为华南师大附中学生，国家级和省市级学科竞赛，华南师大附中更是在省内有明显优势。

吴颖民任教华南师大附中至今30余年，1984年任副校长，1996年接任校长，是华南师大附中历史上校领导岗位任期最长的校长。

“不拔白旗插红旗”，旧社会一批优秀的知识分子转化为华南师大附中一支强大的师资队伍，不盲从“大跃进”运动，扎扎实实地搞教学，1959年高考一举夺取全省第一，并从此一直保持领先优势。

名校速递：我们现在谈到华南师大附中在基础教育领域的影响力，更多的是从1978年恢复高考后谈起，那么之前的情况是怎样的呢？

吴颖民：学校真正被称为华南师大附中实际上是在1952年，当时由中山大学附中、岭南大学附中、华南联大附中、广东文理学院附中四所中学合并成华南师院附中。

1952年以后，主要是由黄杏文、王屏山等一批校长组成一个管理群体，当时学校在全国率先提出了“为共和国培养人才”的口号。当时，教育界“唯成分论”盛行，要把一些成分不好的教师清除出教师队伍，聪明而富有胆量的王屏山校长提出“不拔白旗插红旗”的观点，努力改造旧社会知识分子，让他们在新旧社会转型的过程中，改变思想观念。在这样的指导思想下，一批优秀的知识分子转化为附中一支强大的师资队伍。这个做法迅速引起了一些有同样背景的中学效仿，为新中国成立后的广东教师队伍起到了一定的稳定作用。

1958年“大跃进”时期，在“人有多大胆，地有多大产”的政治口号引领下，“大跃进”、大炼钢铁、兴修水利等一次次以政治为服务目的的运动充斥着教育界，不少学校放弃教学参加运动，但华南师大附中不盲从，王屏山校长始终坚持自己的理念，扎扎实实地搞教学，在尽量减少各种外来因素对教学的干扰情况下，坚持搞好文化课教学。这使得华南师大附中在1959年高考中一举夺取全省第一，并从此一直保持领先优势，华南师大附中一跃成为全国一流中学。

提倡学生要做工作、学习的主人，“文革”以后，华南师大附中是全省第一所恢复学生会、共青团活动的中学；提倡用创新精神发展教育，在全国率先实行“按程度分层次”的教学；1987年华南师大附中就已经成立了奥数班，并在当年取得了第一块国际奥数赛事的奖牌——铜牌。

名校速递：1978年恢复高考后，您来到华南师大附中工作，这个时期，令您印象最深刻的事情是什么？

吴颖民：党的十一届三中全会之后，中国迎来思想解放的春天，开始正确看待“文革”前的教育。基于之前把教育界“十七年”（指1949—1958年）的历史说成是“被资产阶级专政”的历史之说法，国家提出要正确看待“过去17年”。1978年，王屏山校长重回华南师大附中做校长。王校长提出了“继承‘过去17年’好的，抛弃‘过去17年’不好的”的口号，首先是继承过去重视思想工作的传统，提倡学生要做工作和学习的主人。

其次，提倡用创新精神发展教育。当时，我们发现，在学生特长发展、视野拓展方面，学校的相关教育是很缺乏的，于是我们采取相关措施补充这方面的教育，王校长提出“课内打基础，课外出人才”

口号。学校设置了选修课，开展了小论文、小发明等活动，在全国率先实行“按程度分层次”的教学，当时，华南师大附中跟北京景山学校、华东师范大学第二附属中学、南京师范大学附属中学等全国八所重点中学召开了联盟大会，提出了“因材施教、开发智力、发展个性特长”的观点。

20世纪80代王校长从美国考察回来后，介绍了美国学校“学生选老师”的做法，比如：学生英语水平较高的，就选择高要求老师的课；若数学不够好，则选择低要求的老师教课；学年结束，根据学生和任课教师的意见作适当的调整。这样的教学模式、课程设置与今天新课程改革的理念本质上是一样的。

20世纪80年代，开始有学科竞赛、尖子培养，并成立了奥数班。现在看来，这些都很常见，但在当时，华南师大附中的这些办学理念和取得的成果与其他学校相比，就处于遥遥领先的地位，这也证明了华南师大附中在教育改革方面的思考和实践觉悟早、起步早。上午上课，下午自习；针对以往教育的功利性、短视性，提出了“完整的现代教育”理念。1999年，华南师大附中每个老师配备一台笔记本电脑，现代化教学手段“武装到了牙齿”。

名校速递：20世纪90年代，社会上“片面追求升学率”之风越刮越猛。华南师大附中在高考升学率方面早已名声在外，在这样的背景下，华南师大附中又是如何应对高考压力的?

吴颖民：在这样的社会风气下，学生自主学习的空间越来越小，压力越来越大，各所学校的竞争也越来越激烈。但是，华南师大附中在坚持以“以课程和课堂为中心”的基础上，旗帜鲜明地提出了“轻负担、高质量”的口号。我们从语文、数学、英语等大科目改起，把课时数量减下来，缩短上课时间，减少了课时、作业量，给学生更多的自主学习时间。这种做法在广东乃至全国的中学里面也是开风气之先的。

1996年，我接任华南师大附中校长一职后，针对以往教育的功利性、短视性，提出了“完整的现代教育”理念。其中的“完整”是一个立体的概念，有别于“全面”，我们认为“全面”只是一个平面概念。我们把初一到高三的德育、智育、体育和美育作为一个完整的中学教育体系，从理念、教学、课程体系三个方面进行改革创新。

理念方面，坚持“以人为本”，“持续发展”。中学只是整个教育链条中承上启下的阶段，只是其中一道生产“半成品”或加工“准产品”的工序，属于人的潜能开发过程中的初期挖掘阶段。那么，培养出来的人不能仅会考试，更要懂得如何做人，学习上要有可持续性。现在很多在高中时期的优秀学生上了大学以后都只想着享受，一个重要的原因是中小学的学习让学生感到太痛苦了，这样的现象是对现在中国中小学教育追求短期功利目标的报复。

在教学方面，注重方法、技术、信息化手段，建设有现代化意识的师资力量。华南师大附中是全国较早实现信息化突破的学校之一。1999年建成ATM校园，也是在那个时候，全校每个老师实现了人手一台笔记本电脑，互联网通到教师办公室和每间教室。

在课程体系方面，20世纪90年代后半期，华南师大附中就从国家、地方、学校三级课程体系的指向出发，积极建设学校必修和选修课程体系，成立了课程委员会，建立起包括“数学自然科学模块”“社会科学模块”“体育与艺术模块”和“社会实践模块”的校本课程体系，涵盖了自然科学、社会科学与体育艺术等多个学科领域，让学生根据自己的兴趣爱好、发展状况自主选择。

2000年，华南师大附中开始系统地提出“优质化、特色化、集团化、国际化、现代化”发展策略，这些都是继承了王屏山校长的教育思想。

名校速递：在华南师大附中120周年校庆大会讲话中，您提到学校新时期的发展策略是“优质化、特色化、集团化、国际化、现代化”，请问其具体内涵是什么?

吴颖民：谈到这个问题，要说明一下，今天华南师大附中的教育理念和观点，很多好的做法，像优质化、特色化，这些在王屏山校长任职的时候，就已经提出来了。我们2000年开始系统地提出这些发展策略。

所谓“优质化”，就是要以新的质量观看待学校的学生培养目标，学校要有自己的质量观，要以质立校，不断提升和优化办学质量。

所谓“特色化”，就是在课程、教学管理、师资等方面，相比于其他学校，要有自己鲜明的特色亮点。学生的自主学习、领袖才能培养、社会实践课程等都是华南师大附中的特色。

所谓“集团化”，是指学校要与社会力量联合举办民办学校。通过参与、扶持民办教育，让更多的孩子享用到华南师大附中优质的教育资源；另外，可以很好地培训师资队伍，通过互换、进修的方式对年轻教师进行培养、锻炼。

所谓“国际化”，主要是指与教育发达国家的教育机构合作，让老师、学生能够走出国门看世界，开阔视野；把国外好的资源引进华南师大附中，让孩子在国内就能够享受国外优质的教育资源。

所谓“现代化”，包括观念、课程、教学、管理和条件多方面的现代化，是学生、教师、硬件、软件等各个方面的全面现代化。现代化是一个过程，是一个不断缩小与最先进教育差距的过程。

名校速递：华南师大附中提出要培养领袖型人才，如何定义领袖型人才？从某种角度来讲，这是不是华南师大附中正在寻求一种人才培养目标评价体系的突破，从而形成自己的特质？

吴颖民：华南师大附中提出培养领袖人才，基于生源、教学、社会三方面的背景。

在生源方面，华南师大附中集中了省内优秀生源。那么，对于这样一群高智商、高素质的优秀学生，我们理应把他们培养成领袖人才，为国家输送高端人才、好苗子。这里所说的领袖人才不能狭义地理解为成为政府官员，而是各行业各领域的领军人才。

在教学方面，我们要求学生平衡发展，这也符合我们的人才培养目标。我们培养的学生既要会考试，同时也要保持对新事物的好奇心；我们培养的学生意志要坚强，对不同的环境都能够适应。既有较高的综合素质，又有自己的个性特长，这样的学生未来就业就不会太困难。现在大学生就业难，没有个性和明显的优势也是重要的原因之一，因为你跟人家都一样，你就没有竞争力了。有高度的社会责任感，才能成为领袖人才，比如“学农活动”是华南师大附中的一个特色活动，通过学农活动可以培养学生的家国情怀和社会责任感。

在华南师大附中，最出彩的不是高考出“状元”，而是学生的自主发展。2010年的校庆晚会，学生把《北京欢迎你》改编成《华附欢迎你》，讲的都是他们在附中生活最难忘的东西。

“培养领袖型人才”的正式提出是在2004年，这一想法在20世纪90年代就有了，我们一直在酝酿，当初不想张扬，没有公开地讲出来。后来，2004年教育部校长培训中心要我作一个“培养领袖型人才”的报告，我们才明确提出来。社会上对中学阶段培养领袖型人才有很多争议，其实是因为人们对我们所定义的领袖型人才存在误解，我们所说的领袖型人才，实质上指的是领军人才。培养学生在一个群体里能够自然而然地成为领头人，比如乐队的指挥、团队的带头人等。

名校速递：这么多年来，时代不断发展，社会各界对华南师大附中的要求也越来越高，压力是否非常大？

吴颖民：不同学校的校长有不同的压力。社会对华南师大附中的期望值很高，要求华南师大附中完美，要求华南师大附中拿出最好的成果，这无可厚非，最大的压力来自社会对华南师大附中的高期望值。

校长的理想追求与社会现实要求，有时候并不能完全平衡，校长的办学理念和社会的期望值甚至有冲突。譬如，我认为，教育不能只追求高显示度指标，但不用社会普遍认同的升学率之类的指标怎样能让学生、家长和社会理解是一个很难的问题。所以对“教育理想”的追求是一个挑战，它需要政府、资源和社会舆论三方面的支持。

在资源方面，有些校长谈到资源的问题，认为生源不好，办学条件不好，师资欠佳就不能实施素质教育。我想，对现实中的任何一所学校来说，社会都不可能满足你的要求，作为一校之长，你就应该在现实的基础上拓展你的空间，有些资源可以通过争取得到的，那么就靠自己的努力去争取；没有现成的，就自己创造。积极拓展新的领域，而不能坐享其成，守株待兔。好条件不是现成的，这就要求我们在自己可以把握的范围里，学会盘活资源，学会创造条件。

又譬如社会舆论方面，社会公众多认为华南师大附中理应年年出“状元”，哪年没出“状元”就认为很不正常。我认为单纯追求出“状元”，是一种片面的质量观。我们认为一届毕业生里面，出个把“状元”很正常，不出“状元”也很正常。即便有人提出质疑，我们也要接受。我们既不反驳，也不抱怨，同时自己要保持清醒的头脑，我们学校根本的指导思想是为学生成长成才成功服务，不能单方面地追求分数，教育是一项长久的事业，要用长远的眼光看问题，而不能像做小生意一样，追求短期的利益。培养对社会有用的人是我们最终追求的目标。

一位好校长要有自己的教育理想，这是大前提

一、不要小看基础教育，学问大得很

陈志文：您从事基础教育工作已经四十余年了，当时，您进入这一领域的契机是什么？

吴颖民：1978年，中共中央召开全国科学大会，向全国人民发出了向科学技术现代化进军的号令。发展科技，基础在教育；发展教育，则需要大量教师。我在华南师范大学读书时，老师们对我比较欣赏，想把我从中学调回高校做研究，但省教育厅不同意我离开基础教育战线，后来经过协调，我最终被调到华南师大附中工作。

这是历史的选择。如果问我是否有遗憾，我觉得人生没什么可遗憾的，正是这个选择让我和基础教育结下了不解之缘。当时，华南师大附中的老校长跟我讲，不要小看基础教育，基础教育一样有学问，而且学问大得很。

陈志文：也算是阴差阳错。如您刚才所言，其实人生无所谓遗憾不遗憾，只要自己用心做了，就没有遗憾。

吴颖民：是的。

陈志文：从华南师大附中到广州中学，您做了20年中学校长。您觉得，做好一名中学校长，需要具备哪些能力或者素养？

吴颖民：首先，一位真正的好校长要对好的教育有深刻的理解，有自己的追求，这是大前提。

学校是培养人才的专门机构。作为中小学校长，必须要理解“中小学”这个特定阶段对于孩子们未来的成长意味着什么；要知道他们需要什么样的学校教育，应该学习什么，获得什么样的素质……校长

把这些问题想清楚了，才能保证学校发展的正确方向。

孩子在中小学阶段不仅需要长知识、长身体，养成良好性格和习惯，而且人生观、世界观、价值观的形成等基本都在这个阶段完成。尤其对于思维方式的形成来说，中小学阶段是一个关键期，一旦养成了某种思维方式，之后是很难改变的。

校长对于好的教育、好的学校要有自己的判断：好的小学是什么样的，好的中学是什么样的，一定要有自己的想法，否则工作就是盲目的。校长对于好学校各个方面的理解（包括课程、教学、师资、管理、风气、人际关系等），就是一名校长的教育理想。

其次，一位好校长不仅仅是一个好的管理者，更要成为一个好的领导者。领导者和管理者最大的区别在哪儿？我认为，领导者应该是领路人，要担任向导的角色，不是只把主要精力放在具体工作上，而是要为大家带路。校长要知道该往哪里走，调整好目标，也要知道如何走，凝聚集体的智慧，把教师动员起来，把学生组织起来，带着大家一起往前走。

陈志文：也就是方向要明确。

吴颖民：是的。目前，我们有些校长忙忙碌碌的，很努力也很辛苦，但是不看路，不知道方向在哪儿，也不知道自己在忙什么，到头来感觉很累，但是又没有什么建树。

再次，一位好校长要熟悉教学工作以及一些基本的管理知识。校长首先应该是一名好老师，是教学的好手，这非常重要。学校最主要的工作就是教学工作，校长要了解教学的全过程，才能对教学工作有发言权。如果校长是教学的“门外汉”，对教学工作的各个环节都不了解，就很难让老师们信服。

陈志文：这体现了校长的专业性。

吴颖民：是的。现在很多校长都是从好老师中选拔上来的，但好老师要成长为好校长还有很长的路要走。好老师关注的是学科教学，研究的是怎样吸引学生热爱这个学科，如何把自己的学科教好，但校长不能只关注学科教学。

也并不是所有优秀的老师都适合做校长，有些老师擅长的就是教学，不善于组织协调，所以未必可以扮演好一个校长的角色。学校是一个庞大而复杂的组织，要跟政府、社会、家长、学生、教职员工等多方面打交道，这些都需要具备管理能力和管理知识。

最后，我觉得一位好校长要有个人魅力，比如人格、品性、自律精神等。学校是学习的地方，一位好校长首先必须是一个好学者，然后才是一个为师者。现在有一些老师自己都不爱学习，怎么能让学生爱学习？这是很致命的问题。

作为一校之长，不能只要求老师好好教书，学生好好学习，自己却不学无术，不思考，不与时俱进。如果没有与时俱进的知识，说不出与孩子们贴近的语言，不关注与学生能产生共鸣的话题，怎么能得到孩子们的喜欢？怎么能成为一名好校长？显然是不可能的。

所以，我认为校长必须是好学之人，爱学习、爱琢磨、爱思考，是一个热爱学习的榜样和楷模。校长爱学习，老师们就会爱学习，学习风气浓厚的，就可能成为一所好学校，这是一个非常重要的逻辑关系。

陈志文：我理解您讲的个人魅力，是做人，是身教重于言传。

二、把华南师大附中推向新高度

陈志文：您在华南师大附中工作了35年。在您心目中，华南师大附中是一所怎样的学校？

吴颖民：华南师大附中的办学历史非常独特。它的前身是创建于1888年的广州格致书院，后来书院发展成大学，大学继续办附属中小学，就演变成岭南大学附中。1952年院系调整时，岭南大学附中与中山大学附中、广东省文理学院附中、华南联合大学附中合并成为华南师范学院附中，1983年随大学更名为“华南师范大学附属中学”。合并的四所附中，各自有不同的历史，造就了华南师大附中多元化的特点和包容的文化。

“以人为本，敢为人先”，是华南师大附中的传统。而其不拘一格，与生俱来的改革创新基因，为后来推行的一系列改革和创新奠定了文化基础。

陈志文：您最欣赏华南师大附中的哪个特质？

吴颖民：我觉得是“不随大流”。比如，大家都在追求升学率，搞各种花样将应试教育做到极致，但华南师大附中不跟风，坚持走遵循教育规律、促进学生全面发展之路；在别的学校增加考试科目课时、减少非考试科目课时的时候，我们坚持按国家规定开足开齐相关课程；别的学校总想把学生的时间占满，我们让学生拥有更多的自由支配时间和学习自主权。

有人评价华南师大附中是一所“放羊”式的学校，学生比较自由，比较独立自主。这也是华南师大附中与其他学校相比最大的不同。我们认为，只有让学生独立思考、独立学习，才能走得更远。

陈志文：回头看，华南师大附中给您带来了什么？您又为华南师大附中带来了哪些变化?

吴颖民:如果说我今天在基础教育领域做出了一些成绩,有一点名气,那也与我在华南师大附中的经历分不开。在这里,我首先是一个受益者,然后才是贡献者。我在这里得到了很好的锻炼和培养,华南师大附中的领导、老师们对我非常支持。

华南师大附中本身就是一所非常优秀、非常有内涵的学校。1978年我到学校工作时,华南师大附中已经是广东省首屈一指的中学了。把华南师大附中推向一个新的高度,可以说是我和我的同事们共同为华南师大附中做出的一点贡献。

陈志文:担任华南师大附中校长17年,您觉得自己获得了哪些成绩?

吴颖民:华南师大附中能取得今天的成绩,是学校历届校领导班子不断努力带来的结果,不是某一阶段的某个人所为。目前为止,在华南师大附中一百多年的办学历史中,我是任期最长的一任校长。我也正赶上了最好的时代——改革开放的时代、鼓励创新的时代,很有幸能在这样的时代中做一些事情。

现在回想起来,在华南师大附中做校长的17年里,我印象最深的有以下几件事。

首先,系统梳理了学校的发展历史。过去,我们往往把1952年四校合并作为华南师大附中的历史起点,没有追溯合并前四所学校的历史,没有挖掘这四所学校的文化传统,但我希望能追根溯源、理清学校发展脉络。我们将学校的发展历程做了一次系统梳理,重新确定了学校的历史起点,进一步提炼了几十年来学校的精神和风格。

其次,在继承传统的基础上,系统梳理、总结了华南师大附中的文化理念体系。华南师大附中历任校长有很多经典语句，但是不成体系，包括办学宗旨、办学理念、办学目标、办学追求、学校精神、校训、教风、学风、校风等。

再次，推动了华南师大附中课程体系的建设，融合国家课程、地方课程、学校课程，形成了具有独特风格特点，能够满足人才培养需要的课程体系。

过去，很少提到某一所学校要有自己的课程体系。但我认为，一所高品质的学校应该具备独特的、有着自己风格的课程体系。课程体系是培养什么人的决定因素。学校要培养什么样的人，就应该有相应的课程体系，然后才能决定采取哪种培养方式以及评价管理方式。

陈志文：课程体系是抓手。

吴颖民：对。我认为，我们首先应该明确要培养什么人，这是最重要的。然后，如何保证培养目标的达成，这就需要有完善的课程体系。如果课程体系完全采用国家课程体系，就很可能缺乏个性，也难以满足学生不同的发展需求。

培养有理想信念、有全面素质、有独特风格、有个性特长的人才，需要整合国家课程、地方课程、学校课程，尤其是学校课程，包括文化课、实践课、研究课、活动课等，构成一个能够达成育人目标的课程体系。

最后，推动了学校信息化建设。一所高质量的学校必须能很好地运用新技术。因为新技术不仅可以提高效率，最重要的是可以改变育人模式、教育教学方式、管理方式、评价方式等。华南师大附中抓信息化建设还是比较早的，20世纪90年代开始我们建设了先进的校园网，老师们用上了笔记本电脑。

另外，就是在国际化方面做了一些努力，一是与国外一些名校建立了姊妹学校关系，定期交流；二是建立了国际部、国际课程中心等。开设部分高水平的国际课程、引进国外先进的教育教学方法，是华南师大附中推动学校自身改革的手段，让我们能在更广阔的国际视野下创新学校的育人方式，对学校追求更高品质的教育有着重要影响。我们不能做井底之蛙，国际化可以让我们看得更多，看得更远，同时也有更多参照系，从而避免在探索新路时犯大的错误。

三、办一所有“广州味”的新中学

陈志文：您卸任华南师大附中校长四年后，2017年再次出山担任广州中学校长，初衷是什么?

吴颖民：广州中学是在天河区政府的积极倡导下创办的。此前，以广州这座城市命名一所中学的事情，引发了许多争议，最后广州市主要领导下了决心，将“广州中学”这个沉甸甸的学校名称，交给了天河区，由天河区负责创办。广州中学能够成功创办，也是受到了北京市朝阳区创办北京中学的启发。

广州中学决定创办之后，遴选校长时间紧迫，一时找不到合适的人选，后来区领导多次登门拜访，盛邀我担任创校首任校长。这件事让我有些为难，一方面是我已经退休三年了，刚从过去几十年繁忙紧张的生活节奏中走出来，家人也不太赞成；另一方面，作为在天河学习、生活、工作了四十多年的教育人，我对天河这片土地充满感情，也心存感激。我犹豫了一段时间，最后因为盛情难却，也因为自己对于教育梦想的追求还没有完全实现，所以答应担任广州中学首任校长。

陈志文：广州中学可以说是一个新的舞台，让您可以实现自己的一些教育理想。广州中学和华南师大附中肯定有所不同，您在这个新舞台上是否遇到过新挑战？

吴颖民：挑战还是蛮多的。首先就是要求拥有办学自主权，这是我同意担任校长时提出的第一个条件，实际上也是我最担心不能得到保障的。

华南师大附中之所以能办成一所有品质、有风格、有特点的学校，可以总结为以下几个主要因素：第一，有一个稳定的领导班子，大家志同道合，都是有理想信念、有教育追求的，而且每一任校长的任职时间都很长，能把想法落到实处；第二，有比较充分的办学自主权，这是非常重要的；第三，有一支比较好的师资队伍，能够高质量地落实学校的办学理念。

陈志文：您希望将广州中学打造成一所什么样的学校，或者说您心目中理想的学校是什么样子？

吴颖民：我曾就华南师大附中和广州中学的发展分别提出过五个关键词，但是20年来有所不同，这也是我对教育的理解不断加深的结果。

2000年，我就华南师大附中的未来发展提出的战略目标是：优质化、特色化、规模化、国际化、现代化。优质化是指在先进的质量观引领下不断提升教育质量；特色化是指不断彰显个性风格；规模化是指要扩大优质资源，进一步传播好的经验；国际化是指要让学校的办学有更开阔的国际视野和更多的国际互动；现代化是指学校各方面都要不断与时俱进，包括观念、队伍、育人模式、设备条件等。

而我到广州中学之后，提出了另外五个关键词。一是智能化，在信息化时代，一定要把信息技术更多地应用到教育上，包括教育教学、管理评价等，尤其是要运用人工智能、大数据等优化教育。二是人文化，学校要具有浓郁的文化气息。广州中学以城市命名，更要传承广州文化，弘扬广州精神，代表广州形象，要有浓郁的“广州味”。三是生态化，这包含两重意思：一方面学校地理位置靠近高山、森林，希望有更好的自然生态；另一方面希望建立更健康的教育生态，更加尊重教育规律。另外两个关键词是国际化和现代化，与华南师大附中是一样的。我希望在广州这样一个开放的窗口城市，广州中学能有更开阔的国际视野，更多元的国际交流，也能够在观念、课程、教学、管理、评价、队伍、条件等方面实现全面的现代化。

陈志文：从教育的角度讲，您是进入了另外一个境界。

吴颖民：应该说，这是我的新追求。

四、学校要有一定的办学自主权

陈志文：您提到的办学自主权包含哪几个方面？

吴颖民：我认为办学自主权应该包含以下几点。第一是用人权，我希望我校的师资队伍是可以调整的，一些不愿意接受和践行学校倡导的新理念新要求的教师，区里要帮我们作调整，有适当流动；第二是财权，学校做好预算后，在资金的使用上应该有比较大的自主权；第三是事权，学校在法律和政策允许的范围内，开什么课，办什么活动，搞什么创新，要有自主权。

陈志文：从办学自主权这个角度看，您觉得我们基础教育的发展存在什么样的问题或挑战？

吴颖民：首先，我觉得教育改革要在治理体系上下功夫，现在基础教育存在的突出问题还是体制机制问题。讲了多年的现代学校制度没有建立起来，对外，学校与政府、社会的关系不清晰；对内，校长、老师、家长的关系也不清晰。学校的治理结构有问题，就很难办出水平、办出活力、办出特色。

总体而言，我们的教育缺少活力。原因是什么？我们讲了很多年，要建立现代学校制度，要实行管、办、评分离，要深化放、管、服改革，就是因为现在的办学机制并不灵活，学校缺少活力，治理体系僵化，校长没有充分的办学自主权。

其实，不是校长、老师不学习、不思考、不创新，而是由于长期缺乏办学自主权，他们要做的“规定动作”太多，可以做的“自选动作”太少，只能按要求完成统一的规定动作，慢慢就会形成一种听命于上级的惯性，上级怎么讲我就怎么做，不去思考。但如果校长、老师都不去思考，学校就不会有活力，也不会有创造性，就会千校一面、没有个性和特色，就会导致大家拼命去追求升学率。

其实，中国的基础教育完全可以做得更好。

我们现在的创新人才培养也是这个问题。当前，中国拔尖创新人才较为缺乏，在重要领域也缺少重大的研究成果。而这些成果的取得，往往源自年轻人对未知领域的好奇心，以及敢于探索未知领域的冒险精神。

可惜的是，这种好奇心和冒险精神在孩子读小学、读中学时往往就被压制住了。我们的中小学教育，普遍不注重鼓励孩子们独立思考、有独特见解，不鼓励他们多问为什么，只鼓励孩子们揣摩标准答案，一旦靠近标准答案，思考探究就会戛然而止。久而久之，他们的思维就会固化，形成追逐标准答案的思维定式。在孩子好奇心最强的年纪不让他们刨根究底地提问，他们长大以后自然也就不会再提问了。不问为什么，自然也就没有了创造性。

陈志文：您觉得这是治理的问题还是评价的问题?

吴颖民：我觉得这两个原因都有。一方面是治理的问题，一定要去掉“官本位”的思想，深化放、管、服改革。在治理体系中，主管部门要转换角色，集思广益，制定一个切合实际的目标，并提供资源支持，做好必要的检查督导，做好评价奖惩。

另一方面是评价的问题。我的建议是，政府完全可以把部分评价委托给第三方，由专业的社会机构去完成，这样既能做好政府职能转变，也能保障评价的专业性。

陈志文：将评价委托给第三方机构，很多人有所担心，因为必须考虑诚信的问题。

吴颖民：确实存在诚信风险。但我们不妨借鉴一下对财政资金使用的评价，过去都是以审计部门为主，但现在会计师事务所、审计事务所越来越多，已经形成了一批第三方专业机构。而这些机构要在市场经济、法治环境下生存发展，就必须要建立和珍惜自己的服务品质和品牌信用。

我认为，这需要一个发展的过程，让这些评价机构（研究所、研究院、测评中心）接受市场的考验，追寻它们的舞台，成为真正有信用、不可能被收买的专业评价机构等。

陈志文：我觉得，可能也需要注意文化的问题。

吴颖民：是的，但是将评价委托给第三方专业机构将是未来的发展方向。中央已经提出来要让第三方专业机构参与教育治理了，这也是为什么要扩大教育督导队伍的原因。从事教育督导的，必须是熟悉基础教育的专业人士，各级督学有很多是刚从一线退下来的德高望重的校长、局长、专家，拥有很高的专业素养和社会声誉，不太容易受到利诱而影响评价的公平公正性。

五、劳动教育的现实意义非常大

陈志文：我们讲了很久要德智体美劳全面发展，但最近两年才开始真正重视劳动教育。这让我回想起以前我们读书的时候，通过学工学农深刻体会到了劳动教育的价值和意义，而现在的劳动教育有了很大的变化。您怎么理解劳动教育？在实施劳动教育的过程中，我们应该注意什么？

吴颖民：过去我们强调劳动教育，是基于国家还处在“一穷二白”的生产力发展水平不高的阶段，还是一个比较贫穷的国家，特别需要有流大汗、出大力的劳动能力和艰苦奋斗精神，亟须培养学生具有热爱劳动、尊重劳动人民、能够吃苦耐劳的良好品质。在当时的环境下，强调劳动教育是正常的，既是形势的需要，也是环境使然。

但此后，我们确实有一段时间忽视了劳动教育，这是有原因的。

因为改革开放，劳动生产率得到了极大提高，社会商品极大丰富，人民群众的生活水平不断提高，已经摆脱了经济短缺所带来的生活困境，体力劳动大多已被机器或更先进的工具替代。因此，一部分人心中就产生一个误区，觉得劳动不一定是必需的，劳动观念、劳动能力和品质也不再像过去所强调的那样重要。

实际上，劳动有很多种形态，包括智力劳动、体力劳动、创造性劳动、重复性劳动、简单劳动、复杂劳动等。在社会财富快速增长、持续积累的今天，我们更应该尊重知识产权，尊重他人劳动，特别是人们通过劳动创造的知识财富。

我认为，现在强调劳动教育有非常重要的现实意义，关系到未来年轻人能不能保持中华民族勤劳勇敢的优良传统，能不能延续艰苦奋斗、自强不息的精神。

不可否认，在如何认识劳动的问题上，目前确实出现了一些危机。物质生活条件变好后，社会上滋生了鄙视体力劳动的现象，觉得体力劳动者低人一等，认为坐办公室、做白领才有出息，坚决不肯做蓝领，这也影响到了大学生就业。目前看来，大学生就业出现困难，不是因为大学毕业生供过于求，而是结构性失衡。其实并非大学生没有工作机会，而是他们不愿意去基层、去落后地区，觉得待遇或者工作环境条件没有达到他们心中的预期。

我们讲劳动最光荣，首先要明白，不管是脑力劳动还是体力劳动，只要诚实劳动就是光荣的，劳动才能创造财富，才能带来社会进步。

另外，年轻人要形成尊重别人劳动成果的意识。不管这种劳动成果是物质成果（如粮食、手工艺品）还是精神成果（如软件、文章），都应该得到尊重，因为这涉及我们和自然界的关系，还涉及人际关系甚至国际关系。我们不能培养看不起劳动人民、不爱劳动、好吃懒做、贪图享乐以及想不劳而获的人。

六、“减负”不能一刀切，要区别对待

陈志文：您怎么看“减负”？

吴颖民：对于“减负”，我历来的观点是不能一刀切。我认为，从大方向来看，“减负”是对的，因为中小学生普遍课业负担过重，而且不少负担是不必要的。

现在，孩子的负担确实很重，原因有几个方面。一是规定动作太多。如果没有过多的规定动作，学生可以自由选择，负担就会减少很多。二是重复性劳动太多，而且都是低效率的，很多负担仅仅是为了提高单位时间内的做题速度以及正确率，一旦考试不需要了，这些知识和能力就没用了。

我最近在读哈佛大学戴维·珀金斯教授所写的《为未知而教，为未来而学》这本书。其中有几个非常重要的概念想分享给大家：一是如何选择有生活价值的知识，并以此来衡量现在的学习内容；二是教育应如何帮助孩子们更好地建立全局性的理解。

现在很多孩子专业知识学得很深，但是不会思考问题，遇事不知道该如何判断和选择。他们所学的专业知识对于提升全局性理解能力并没有帮助，也不知道该如何利用这些知识创造美好生活。我们的教育中有太多这样的东西，所以负担过重是必然的。

那么，如何“减负”？我认为要针对不同的情况选择不同的路径。第一，不同孩子的负担不一样，同样的负担对于不同孩子的效果也不一样。第二，同样的负担对于想挑战自我的人和想逃避责任的人来说，也不一样。首先要激发孩子的学习动机，让他们有更强烈的求知欲望，愿意挑战自己。

通常来讲，抱怨负担过重的学生分为两种。一是学习基础薄弱的学生，抱怨规定动作太多；二是不爱学习的学生，觉得要学的东西太多。而学习能力强、基础好、爱学习的学生往往不会抱怨负担过重，他们抱怨的更多是学习自主权被一些无用功占据了，做了太多无意义无价值的事。

陈志文：我觉得还有一点不能做，就是不能封顶。

吴颖民：是的。好学生是有能力多学一些的，不让他们学是不对的。所以，“减负”应该区别对待。比如，作业可以有弹性、有选择，也可以采用分层教学，让学生和家长有一定的选择权。

另外，“减负”的效果与老师的素质有密切关系。如果老师的素质不提高，都采用题海战术，想用大量的重复训练来提高教学质量，负担也是没办法减下来的。

七、中国教育的明天一定会更好

陈志文：您对新中国成立后基础教育的发展，印象最深的是什么？

吴颖民：我对改革开放后中国基础教育发展的一些转折点印象深刻。

首先就是1977年恢复高考，带来了整个基础教育教学秩序的重建，我对这个过程印象很深。我们推翻了很多东西，也捡回了很多东西。“文革”前的基础教育质量很高，没有过于强调应试教育，较为注重德智体美劳全面发展。

后来，发展到1990年前后，应试教育越来越突出，出现了重智轻德的倾向，导致孩子的世界观、人生观、价值观开始出现危机，之后的十年我们一直在纠偏。

到20世纪初，经过近20年的探索，我们对基础教育有了更加全面的理解。1999年，中央提出了素质教育的概念。21世纪的第一个十年，应试教育的倾向得到一些遏制，但还没有根本转变过来，对如何遵循教育规律科学发展也还没有一个很好的认识。

2010年左右，国家开始对教育改革发展进行中长期规划，颁布实施了《国家中长期教育改革和发展规划纲要（2010—2020年）》。

总体来说，教育是有规律可循的，每个阶段都会有较为突出的矛盾和问题，因为国家大、人口多，“跟风”的惯性也比较大，纠正偏差经常会走极端，然后再重新纠正过来。

陈志文：在某种程度上，这也是一种螺旋式的发展过程。

吴颖民：是的，所以每一个转折点留给我的印象都非常深。我非常庆幸我们始终保持了清醒，对可能出现的危机和问题都有很好的预见。现在有个高频词叫“坚守”，我觉得很重要，一定要坚持自己的价值追求，要坚守自己做人做事的底线，坚持对国家负责和对孩子负责的统一，如此才不会左右摇摆。

陈志文：现在有个词叫“不忘初心”，其实“坚守”就是不忘初心。

吴颖民：是的。教育不要随大流，不要追时髦，这很重要。

陈志文：谈到应试教育，最核心的就是高考这根“指挥棒”。近些年来，我国开始了新一轮高考改革，明确提出将采取综合评价、多元录取的方式，您怎么看待这轮高考改革？

吴颖民：我觉得，基于目前的国情，这是最好的方案，更好的方案是有的，但未必可行，还得一步步来，不可能一步到位。更理想的方案应该是进一步扩大大学的招生自主权，以大学的多元评价引导学生多元发展，这是一个非常重要的方向，但目前还做不到。

当大学能够更多地采用自己的衡量标准进行招生时，才有可能促进基础教育更多的改革与创新，才能起到对基础教育不拘一格培养人才的指挥棒作用。然而，大学招生自主权的扩大，又是基于社会对大学的信任。比如，大学应加强自我约束，正确行使招生自主权。

陈志文：就是所谓的公平公正。

吴颖民：没错，改革不可能那么快。所以我认为现在的方案是基于目前国情和现实条件的最好做法。一方面，新方案至少让孩子们有了一定的选择权，不再是过去的规定动作，可以扬长避短；另一方面，评价也更加多元化了，除了成绩，还加入了一些过程性评价、综合性评价。

陈志文：经常有人将中国和美国的基础教育作对比。您觉得，中美基础教育各自的优缺点是什么？

吴颖民：我觉得中国基础教育的优点是整体教育质量很高，但两头小，拔尖人才少，很差的学生也很少，是橄榄形的。在同一个区域，基础教育阶段学生成绩存在好坏，主要是因为学生的自律能力不同，而不是智力上有差距。中国的中小学善于鼓励学生学习，同时会对自律能力差的学生进行约束、鞭策，因此他们的成绩也不会特别差。但我们基础教育的突出缺点就是特别优秀的孩子得不到宽松自由的环境，得不到更多更灵活的支持，因为社会上普遍存在一种共识：资源向弱势群体倾斜是公平公正，而关注超常儿童不是公平公正。

美国的基础教育与我们不一样，不会强迫不好学的孩子学习，这部分人的成绩差很正常，但是优秀的孩子会脱颖而出。而且这些优秀孩子就像培育杂交水稻品种的那些野生稻种，是在没有太多人为因素的影响下成长起来的优秀品种，其生长能力、抗逆性和适应性等方面会更好。

陈志文：更多的是强调学生的内在动力。

吴颖民：是的。所以美国基础教育的形态是两头大，中间没有那么突出，好学生与差学生会自然地产生两极分化。

陈志文：在您看来，新中国成立70年来，我们的教育获得了哪些突出成就？对于未来的发展，您有哪些建议？

吴颖民：我觉得新中国成立70年来，教育上取得的最大成就是建立了具有中国特色社会主义的教育体系，包括学前、小学、中学、职业教育、高等教育，以及民族教育、特殊教育，终身教育体系也已初步成型；在一个有14亿人口的发展中国家，不仅全面普及了义务教育，基本普及了高中教育，而且高等教育也正在迈进普及化阶段，这是一个举世瞩目的了不起的伟大成就。

对于未来发展的建议，我觉得最重要的问题是，如何把我们的教育体系变得更有活力。我们要围绕这个目标，把所有影响中国教育活力的问题找出来，并逐一解决。

我相信，中国教育的明天一定会更好！

面对“关爱”，我们有时选择“走着瞧”①
——高考平均713分，吴颖民校长谈“奇迹”

有无得失，从来就是稀疏平常，哪怕是高考的“状元”，谁也不能给谁写保票谁一定能成为“状元”，但偏偏站在浪花尖处的华南师大附中，年内反复的高考成绩就引人遐想非非：

一个学习周内，几乎每天下午都能由学生自主把握；不管是否毕业班，宿舍照样每晚十点半关灯；几乎每个学生都眷恋学校生活，走读生也愿意跟着住宿生的时间表走……

这些“坊间传闻”，在2005年没有一个总分“状元”的时候，霎时成为华南师大附中的“陋习”；而在今年一下子冒出5个总分“状元”的时候，又被奉为这所“老字号”名校的“镇校之宝”。

面对外界“粉丝们”的乍惊乍喜，华南师大附中“大当家”吴颖民在上周末接受本报记者专访时笑着说：面对大家的“关爱”，我们有时只能选择“走着瞧”……

“我们今年没有，明年也会有，明年没有，后年一定有，而且有的年份是多数。”就在今年华南师大附中以5个总分“状元”所谓“大丰收”的姿态出现时，内行人认为理所当然，外行人以为学校一定突然研制出什么“秘笈”；但在2005年的这个时候，华南师大附中没有总分“状元”即所谓“食白果”时，不少人，无论内、外行都归结为“华南师大附中分心过多，气数渐尽”。

这一年光阴，华南师大附中没有澄清或者解释过，还是一贯的沉默，并最终在沉默中爆发。

记者（以下简称“记”）：今年广东高考，华南师大附中一下子出了5个总分“状元”，与去年比，反差很大。

① 原文刊载于《南方日报》2006年7月10日。

吴颖民（以下简称“吴”）：觉得我们进步了？很多人还以为我们有了“秘笈”，重新调整了教学方法，实际上，我们一直都没有变过。

不少人以有无“状元”来衡量一所学校的办学好坏，其实有很大的迷惑性。因为，“状元”的产生，从某种角度来说是一种偶然，他们只是一批优秀学生当中的“幸运儿”。可以说，每年高考850分以上的孩子都有可能是“状元”，如果连续举行两三次高考，“状元”就可能是另一拨人，而不是原来的那几个，所以说他们是“幸运儿”。而且，高考成绩本身是按群体分类、分别从考试科目组中产生，只要群体基数足够大，就会有“状元”产生。所以，产生“状元”本身就有很大的偶然性。

就拿今年这5个“状元”来说，据我了解，在学校举行的各次大考中，这5个学生没有一个人曾经拿过全级第一名，而且华南师大附中的学生至今也还没有出现过一个能保持连续2~3次全年级第一的学生。所以，“状元”并不值得过多关注，过多吹捧，有无“状元”也不该成为判断一所学校教学水平的唯一依据。

记：但毕竟校外不少人是以此作为评价标准的，特别是去年一个“状元”都没有的时候，坊间有很多传言。当时的情况是怎样的呢？

吴：考出“状元”，无论对考生、家庭，还是学校，都是一件值得高兴的事情，毕竟是在比拼智力、体力和心理的激烈竞技中拔得头筹。但没有“状元”，我一直认为是一件非常正常的事情，没有什么需要解释的。

后来发现社会上，甚至是教育界内的一些人士并不这么看，他们认为那是因为华南师大附中搞了很多分校，导致精力、资源、人力分散而造成的必然结果，潜台词就是认为华南师大附中近年来进行的一系列旨在提高学生综合素质的教育改革是失败的，是无帮助的，也是对我们进行的减轻学生负担、培养学生兴趣、发展学生特长等一系列措施的质疑。

外行人这样想，情有可原；但内行人居然也有类似的想法和质疑，我确实感到痛心和失望。因为，假如教育界本身对“状元”这个问题没有正确的态度，我们又将如何给学生以正确的教育导向？

记：所以，今年要“发奋”扭转这个局面？

吴：痛心归痛心，压力也是有，但我们并没有因此而改变我们的教学方法。尽管当时有的老师不服气，但几乎全校都信心满满，坚定地认为我们的路并没有走错。

有许多人很信任华南师大附中，因此对我们寄予很高的期望，希望我们年年“出彩”，对于这些华南师大附中的“粉丝”们，我表示由衷的感谢。面对批评和质疑的声音，开始有些难受，后来仔细想想，毕竟这种批评可以让我们更加清醒，反省自己的不足，寻找薄弱环节，不断改进自己的教学工作，不是坏事，也就想开了。从另一个角度来说，这种批评也更加激发了我们坚定不移地推进教学改革的决心。简单来说，面对“关爱”，有时我们只能选择“走着瞧”，好听一点的就是“走自己的路，让别人说去吧”。因为我们认为，我们的这些改革措施不仅符合素质教育的理念，也符合培养创新型人才的需求。虽然目前社会上还有不少人以高考成败论英雄，这种现状我们无力改变，但我们更看重我们的教育是否能为建设创新型国家储备创新型人才提供坚实的基础。

如果一定只用“状元”来衡量，那么我们也可以很自信地说，华南师大附中即使今年没有，明年也会有，明年没有，后年一定有，而且有的年份是多数。因为，“状元”虽具有偶然性，但也是必然地产生在优秀的学生群体中，而华南师大附中正是培养优秀学生的地方。所以，我们不需要解释什么、证明什么或改变什么。

在对学生的培养态度上，华南师大附中在广大家长及教师心中，素以“自生自灭”著称——“过多”的自习课、“过松”的作息时间表、“过缓”的教学节奏。

但偏偏走过数十年后，一直“我行我素”的华南师大附中仍然不负名校之名，为社会输送了无数栋梁之材，特别是这些在家长眼中的“诟病”，却成为孩子们的向往所系，以及不少学校的标杆。

记：刚才提到“无力改变现在的评价体系”，那么华南师大附中是不是也要着重打造“状元”，满足当下的社会评价体系？

吴：当前的评价体系以及考核机制，虽然不全面，还不够科学和完美，但在可操作的层面上看，它已经达到较为合理的水平了，确实可以选拔到人才。我们既要承认它的价值，但也不能估计过高。

比如说“状元”，我们不会为有“状元”而得意忘形，也不会为没有“状元”而垂头丧气。“状元”的出现与我们的人才培养模式本身并不矛盾，我们希望有“状元”，但不刻意追求。如果仅仅只是追求“状元”多少，我们就必然会非常关心考试技巧和拿分技巧，非常在乎答题时表述是否完整、是否没有纰漏、没有瑕疵。这样一来，往往就会为了提高一两分而投入大量的时间去做重复的劳动、机械的练习。

事实上，我们认为，扩展学生的知识面、训练学生思维的敏捷、加强学生的实践等，也许对提高考试分数没有明显的帮助，但可以提高学生的整体素质，是优秀人才的成长之路，也一定能在不断完善和稳进的高考改革模式中更好地体现出它的优越性。所以，我们不会单纯为了捞分而迎合这样的评价体系，不会让学生宝贵的青春年华浪费在过多的机械练习中。

记：怎样避免机械练习，积极拓展学生的知识面？

吴：比如，我们16年来坚持让学生到农村中去进行一到两周“学农”活动，了解贫困农村、农民的生活。总体而言，我们的学生是优秀的苗子，他们以后都要挑起社会的大梁，成为这个社会的主人翁，因此他们必须要了解我国的基本国情，头脑中一定要有农村、有农民、有弱势群体；从技术性的角度来看，城市里的学生缺乏生活阅历，让他们到农村中去，与农民相处，与家禽家畜为伴，去体验乡间生活，了解农村的生活习惯，认识农村的政治、经济、文化，对他们积累写作素材、进行科学研究都十分有好处。而且，“学农”更多地体现出一种社会责任感，教育我们的学生珍惜时间、珍惜生命，担起社会责任。这与补课产生的效果完全不一样。

再举个例子，现在教育界普遍认同多元智能理论，鼓励不同智能类型的学生自由发展，我们把很多时间还给学生，基本上不会额外添加课时，而且多设校本课程、选修课程，几乎一周内的每个下午学生都可以自主把握。加上多年中午午睡、晚上十点半就关灯的作息时间习惯不改变，就保证了学生的课业负担不重，使他们有时间进行课外学习，拓宽知识面。

不说长远，就说考试。随着命题方式的日益灵活，以后的考试将会更加注重考查学生举一反三和融会贯通的能力，因此，如果只有课本内的知识，学生怎可能考得高分？

记：这就是传说中的华南师大附中“放羊”模式？

吴：不要片面地理解“放羊”，单是每晚能使孩子十点半上床睡觉就很不简单，因为要做到这一点，要么就是负担轻，要么就是等着被学生集体抗议。显然，华南师大附中的制度能长盛不衰的原因是前者，但也同时要求老师不仅要精讲，而且要精练，学生必须高度关注学习效率，计划性要强，节奏要快，自觉自律。

另一方面，我们也不是“放羊”，只是我们对学生的引导不是生硬的，是不易见的。比如，我们会举行层次较高的讲座，在选题和聘请主讲人时，我们都会多方考虑，抓住各种机会请社会名人回来，其中许多都是我们的校友。有一个91届的华南师大附中学生，在美国一所知名高校取得经济学博士学位后，现在在澳大利亚昆士兰大学当教授，前段时间我们把他请回来给学生讲他的求学之路，同时结合荣辱观讲孝道。这个“师兄”的人生经历在学生中产生了良好的反响，很受学生们欢迎。

在这种潜移默化的影响中，学生自然就会向着我们所期望的方向前行，如果总是采用“规定”“强制”等做法，看上去也是一种“引导”，但往往只会引起学生的反感和不满，诱发学生的叛逆和抵触心理。

记：可惜，家长以及很多社会上的人对此鲜有了解，所以也就导致大家总爱以“状元”说事，不管名气多大，多稳定的学校，一年没有“状元”了，就会引起很多揣测。

吴：其实很简单——国人有“状元”情结。但出“状元”只能说明在人才培养加工的某个阶段取得了好的成绩。衡量一所学校是不是真正的名校，最根本的标准不是看它是否年年有“状元”，而是看它的毕业生在走上工作岗位后是否对社会有更大的贡献，是否能产生各行各业的杰出人才。这才是我们的终极目标。

另一方面，还要看在这所学校读书的学生是否乐于学习，向往校园生活。像华南师大附中，多年的传统都是在“规定动作”之外增加“自选动作”。平时的作业少，题量小，周末和寒暑假也一样，因为我们希望学生在学习的时候能身心愉快，热爱学校生活，向往学校生活，留恋学校生活，盼望着开学，而不是用很多的作业把学生搞得身心疲惫、苦不堪言，把他们旺盛的求知欲逐渐转变为厌学情绪。

所以，能使学生在学习中不断提升对知识的好奇和渴求，有成就感、愉悦感和探究欲望，这样的教育才算比较成功的教育。

从1996年正式接掌华南师大附中帅印以来，吴颖民仿佛总给人一种“铁剑书生”的感觉，在很多民间争议较大的问题上，总能抵御压力，把持方向。比如说，去年高考的“失利”，有人把责任归咎到“名校办民校”的路子上；而今年的“满堂红”，有人又开始担心华南师大附中的高分考生不适合明年的高考改革。

面对种种说法，吴颖民鲜有“争吵”，而是惯以微笑置之，以事实说话。

记：华南师大附中是广东基础教育的一面旗帜，做这样一所中学的“当家人”，特别是像2005年“积毁销骨”的情况下，所担负的压力应该很大吧。

吴：很多人认为华南师大附中校长很风光，实际上我自己总有种如履薄冰的感觉，不知何时会摔一大跤。正因为华南师大附中的影响很大、名气很大，我们都怕会“为名所累”。成功了，人们会认为理所当然；稍有闪失就是重大过错。家长和社会对华南师大附中的要求确实很高，所以我们只能做好，不能出错。

做校长肯定有压力，特别是有争议，或在出谋划策的时候，需要挺身而出。像去年，外界说“华南师大附中没有‘状元’，教学水平滑坡，是因为办分校，分了心”，但我们心里最清楚，情况并不是外界所说的那样。这时候就需要校领导站出来"辟谣"，给学生、老师打气。事实上，各间分校有各自的领导，他们都是原来经验丰富的老教师或校领导。他们的成功，是善于利用华南师大附中资源及自我努力的结果，而不是我们"帮扶"出来的。必须要明确这一点，才能不把"罪名"加到"名校办民校"上去。

记：十年来，有压力，但也积累了很多经验，您的判断或者华南师大附中的一举一动，成为省内很多中学的风向标。

吴：这个不敢当。"华南师大附中"的牌子，是很多领导、老师、学生，在一代又一代的接力努力中不断擦亮的，并不是某个人的本事或功劳。也正因为这样，我们更要多思考、多总结，提多些好的点子，为广东基础教育的发展尽一分力。

比方说，我们坚持走素质教育的路子，而事实也证明了我们是正确的。不必看"状元"数目，去年我们的平均分是696分，今年的平均分是713分，创下广东历史新高，但却不是外人眼内的"奇迹"，而是我们坚持素质教育的必然结果。这或许能给兄弟学校一点启示。

记：一直注重和推行素质教育的华南师大附中，是不是对在明年高考新添"学生综合素质"作为录取依据这一改革措施，有较为成熟的思考？

吴：明年开始，中学所提供的学生综合素质评价的结果将作为高校录取的参考指标之一，确实是一次有益的尝试。因为尽管分数可以在一定程度上说明学生的学习状况，但无法展现一个有血有肉的人。而根据多年的经验，引入综合素质评价的确是一种进步，但要写实，不能变成抽象的八股式评语，要从若干个侧面对学生进行具体的评价才有真正的参考价值。

我们认为，如何保障综合素质评价的真实性和对尺度的把握，是引入综合素质评价中最大的挑战。首先，信息一定要真实，如果缺失了真实性，就会极大地降低参考指标的价值；其次，因为不同的学校对于“优秀”的尺度衡量标准不一，不同的老师也有着不一样的视野和眼光，把握和判断有差异，必然对不同的学生有着不同的考核标准，但他们的评价结果却同样呈现在高考录取者的面前，这样就可能带来一种新的不公平。

因此，我们建议综合素质的评价要尽可能地具体，比如说各个学生的心理素质、课余生活、课题研究、公益活动、志愿者表现、党团课学习和其他竞赛活动等，逐一写出，才能真实反映学生的在校表现，而不是八股文式的抽象、雷同的词汇。

记：您是否担心该制度重蹈“推荐生”制度的覆辙？

吴：“推荐生”制度之所以最后被废止，很大程度上就是因为诚信问题。起初是不拘一格广纳人才的制度，后来却有人利用它来谋私利，因为出现了诚信问题而为人诟病。

因此，如果我们希望综合素质评价不再重蹈“推荐生”制度的覆辙，就有必要进一步建立起学校的评价考核制度。比如一旦发现不实的评价就要记录在案，建立起评价学生、评价学校诚信的数据库，相应地对真实性、科学性和可靠性建立一个参照体系，正确地评价学生、评价学校。

这不仅对高考录取公平有积极的意义，还对我国建立诚信社会、法治社会有巨大的推动作用，如果这一步走好了，对整个社会的风气的影响都会是十分深远的。

让学生成为夜空中最闪亮的星

作为华南师大附中1988届毕业生，庄竞华从学校时任团委书记（后任校长）吴颖民的身教言传中，养成了独立思考的习惯。正是缘于吴颖民培养学生时“不设限、不画框”，庄竞华才更清楚地认识了自我，发现了让自己人生出彩的兴趣特长。

“适合学生的教育才是好教育，要让每一个生命都绽放独特的精彩。”广州中学校长、华南师大附中原校长吴颖民传统又新潮。他恪守成才先成人的教育理念，率先垂范引导师生心怀祖国、践行社会主义核心价值观，在改革开放时代大潮中敢闯爱创，于新技术大浪中扬帆远航。

吴颖民特别喜欢《夜空中最闪亮的星》这首流行歌曲。他仰望星空，把准教育的“定盘星”，春风化雨，广州中学成为南粤学校思想政治教育“举旗手”。他俯下身心，为校长、师生打造“星光大道”，桃李满岭南。

“一个人、一座山、一条路。”华南师大教师教育学部常务副部长、广东省中小学校长联合会常务副会长王红结识吴颖民十余年。在她看来，吴颖民一直扎根中国大地办教育，寓教于乐地培养德智体美劳全面发展的社会主义建设者和接班人；他力求让教育与科技共舞，成为未来教育的“领舞者”；他牵头创立广东省中小学校长联合会，让广东中小学校长内修学识涵养、外树亲和形象，联动优质资源，构建良好教育生态。

新时代人才培养体系的“先行先试者”

回想起中学时代的“学农”劳动，庄竞华感到受益匪浅。曾是远离农村、五谷不分的城里人，在下地劳动的过程中，他挥洒汗水，体验劳动人民的艰辛，培养责任意识和实践能力。

今天，劳动教育重新成为人才培养体系的“主角”之一。华南师大附中劳动教育从未断线，今年恰逢30周年。“劳动教育是知行合一最好的载体之一。”在华南师大附中任职期间，吴颖民坚持推动劳动教育。20世纪80年代，他和时任校长坚持“学工”“学农”活动，让优秀学子了解社会、体验劳动艰辛。1990年，他亲自带队，开始了至今从未间断的农村社会实践活动。在1997年，他更是旗帜鲜明地提出学校教育的根本任务就是要让学生解决好“为谁成才、成什么才、如何成才”这一根本问题，这与“培养什么人、怎样培养人、为谁培养人”的教育根本问题有异曲同工之妙。

吴颖民几十年来深耕基础教育。1978年，他进入华南师大附中任教师，1984年任副校长，1996年起任校长，直至2014年退休。2017年，他“复出挂帅”，任广州中学首任校长。

善于学习思考的习惯以及数十年的一线工作经历和深厚的教育管理经验，让吴颖民成为教育界的引领者。1996年，他就审时度势地提出塑造“现代人”“八个一”的基本素质要求，即具有一颗热爱祖国、报效祖国的红心和一套良好的做人规范，掌握一套科学的学习方法并有一门最喜爱且较拔尖的学科，养成锻炼习惯并有一项体育专长，具有较高审美修养并有一项艺术专长等。

中共中央、国务院印发的《中国教育现代化2035》让吴颖民颇有知音之感，推进教育现代化的八大基本理念与“八个一”多处相合。

“以德为先”是吴颖民一直贯彻的理念。他把一颗红心置于首位，推动华南师大附中淡化德育痕迹，利用学生党员、科学家等身边可亲可近的榜样，寓教于乐地对学生进行理想信念和爱国主义教育。

吴颖民坚信实践出真知。他在多年前就从经验教训中总结出：有学生立场才有真正的教育。学生们反感强行灌输的教导，缺乏融合发展的德育枯燥低效。

“人是一个完整的机体，面向人的‘八个一’也是互相融合、渗透、联系的。”吴颖民坚决反对机械地将德智体美劳“五育”孤立或割裂，力主打破其边界壁垒、打通内在联系，实现“五育”融合育人。

广州中学凤凰校区田径场写有“团结互助守规则、奋勇拼搏圆梦想”等语句，吴颖民解释说，标语里的体育、德育可以说是“珠联璧合”。

“面向人人的教育绝非千人一面的教育，这需要正确处理全面发展与个性发展的关系。”吴颖民认为，“全面发展”并非把孩子培养成全面而平庸的人，而是让学生既有较高的综合素质又有自己的个性特长。

吴颖民在华南师大附中大力推动“选修课程系列化、课外活动课程化”改革，把学习的自主权还给学生，把成才的选择权交给学生。他卸任华南师大附中校长时，该校已开设110门选修课，成立40个社团。

探路未来教育的“科技追光者”

虽年近七十，吴颖民却如孩童般拥抱“新潮”，活到老，学到老。尤其对于“黑科技”，他像一位“发烧友”。

看到广州中学党委书记、执行校长彭建平利用软件从图片中提取文字，吴颖民马上就请他传授技艺，从一无所知学到可以独立操作。

回想起吴颖民认真学习操练的一幕幕场景，彭建平感叹道："吴校长一直在倡导终身学习，他自己就是榜样。"

吴颖民曾经执掌的学校跟他一样，不但是终身学习的榜样，更是未来教育的"探索者"。远望近观华南师大附中校门，映入眼帘的是十六个大字："教育要面向现代化、面向世界、面向未来"。走近广州中学凤凰校区的大门口，首先映入眼帘的仍是小平同志的这一经典题词。面向未来一直是吴颖民的教育追求。

"教育是面向未来的事业，要在当下培养出适应未来社会要求的人才，就要时时关注社会发展趋势，以及这些趋势对人才素质提出什么新要求。"吴颖民一直强调，校长一定要"抬头看路"，把握趋势，重视培养孩子对未来的适应能力。

"当校长就要成为师生成长的领路人"，吴颖民不仅潜心教育实践，而且时时关注经济社会发展走向以及对人才培养的新要求。他认为，经济全球化、生产生活信息化、知识更新加速以及人类寿命延长等趋势逐渐增强，这就需要着重提升学生跨文化的交流合作能力、强化信息素养培养、养成终身学习习惯、提高运用新技术新工具学习的能力等。

"中小学校应以新理念、新科技为桨，划向教育现代化的远方。"为让因材施教的理念更好地落地生根，吴颖民在广州中学积极推进选课走班制、学分制、免修制，给学生更大的选择自主权，满足学生不同层次的发展需求。

云计算、大数据、人工智能等新技术，给因材施教插上了新的翅膀。在广州中学凤凰校区，学生人手一台平板电脑，任课教师在课前就能了解每个学生的预习情况以及期待在课堂上解决的主要问题，从而在课堂上更为精准地为学生学习知识“把脉问诊”。

“新科技是为教师、学生成长服务的，而不是装点门面的。”吴颖民认为，未来学校一定要以人才需求为根本出发点，更好地把新技术融入教育中。未来学校建设一定是“需要”和“可能”适切且有机结合，做既有需要又有可能的事，不要超前消费、追时髦，“智慧校园建设要做好顶层设计，清晰定位，关注个体差异，满足个性需求，突出育人特色”。

毛雅萱同学进入广州中学就读后，发现自己的数学素养“步步高”，她认为这得益于班里开展小组合作学习，构建学习共同体。她一遇到问题就会和小组里的同学讨论，在学习中取长补短，认识到学习不再是个体的单打独斗。

“优秀学习力是一个教育共建共享的成果。”吴颖民致力构建“互联网+”时代下教师成长与学生学习共同体，实现共建共享优质教学资源，不让一个学生掉队。

南粤中小学校长成长共同体的“领跑者”

“校长应当成为师生的精神领袖。”2017年6月，吴颖民为“山长讲坛”作开场演讲。他呼吁，校长应以学术的沉思抵御世俗的喧嚣，在追求真善美境界中求得宁静，注重在精神层面引领师生发展。通过提炼、传播和践行三个层面，校长才能逐步清晰自己的教育思想和办学理念，形成独特的办学主张，真正成为师生的精神领袖。

“在我当老师时，吴校长就是我的偶像。作为我专业成长的引路人，吴校长悉心指导，期待我青出蓝而胜于蓝。”作为广雅中学130年来第一位女校长，叶丽琳用“发现最好自己”的教育主张，与师生共同让百年名校“老树开新花”。

“独行速，共行远。”作为华南师大基础教育培训与研究院首任院长，吴颖民带领团队开展培训供给侧改革，精准培训中小学校长。他和王红教授引入“导师+教练”的工作室培养形式，有效地解决了学员集中培训后，日常无人跟踪指导或者缺乏个性化指导的困难。

在广州市第四期优秀校长高级研修班上，在实践导师吴颖民指导下，原广州市第四十七中学校长彭建平不断学习、批判、实践与反思。他经过三次“破”与“立”，最终提炼出“生命激扬生命”的办学理念。

吴颖民卸任华南师大副校长之后，被华南师大聘为基础教育专家委员会主任，他把更多的精力放在华南师大交给他的中小学教师和校长培训上，着力让更多校长成为南粤教育“探路者”。

“作为广东基础教育的‘头雁’，中小学校长们要碰撞思想、集智聚力、分享智慧，促进自己带领的学校持续成长，同时也应成为政府的智库，推动基础教育健康发展，因而成立全省中小学校长的行业组织很有必要。”2013年，吴颖民牵头创办了广东省中小学校长联合会并担任首任会长。

建会之初，吴颖民就为校长联合会设定了良好的发展愿景：政府的教育“智囊团”，校长学习交流的舞台和成长共同体，校长、学校发展的“助推器”，优秀校长的“孵化器”，校长权益保护的后盾。校长联合会不仅整合中小学优质资源，结对帮扶弱势学校，还通过传、帮、带年轻校长和后备校长，提升广东中小学校长队伍整体素质水平。

“身处低调务实的南粤大地，很多校长会‘生孩子’但不会‘起名字’。”吴颖民笑言。他希望校长联合会不但成为广东中小学校长代言人，也能成为他们打造综合素养尤其是表达能力的“练兵场”。

2018年3月，第三季首场“山长讲坛”暨粤港澳校长论坛开幕。这场由校长联合会举办的盛会，群贤毕至。广东省教育厅领导、电信行业老总等特邀嘉宾围绕如何打造党和人民满意的高素质专业化创新型教师队伍等内容展开“华山论剑”。论坛通过现场直播、媒体报道等传播渠道，影响数十万名校长、教师、家长。

“教育不只是校长的事儿，也不是教育部门一家的事儿，而需要学校、政府、家长和社会倾注心力，才能画好‘教育同心圆’。”吴颖民希望，校长们要更加注重提炼办学思想、分享教育智慧，通过论坛、媒体等平台，向教师、家长和社会民众广而告之，以智慧启迪智慧。

始创于2017年的“山长讲坛”，不同于以往的校长论坛或讲座，“山长讲坛”志在打造中国校长TED。每位校长通过18分钟的主题演讲，提炼、分享自己的办学主张。该讲坛还邀请企业家、艺术家等各行各业的名家参与，通过跨界交流碰撞智慧火花，让校长从中汲取营养。为提升影响力，吴颖民推动“山长讲坛”插上直播等新技术“翅膀”，同时邀请媒体进行广泛深入报道。

在最近一期“山长讲坛”上，知名学者、广州市海珠区第二实验小学教育集团总校长刘良华、广州市天河区天府路小学校长欧阳琪等演讲者妙语连珠，诸多关于教师专业成长的精辟论断赢得阵阵笑声和掌声，也让现场很多媒体记者“路转粉”。他们都是吴颖民的“弟子”。

“桃李不言，下自成蹊。”在王红教授看来，这种自然呈现的场景，如同粤派教育一棵棵挺拔生长的雨后春笋，向滋润它们成长的春雨致敬。

后　记

从开始挑选已发表的文章到整理未发表的文稿，至今已经过去一年半的时间了。在此期间，因为新冠肺炎疫情和手术住院，做做停停，耽误了不少时间。

在整理书稿过程中，对于已经发表或出版的文章，我坚持保持原有文章的结构和风格，不做大的改变；对于尚未发表的，我也尽可能保持已有文章的结构与风格，不做较大调整。

本书中的部分文章是在提取之前讲座的演示文稿中文字的基础上扩写而成的。在这类文章的撰写过程中，广州中学校长办公室余泽明主任给了我不少帮助。

广东教育出版社编辑靳淑敏主任帮我收集了散落在各种媒体中的文章和报道，付出了许多时间和心血；在本书的篇章结构、标题选择等方面也给了很多宝贵意见。

我的老朋友麦志强先生对本书的一些观点提出了很多很好的个人见解，对文字表述也提了不少好意见，在此一并表达敬意和谢意！

最后，我还要对广东省出版集团和广东教育出版社领导对本书出版的关心表示感谢！感谢编辑的辛苦劳动！感谢各位朋友对我的鼓励！

希望本书能够赶在华南师范大学90周年校庆之前与读者见面，为母校90周年华诞献礼！

2023年9月